FRANÇOIS BŒSPFLUG

DER GOTT DER MALER UND BILDHAUER

Veröffentlichungen
der
Papst-Benedikt XVI.-Gastprofessur
an der
Fakultät für Katholische Theologie der Universität Regensburg

Herausgegeben
von der
Fakultät für Katholische Theologie der Universität Regensburg
in Verbindung mit der
Joseph Ratzinger Papst Benedikt XVI.-Stiftung

FRANÇOIS BŒSPFLUG

DER GOTT DER MALER UND BILDHAUER

Die Inkarnation des Unsichtbaren

Aus dem Französischen übersetzt
von Annett Röper-Steinhauer

HERDER

FREIBURG · BASEL · WIEN

Titel der Originalausgabe:
Le Dieu des peintres et des sculpteurs, l'invisible incarné
ISBN Hazan 978-2-7541-0459-3
ISBN Louvre 978-2-35031-273-6

Für die deutschsprachige Ausgabe:

FSC
www.fsc.org
MIX
Papier aus verantwortungsvollen Quellen
FSC® C106847

www.herder.de
Umschlaggestaltung: Verlag Herder
Satz: SOMMER media GmbH & Co. KG, Feuchtwangen
Herstellung: fgb · freiburger graphische betriebe
www.fgb.de
Printed in Germany
ISBN 978-3-451-34149-6

Inhalt

II. Der einzige Sohn im Schoße des Vaters
Wenn Gott beratschlagt

III. „Vom Himmel herabgestiegen"
Das Epos der Inkarnation

IV. Immanuel, „Gott ist unter uns".
Von der theologischen Abstraktion zur künstlerischen Freiheit

Zum Geleit

Zu den großen Anliegen des Theologen Joseph Ratzinger gehört die Verortung der Theologie in der *universitas litterarum.* Mit der Einrichtung einer Gastprofessur an der Fakultät für katholische Theologie der Universität Regensburg hat die aus seinem Schülerkreis hervorgegangene Joseph Ratzinger Papst Benedikt XVI.-Stiftung diesem Anliegen ein sichtbares Zeichen zur Förderung der theologischen Wissenschaft setzen wollen.

Ein Thema, das im Denken Joseph Ratzingers immer wieder vorkommt, ist die Beziehung der Kunst zu Theologie und Glaube, ohne dass er selbst sich mit diesem Thema wissenschaftlich in besonderer Weise auseinandergesetzt hätte. Die wichtigsten Fragen, die sich in diesem Zusammenhang stellen, sind die nach einem Kunst- und Bildbegriff sowie die der sich daraus ableitenden Klärung, was „christliche Kunst" ist oder sein könnte, bzw. ob es überhaupt sinnvoll ist, von „christlicher Kunst" zu sprechen. Des Weiteren drängt sich die Frage auf, ob die Kunst die christliche – bzw. biblische – Botschaft visualisiert und auf diese Weise selbst zum Medium der Verkündigung wird, wie es seinerzeit Joseph Ratzinger als Präsident der Spezialkommission für den Katechismus der katholischen Kirche erklärt hat: „Von den jahrhundertelangen Traditionen der Konzilien lernen wir, dass auch das Bild Verkündigung des Evangeliums ist. Die Künstler jeder Epoche haben die herausragenden Ereignisse des Heilsmysteriums den Gläubigen zum Betrachten und Bestaunen dargeboten und sie im Glanz der Farbe und in der Vollkommenheit der Schönheit zur Darstellung gebracht. Dies ist ein Zeichen dafür, dass das sakrale Bild in der visuellen Kultur von heute viel mehr als das Wort auszudrücken vermag, weil es in seiner Lebendigkeit die Botschaft des Evangeliums äußerst wirksam zur Sprache bringt und weitergibt“ (Katechismus der Katholischen Kirche – Kompendium, München 2005, 17).

Die Vielfalt der Fragen, die sich aus dieser Sicht ergeben, und ihr auf Interdisziplinarität ausgerichteter Charakter, der dazu führt, dass hier Grenzfragen der Theologie berührt sind, hat diese Thematik als eine exemplarische im Sinne der Intention der genannten Gastprofessur erkennen lassen. Nun ist die Bilderfrage heute in allen Bereichen der Geistes- und Kulturwissenschaften virulent und hat auch unter dem Stichwort der „Bildtheologie“ Einzug in das Spektrum der theologischen Disziplinen gehalten.

Einen international renommierten Wissenschaftler, wie er für die Regensburger Gastprofessur vorgesehen ist, zu finden, der das gesamte Spektrum der Thematik überblickt und aus eigener Forschung zu beurteilen weiß, ist nicht einfach, denn es gibt nicht viele Wissenschaftler, die in der Theologie ebenso wie in den Kunst- und Kulturwissenschaften zuhause sind. Einer von ihnen ist der französische Gelehrte François Bœspflug, der schon seit über 30 Jahren auf diesem Feld höchst kompetent arbeitet. Ihn für die Regensburger Professur zu gewinnen, war ein Wunsch aller an der Auswahl Beteiligten, der – eher als wir zu hoffen wagten – in Erfüllung gegangen ist.

François Bœspflug, der an der Universität Straßburg Religionsgeschichte lehrt, behandelt in seinen zahlreichen Publikationen die Frage der Bilder im Christentum in einer kongenialen Verbindung von Theologie, Kunstgeschichte und Religionswissenschaft. Sein beeindruckendes Werk „Dieu et ses images“, das eine in dieser Form noch nicht da gewesene Bildgeschichte Gottes vorlegt, hat er unter ein Wort von Martin Buber gestellt:

„Zugleich bildlos und bildhaft ist der Gott der Christen,
jedoch bildlos mehr in der religiösen Idee,
bildhaft mehr in der gelebten Gegenwart.
Das Bild verdeckt den Bildlosen.“
(M. Buber, Zwei Glaubensweisen)

Martin Bubers Diktum vom Bild, das den Bildlosen verdeckt, kann man in gewisser Weise als Schlüssel für eine christliche Bildtheologie und damit auch als roten Faden durch das gewaltige Œuvre von François Bœspflug betrachten, denn das Diktum enthält zwei wichtige Aspekte. Auf der einen Seite verdeckt das Bild, weil es zwischen den Menschen und Gott (den Bildlosen) tritt und als etwas Starres und Statisches den menschlichen Blick an eine bestimmte Vorstellung bindet. Das Bild schließt die Dynamik der Offenbarung und die Lebendigkeit der Beziehung von Mensch und Gott aus. Auf der anderen Seite schützt das verdeckende Bild das Verdeckte (den Bildlosen), weil es das Gott-Sein Gottes zu wahren und im menschlichen Bereich wachzuhalten vermag. Niemals „sieht" der Mensch hinter das Bild, sozusagen auf den Bildlosen, der alle Welt-Wirklichkeit übersteigt.

Das Spannungsmoment des verdeckenden Bildes tritt im Christentum schon im Neuen Testament zu Tage, wenn Kol 1,15 Christus als „Bild des unsichtbaren Gottes" bezeichnet. Das Sichtbarwerden des unsichtbaren Gottes in Jesus Christus, das seinen Grund in der Menschwerdung Gottes, im Kern des christlichen Credos, hat, steht im Mittelpunkt des Ansatzes von François Bœspflug. Auch im vorliegenden Buch, dem seine Regensburger Vorlesung zugrunde liegt, geht es ihm nicht um eine Kunstgeschichte christlicher Bildmotive, wenngleich auch das vorkommt, und auch nicht um die Präsentation des christlichen Glaubens in Bildern, wenngleich auch das vorkommt. Im vorliegenden „Der Gott der Maler und Bildhauer" zeigt François Bœspflug, dass sich in den religiösen Bildern des Christentums nicht einfach theologische Einsichten widerspiegeln, sondern dass ebenso die Bilder zu neuen theologischen Klärungen und dogmatischen Entscheidungen geführt haben. Das wird nicht nur an vielen interessanten und hochspannenden Details der Entfaltung der christlichen Lehre in Bildern deutlich, sondern mehr noch darin, dass die vom Gedanken der Inkarnation ermöglichte Darstellung Gottes im Bild Jesu Christi schließlich zum Bild des Unsichtbaren, d. h. Gottes selbst, geführt hat.

Wer mit François Bœspflug den Weg der christlichen Bildgeschichte geht, lernt nicht nur Bilder kennen und verstehen, sondern auch – und vielleicht noch mehr – das Credo der Christen. Auf diesem Weg wird dann der innere Zusammenhang von Glaube und Theologie verständlich, der einen großen Spannungsbogen bildet, ausgespannt über die frühen Konzilien der Kirche: Von den Entfaltungen der Christologie (z. B. Nicäa I 325) führt er mit innerer Notwendigkeit zur Bilderfrage (z. B. Nicäa II 787). Wenn aber ersichtlich ist, dass unser „Gottesbild“ in all seinen intellektuellen und emotionalen Aspekten nicht allein von theologischen Entwürfen gebildet worden ist, sondern ebenso von der bildenden Kunst und ihren Auseinandersetzungen mit den Glaubensinhalten, dann steht fest, dass der „denkende Glaube“ ein „sehender Glaube“ ist. Ihn zu finden, dazu leitet François Bœspflug an, denn man kann den „Gott der Maler und Bildhauer“ als eine Offenbarung betrachten, weil er den *ent-decken* lässt, den das Bild *ver-deckt.*

Regensburg, im März 2013

Christoph Dohmen
Professor für Exegese und Hermeneutik des Alten Testaments
an der Fakultät für katholische Theologie der Universität Regensburg

Vorwort

Dieses Buch ist die bebilderte schriftliche Fassung der Vorlesungen, die ich im Mai 2013 an der Fakultät für katholische Theologie der Universität Regensburg im Rahmen der Gastprofessur der „Joseph Ratzinger Papst Benedikt VI.-Stiftung“ gehalten habe, die innezuhaben ich die Freude hatte und der gerecht zu werden ich mich nach Kräften bemüht habe.

Die fünf Kapitel, verändert *in melius* auf Grund einiger Pentimenti seitens des Autors und vor allem ergänzt um einige seitdem gemachte Entdeckungen, greifen den Text der Vorlesungen auf, die ich mit großer Freude im Mai 2010 im Rahmen eines anderen renommierten Lehrstuhls, des „Chaire du Louvre“, als Nachfolger des Ägyptologen Jan Assmann gehalten habe. Diese Vorlesungen wurden zur selben Zeit als Buch vom Pariser Verlag Hazan und den Editions du Louvre mit einem Vorwort von Henri Loyrette, dem Direktor des Louvre, herausgegeben. Die Regensburger Vorlesungen wurden mit Sorgfalt und Talent von Annett Röper-Steinhauer ins Deutsche übersetzt, der ich meine Anerkennung ausspreche. Das Geleitwort hat mein Kollege und mittlerweile Freund Christoph Dohmen verfasst, mit dem mich eine aus meiner Sicht vorbildliche Zusammenarbeit verband, die sich im Geiste gegenseitiger Achtung und im Dienst der Institutionen und der akademischen Forschung gestaltete. Dafür gebührt ihm, mehr als ich sagen kann, mein Dank. Die Entstehung des vorliegenden Buches steht auch bei anderen in der Schuld: Es hat insbesondere vom Engagement von Ines Baumgarth-Dohmen profitiert, auf deren Geschick die Zeichnungen der Kunstwerke zurückgehen. Ebenso gebührt mein Dank dem Herder Verlag für die sorgfältige Vorbereitung der Veröffentlichung, und dies übrigens nicht erst seit heute, denn Herder ist schon 1985 das Risiko eingegangen, eine meiner Schriften zu publizieren, als ich noch ein debütierender Autor war …

Schließlich liegt es mir am Herzen, darauf hinzuweisen, dass ich diese Zeilen am Abend des 28. Februar 2013 schreibe, am Vorabend des ersten Tages der sogenannten Sedisvakanz, und darzulegen, dass auch ich angesichts der Tatsache dieser in der Kirchengeschichte einzigartigen Umstände von einer gewissen Melancholie und zugleich von Bewunderung für die Idee des freiwilligen Amtsverzichts Papst Benedikts XVI. ergriffen bin, der so mutig und so weitsichtig ist. Die Professur, für die ich ausgewählt worden bin – das darf keineswegs vergessen werden –, trägt seinen Namen, es ist unnötig, den deutschsprachigen Lesern zu erklären warum. Zweifellos hätte ich es vorgezogen, diese Professur wahrzunehmen, als Benedikt XVI. noch auf der *cathedra Petri* saß. Wie dem auch sei, sein Name ist für mich Synonym für ein hohes, fast beängstigendes intellektuelles Anspruchsniveau. Man möge es mir nicht übel nehmen, wenn ich sage, dass ich zu denen gehöre, die für den Theologen Joseph Ratzinger schon früh, noch vor seiner Berufung zum Erzbischof von München, Bewunderung hegten. Sie reicht zurück in die Zeit, als ich Student in Köln war, das war 1968/69, als er – wenn ich mich nicht irre – sich anschickte, den Lehrstuhl für Dogmatik an der Universität Regensburg zu übernehmen, den er bis 1977 innehaben sollte. Ich verdanke die Bekanntschaft mit seinen ersten Schriften dem Priester, der damals Studentenpfarrer und Dozent für Byzantinistik an der Universität zu Köln war, nämlich Wilhelm Nyssen (1925–1994). Die beiden waren Freunde, unter anderem aufgrund ihrer Beschäftigung mit Augustinus und insbesondere mit Bonaventura. Es war Nyssen, der mich als erster in die Welt der Ikonen des Ostens und der religiösen Bilder des Westens eingeführt hat, die in meiner dominikanischen Ausbildung bis dahin nicht vorgekommen waren. Es ist mir angesichts der angenehmen Erinnerung ein Bedürfnis und eine von Wehmut gefärbte Freude, ihn mit Benedikt XVI. in Verbindung zu bringen und auf diese Weise zu sagen, wie viel ich dem einen wie dem anderen verdanke. Die Forschungen, in die ich den Leser nun einführen werde, hätte ich ohne beider grundlegenden Einfluss nicht unternommen.

Straßburg, im Februar 2013 *François Bœspflug*

Einleitung

1. Gegenstand und Methoden

Die schönen Künste übermitteln und bringen eine globale „Vorstellung“ von Gott zum Ausdruck, dem Gott der Christen. Der Titel unseres Werkes, *„Der Gott der Maler und Bildhauer“*, impliziert, dass die gemalten oder skulptierten Gestalten Gottes ein homogenes Ganzes bilden. Das ist ein Postulat, das in dem Maße plausibel erscheint, als sie alle unter anderem auf denselben Glauben und dieselbe religiöse Lehre verweisen. Das werden wir zumindest versuchen nachzuweisen, wobei wir uns von den Begrenzungen auf einen bestimmten raumzeitlichen Bereich sowie auf künstlerische Stile und Gattungen freimachen. Unsere Absicht ist infolgedessen nomadischer Natur. Die im Untertitel, *„Die Inkarnation des Unsichtbaren“*, aufgezeigte Perspektive der Studie hat uns dennoch dahin geführt, der Kunst der zweiten Hälfte des Mittelalters eine privilegierte Aufmerksamkeit zu schenken; denn im Laufe dieser Epoche ist die künstlerische Neugier gegenüber allem, was mit der Inkarnation Gottes in Jesus Christus, ihrer Vorbereitung, ihren Etappen und ihrer Art und Weise zusammenhängt, am kühnsten und erfinderischsten gewesen.

Das literarische Genre der vorliegenden Untersuchung gehört zunächst jedoch keineswegs zur Gattung der Beweisführung oder zu der des methodischen Unterrichts. Es handelt sich bei ihr somit auch nicht um eine erschöpfende Monographie und noch weniger um ein Handbuch, sondern vielmehr um einen schlüssig dokumentierten Essay, der mit einer über lange Zeit gewachsenen und zunächst in Frankreich im Herbst 2008 veröffentlichten langjährigen Forschungsarbeit verknüpft ist.[1] Die Vorgehensweise ist die einer organisierten Besichtigung, eines gelehrten Spaziergangs, jedoch auch die einer Meditation. Wir nehmen den Leser mit in eine Welt der Darstellungen, die im Begriff ist, sich in einen Irrgarten zu verwandeln, den zu betreten viele zögern, aus Angst, sich darin zu verlaufen. Wir leben in der Tat in einem erstaunlichen Moment der westlichen Kulturgeschichte, da der von der Vergangenheit geerbte Formenschatz zugleich zugänglich ist, wie er es niemals zuvor gewesen ist, und dennoch zunehmend von Vergessen und Unverständnis bedroht wird. Aus dieser Erkenntnis heraus sind wir von der Dringlichkeit überzeugt, diesen Schatz zu erhalten und die dafür benötigten Mittel zur Verfügung zu stellen. Wir hoffen, die Anstrengungen all jener, der Forschenden und Lehrenden, die sich für die Interpretation und Vermittlung dieses Erbes engagieren, zu vereinen.

Unsere Problemstellung besteht darin zu verstehen, wie das Gottesbild der Maler in Erscheinung getreten ist und sich entwickelt hat, und zu beobachten, worin es mit dem Gott der Gläubigen harmoniert oder umgekehrt, inwiefern es ihn ignoriert, von ihm abrückt, ihm widerspricht, ihn kompensiert; kurzum, es handelt sich für uns darum, ohne die Kenntnis der Bibel, der Kirchengeschichte und der Theologie für unwichtig zu erklären, diesen Gott in Bildern zu denken, indem zunächst die Bilder selbst kritisch untersucht werden, ohne zu postulieren, dass sie sich immer als treue und ergebene Diener erweisen.

Um zu unserem Ziel zu gelangen, werden wir einem Ariadnefaden narrativer Art folgen und die aufeinanderfolgenden Etappen eines Hin- und Rückwegs durchlaufen, jenen Weg der zweiten Person der Dreifaltigkeit, von der Ewigkeit Gottes zur Ewigkeit Gottes, über die Herabkunft des Sohnes auf Erden, seine Inkarnation, sein öffentliches Wirken, sein Opfer am Kreuz, seine Auferstehung, seine Himmelfahrt, sein Sitzen zur Rechten Gottes, seine Rückkehr in Herrlichkeit zum Jüngsten Gericht bis hin zur *visio beatifica,* das heißt zur endgültigen Seligkeit der Auserwählten. Unsere fünf Kapitel bilden also eine parabolische Reise vom Himmel zum Himmel.

2. Die Darstellungen des Unsichtbaren

Der „Unsichtbare" ist einer der „Namen" Gottes unter anderen, wie der Transzendente, der Allerhöchste, der Allmächtige, der Unbegreifliche, der Barmherzige. Wir haben uns für den Unsichtbaren entschieden, um zu verdeutlichen, dass der Gott der Kunst, der Künste des Sichtbaren, ein Paradoxon darstellt, das der „Visualisierungen" des Unsichtbaren.

Das Unsichtbare gilt, zumindest im Prinzip, als nicht darstellbar. Jedenfalls bietet es keinen Anlass zur *Mimesis,* das heißt zu „realistischen" Darstellungen, die seine Form oder sein Erscheinungsbild nachahmen. Da er keinen Körper hat, hat Gott kein eigenes, singuläres Erscheinungsbild. Das verbietet aber nicht, ihm zahlreiche Erscheinungsbilder – zumindest konventionell – zuzuschreiben. Früher oder später muss es auf die eine oder andere Art dazu kommen, so mächtig ist das menschliche Bedürfnis, sich das Göttliche vorzustellen, und sei es auf bewusst anthropomorphe Weise. Dieses Bedürfnis bringt Darstellungen des Unsichtbaren jenseits jedes Gedankens an eine Inkarnation hervor. Vielleicht ist der Wunsch, nach dem Unsichtbaren zu streben und es sogar sichtbar zu machen, ebenso alt wie die Malerei selbst, vielleicht kann man sogar so weit gehen zu sagen, dass die Maler und Bildhauer seit der Höhlenmalerei versuchen, das Unsichtbare im Sichtbaren begreifbar zu machen, wenn nicht gar das, was jenseits des Sichtbaren ist. Daher rührt auch die uralte Neigung, das Menschliche auf das Göttliche zu projizieren, was schon vor 2500 Jahren, lange vor Ludwig Feuerbach, Xenophanes von Kolophon in spöttischer Weise angeprangert hat, wie Clemens von Alexandria überliefert: „Aber wenn Rinder und Löwen Hände hätten wie Menschen und mit den Händen zu malen und Werke zu schaffen vermöchten, malten sie wohl auch Bilder der Götter und machten die Körper so, wie ein jeder von ihnen am Körper selber gestaltet ist: Pferde nun malten sie ähnlich den Pferden und Rinder den Rindern."[2]

3. Die Inkarnation des Unsichtbaren

Der christliche Monotheismus besitzt gegenüber dem Judentum und dem Islam die Besonderheit, dass er glaubt, Gott habe durch eine absolut freiwillige Entscheidung, motiviert durch die Liebe zu den Menschen und den Wunsch, sie zu retten, in Jesus von Nazaret (ein Dorf in Galiläa) menschliche Gestalt angenommen unter dem Prinzipat des Augustus (29 v. Chr. bis 14 n. Chr.; vgl. Lk 2,1). Es ist dieses Faktum, diese reine Beziehung zwischen dem Göttlichen und dem Menschlichen, die mit dem Wort „Inkarnation"[3] bezeichnet wird (das Suffix, das einen Prozess, etwas in der Art einer Transformation zu verstehen gibt, ist insofern etwas irreführend, als die Vereinigung der menschlichen Natur mit der göttlichen Natur in der Person des Sohnes in den Augen der Theologen absolut augenblicklich war). Es ist in jedem Fall die Inkarnation Gottes, die im Christentum den Gottesdarstellungen Legitimation verleiht. Unser Untertitel kündigt an, dass wir uns mit dem unsichtbaren Gott als dem Mensch Gewordenen beschäftigen werden. Er deutet aber auch an – und dies ist mehr als eine Nuance, es ist ein wesentlicher Unterschied –, dass die Kunst nicht nur das spezifische Bild eines menschlich gewordenen, inkarnierten Gottes, also des Mensch gewordenen Gottes (s. u. 2, A) hervorgebracht hat, sondern durch Übertragung und begünstigt durch eine gewisse Freizügigkeit auch das eines vermenschlichten Gottes – eines allzu vermenschlichten, wie manche sagen werden (s. u. 2, B).

Nur Jesus darf als Inkarnierter bezeichnet werden. Nach mehreren Jahrhunderten der Reflexion und der Debatten hat sich die Identität Christi in den Augen der Gläubigen präzisiert. Das *Credo,* die Kirchenväter und die Konzilien haben gelehrt, dass Christus zugleich wahrhaftiger Mensch und *Logos,* das Wort Gottes, ist. Dadurch ist er Gott gleich, kein zweitrangiger Gott, sondern – um es auf Griechisch zu sagen – *theos ek theou, phôs ek photos* oder – auf Latein – *deum de deo, lumen de lumine.* Das ist auf dem ersten Konzil von Nicäa, das im Jahre 325 abgehalten wurde, feierlich erklärt worden, indem man gegen die Behauptungen des Arius, eines ursprünglich aus Libyen stammenden Priesters in Alexandria, ausführte, dass Christus „von derselben Substanz wie der Vater ist", eine Präzisierung, die auf einen der Septuaginta unbekannten und in der Folge sehr umstrittenen griechischen Terminus zurückgriff: *homoousios*. Demzufolge ist die zweite Person der Trinität, der Sohn, der von demselben Wesen oder derselben Substanz wie der Vater ist, auch, untrennbar, ein Mann aus Judäa, geboren von einer jungen Frau namens Maria ohne Mitwirkung eines Mannes. In ihm sind, wie die Definition des Konzils von Chalcedon, das 451 zusammentrat, präzisiert, die göttliche Natur und die menschliche Natur „unvermischt und ungetrennt" verbunden in der Einheit einer Person, die menschlich-göttlich oder theandrisch genannt wird (man spricht auch von einer „hypostatischen Union", gemäß dem auf dem Konzil von Ephesos 431 geprägten Begriff der „Union gemäß der Hypostase").[4]

4. Eine christliche Besonderheit

„Der Gott der Maler und Bildhauer", der Kupferstecher und Mosaizisten, der Metallgießer und der Zeichner, ein solcher Titel könnte angesichts des Plurals für die meisten Religionen der alten Welt oder der heutigen Welt gelten. Er umfasst ein reiches Erbe, beispielsweise im antiken Mesopotamien, Ägypten und Griechenland, deren Religionen auf Anhieb bilderfreundlich gewesen zu sein scheinen und die zu allen Zeiten Kultstatuen und zahlreiche Bildnisse ihrer Gottheiten schufen. Der Begriff wäre auch passend für das präkolumbianische Amerika oder für Indien sowie für die Mehrheit der Gebiete, die von der Ausbreitung des Buddhismus berührt wurden. Eine Einschränkung müsste sicherlich für das antike Rom gemacht werden, wo es einigen antiken Historikern zufolge mehr als 170 Jahre lang keine anthropomorphen Darstellungen des Göttlichen gab.[5]

Aber mehr noch als das antike Rom, wo kein Verbot ausgesprochen worden ist, sind es die Länder, die mit dem Judentum und dem Islam in Berührung kamen, die hier eine Ausnahme bilden, indem sie die Darstellung des Göttlichen und die Praxis der Kultstatue untersagten und die Darstellung mit Atem begabter Wesen auf eng gesteckte Grenzen beschränkten, ohne deswegen bilderfeindlich zu sein.[6] Kein Autor, und sei er auch noch so gelehrt, könnte über das „Gottesbild jüdischer Maler“ oder das „Gottesbild islamischer Maler“ Seite um Seite füllen, schlicht aus Mangel an Quellenmaterial, wenn man so sagen darf.[7] Hingegen würde ein ganzes Buch, und sei es auch noch so dick, immer zu klein erscheinen, um das Gottesbild der Maler und Bildhauer im Christentum zu behandeln. Denn es ist der einzige der drei „abrahamitischen Monotheismen“[8], der eine überaus reiche Galerie von „Bildnissen Gottes“ hat aufkommen lassen, sie toleriert und schließlich legitimiert hat. Wir müssen nun versuchen, das Wie und Warum zu beantworten.

I.
Der Mensch gewordene Gott.
Vom verbotenen Bild zum Bild eines „menschlichen, allzu menschlichen Gottes“

1. Das verbotene Bild Gottes: Judentum und Islam

A. Das Verbot von Kultbildern im Dekalog

Die religiösen Praktiken der antiken Zivilisationen im Mittelmeerraum und in den angrenzenden Landstrichen waren zwar unterschiedlich, lassen sich aber auf dasselbe Schema zurückführen. Das kultische Leben kreiste meist um eine Statue des Schutzgottes der Stadt, die ihn in anthropomorpher Form oder als Mischwesen, halb Mensch halb Tier, darstellte. Jede Gottheit hatte ihren Tempel und ihre Statue. Die Vorstellung eines Gottes, der verbot, eine Statue von sich anfertigen zu lassen, war nicht geläufig, vielleicht mit Ausnahme der Zeit Echnatons in Ägypten.[9] Man ging davon aus, dass jede Gottheit sich bereitwillig in Gestalt ihrer Statue ansprechen ließe. Anikonische Darstellungen, besonders in Form von Stelen, existierten (die *xoana* der Griechen[10], die *massebot* im alten Israel[11], die *lingam* in Indien), waren aber weniger verbreitet als solche Statuen, die der Gottheit ein zumindest teilweise menschliches Erscheinungsbild gaben. In den Kulturen, in denen einer der drei abrahamitischen Monotheismen herrschte, bezeichnete man sie in der Regel mit dem polemischen Begriff des ‚Idols'. Heutzutage verwenden die Historiker, die sich mit Polytheismen beschäftigen, vorzugsweise den Begriff ‚Kultbild', um ihn von dem der ‚Votivbilder' zu unterscheiden und um den Terminus ‚Idol'[12] wegen seiner negativen Konnotation zu vermeiden.

Die zugleich kostbaren und empfindlichen Kultbilder sind fast alle untergegangen: geraubt, zerteilt oder zerstört. Man kann sich aber eine Vorstellung von ihnen machen, anhand der zylindrischen Rollsiegel mit Darstellungen von Opfern an eine Gottheit[13] oder anhand des Relieffeldes am oberen Ende der im Louvre verwahrten Hammurabi-Stele. Dort sitzt der große Gott Schamasch, der eine vierreihige Hörnerkrone trägt und dessen Schultern Blitze schleudern, auf einem Thron in Form eines Tempels und übergibt dem in respektvoller Haltung vor ihm stehenden König die Insignien der „guten Regierung“, Stab und Schnur.

Mit dieser im gesamten Nahen Osten verbreiteten religiosen Matrix und der eigenen Bildtradition brach Israel nach der Verschleppung eines Teiles seiner Bevölkerung nach Babylon (587–538 v. Chr.). Was bis dahin für niemanden ein Problem gewesen war – nämlich die Darstellbarkeit der Götter, die Grundlage aller Kultbilder –, wurde nun in Israel zu einem solchen insoweit, als YHWH, der als Gründer des andernorts praktizierten Bilderkultes angenommen wurde[14], selbst als undarstellbar definiert wurde und sein Kult die Zerstörung der Bildnisse anderer Götter forderte. Dieser Kult beanspruchte demnach, ohne Bild, also anikonisch, zu sein.

Die vergleichende Religionsgeschichte unterscheidet[15] einerseits einen *tatsächlichen Anikonismus,* wie ihn Israel vor seiner Ansiedlung in Kanaan (um 1200 v. unserer Zeit) praktizierte, der tolerant, ja sogar offen gegenüber den Gottheiten anderer Nationen war, sich aber im Allgemeinen mit einem im Freien, um aufgestellte anikonische Stelen (die massebot) praktizierten Kult begnügte. Andererseits gibt es einen *Anikonismus des Rechts,* der sich im formalen Verbot des Dekalogs ausdrückt, im zweiten Gebot: „Ich bin YHWH, dein Gott, der dich aus Ägypten geführt hat, aus dem Sklavenhaus. Du sollst neben mir keine anderen Götter haben. Du sollst dir kein Gottesbild machen und keine Darstellung von irgendetwas am Himmel droben, auf der Erde unten oder im Wasser unter der Erde. Du sollst dich nicht vor ihnen niederwerfen und dich nicht verpflichten, ihnen zu dienen. Denn ich, der Herr, dein Gott, bin ein eifersüchtiger Gott […].“[16] Im Gegensatz zu den anderen „nationalen“ Gottheiten, deren Kult kompatibel mit denen anderer Götter war, duldet der Gott Israels keinen Rivalen und erklärt folglich, dass er keine Bildnisse anderer Götter erlaube, seien es Kultstatuen oder schlichte Votivbilder. Letzteres wird durch die Wahl des Begriffs *eidolon* in der Übersetzung des hebräischen *pesel* angedeutet, was für die Septuaginta ungewöhnlich ist. *Pesel* hätte vielmehr mit *glypton* oder noch besser mit *agalma* übersetzt werden müssen, dem am häufigsten verwendeten Begriff für die Statue einer Gottheit in der griechischen Welt.[17]

Durch dieses Verbot strebte das alte Israel, zumal nach der Rückkehr aus dem Babylonischen Exil um das Jahr 530 v. Chr., eine Ausmerzung jeglicher Kultbilder an. „Das mosaische Gesetz interessiert sich nicht für die Darstellung als solche. Den Gesetzgeber beschäftigt vor allem die Gefahr der Idolatrie." Im Übrigen legt die Formulierung des Gebots seinen Sinn offen: „Du sollst dich nicht vor anderen Göttern niederwerfen": Gemeint sind insbesondere jene Kultbilder, die eigens zur „Verehrung" angefertigt wurden.[18] Die Idee, dass ein Bild eine positive Rolle im religiösen Leben des Einzelnen spielen und als nützlicher Mittler im Kult dienen könnte, war nunmehr aufgegeben und sollte stets, sobald sie wieder aufkeimte, verworfen werden.

B. Die Abwesenheit von Gottesbildern im Judentum und im Islam

Im Gegensatz zum Christentum vertrat das Judentum niemals die Auffassung, irgendein Recht zur plastischen Darstellung Gottes von dem überall in der Bibel präsenten Anthropomorphismus im literarischen Sinne abzuleiten und Gott beispielsweise als König zu zeigen oder sein Gesicht wiederzugeben etc. Die Feder hat Vorrechte und Freiheiten, die der Meißel nie erlangen wird, und sie besitzt Möglichkeiten zu allegorisieren, über die die Bildenden Künste nicht verfügen, wie Philon im Hinblick auf die Anthropomorphismen in der Bibel ausführlich dargelegt hat.[19] An der Existenz einer jüdischen Kunst – oder zumindest einer Kunst von und für Juden von biblischer Zeit an bis zu Marc Chagall – kann es aber trotz sich hartnäckig bis ins 20. Jh. hinein haltender Vorurteile nicht den Hauch eines Zweifels geben. Die Museen jüdischer Kunst nehmen zu, und das ist kein neues Phänomen. Die Veröffentlichung der ersten *Questions sur l'art judaïque* von Felix de Saulcy geht auf das Jahr 1853 zurück, in dem auch ein „Jüdisches Museum" im Louvre eröffnet wurde.[20]

Die von der Bibel inspirierte jüdische Kunst ist mindestens ebenso alt wie die christliche Kunst. Figürlicher Schmuck tritt in den Synagogen seit dem 3. Jh. unserer Zeitrechnung in Erscheinung, etwa in der Synagoge von Dura-Europos in Syrien, deren Wandmalereien spätestens in der Zeit um 250 ausgeführt wurden. Sie wurde 1921 wiederentdeckt und 1932/33 eingehend von den Archäologen der Universität Yale sowie dem französischen Archäologen Graf Mesnil du Buisson untersucht. Den Gebetsraum schmückt eine alle Mauern einschließlich der Torahnische bedeckende Dekoration, die in vier Register gegliedert ist, die ihrerseits in Felder unterteilt sind. Gott selbst ist nicht dargestellt. Sein Wort bzw. seine aktive Anwesenheit, was auf dasselbe hinausläuft, wird aber in einigen Bildfeldern durch eine aus dem Himmel ragende Hand symbolisiert, beispielsweise in der Darstellung des Auszugs aus Ägypten und in der Vision des Ezechiel von den vertrockneten Gebeinen (Ez 37,1–10), deren bildliche Umsetzung dem Text wortgetreu folgt und den Propheten am Schopfe gepackt zeigt („Die Hand des Herrn legte sich auf mich und der Herr brachte mich im Geist hinaus und versetzte mich mitten in die Ebene. Sie war voll von Gebeinen.“).[21] Wenn sich das Judentum der ersten Jahrhunderte unserer Zeitrechnung auch die geringste figürliche Darstellung Gottes versagte, so erlaubte es doch zumindest die Verbildlichung seines mächtigen Wortes durch das konventionelle und anthropomorphe Zeichen der Hand. Die frühchristliche Kunst trat in diese Fußstapfen, wie man anhand der Vielzahl biblischer Szenen wie der Übergabe der Gebote (Ex 19) oder der Opferung Isaaks (Gen 22) feststellen kann. Eine wesentlich spätere, im Louvre befindliche Elfenbeintafel aus Amalfi mit der Darstellung des Opfers von Kain und Abel und der Ermordung des letzteren durch den ersten (Gen 4,3–8) zeigt die Rechte Gottes, die das Tieropfer Abels wohlwollend annimmt (Abb. 1).[22]

Der Verzicht auf Bilder, sofern es sich um Gott handelt, ist ein Prinzip, das vom nachbiblischen Judentum so gut wie nie verletzt wurde. Das bezeugen die illuminierten jüdischen Handschriften, die trotz der verheerenden Verwüstungen im Laufe der zweiten Hälfte des Mittelalters auf uns gekommen sind.[23] Um Gottes An-

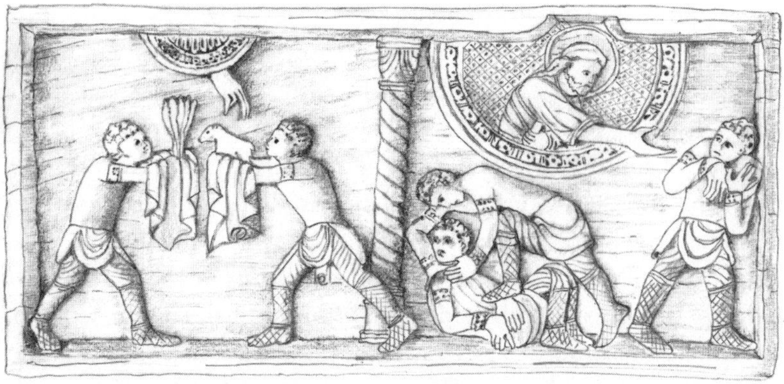

Abb. 1: Elfenbeintafel aus Salerno, Louvre, Paris

wesenheit und sein Wort im Verlauf der Geschichte der Patriarchen und der Propheten heraufzubeschwören, begnügte man sich mit der Gestalt eines Engels oder eines indirekten Zeichens, beispielsweise mit der aus dem Himmel ragenden Hand oder dem brennenden Dornbusch (bei der ersten Begegnung zwischen Mose und Gott, die in Ex 3–4 geschildert wird), wie etwa in Dura-Europos. In den Verbildlichungen der „Theophanien“ (Erscheinungen Gottes), von denen die Bibel berichtet, hat Gott weder Gesicht noch Körper noch Attribut, sieht man von zufälligen Ausnahmen ab.[24] Die Kunst jüdischer Maler der Gegenwart[25], einschließlich der Abel Panns und Marc Chagalls und keineswegs nur die Mark Rothkos, zeigt Gott allerhöchstens als konventionelles Zeichen oder Symbol (Hand, Tetragramm – die vier hebräischen Buchstaben des Namens Gottes –, Engel, Herrlichkeit, Schatten oder Abglanz seiner Herrlichkeit auf den Gläubigen) und nie eine Darstellung, die irgendeinen Bildniswert hätte, wiederum von Ausnahmen abgesehen.[26]

Auch im Islam ist Gott (Allah) nie dargestellt worden. Dieser rigorose Verzicht beruht weniger auf Disziplin als auf der Wirkung einer Art Gewissheit. Wie die Zeile einer Sure besagt, die in den Rang eines von vornherein jegliche Analogie verdammenden Grundsatzes erhoben wurde: „Sag: Er ist Gott, ein Einziger, Gott durch und durch. Er hat weder gezeugt, noch ist er gezeugt worden. Und keiner ist ihm ebenbürtig" (Sure 112). Es ist die Idee von Gott selbst, die seine Darstellung ausschließt.[27] „Durch und durch", kompakt wie „eine Felswand ohne Spalt" oder „eine Festung ohne Fenster und Türen": Mit solchen Metaphern wird der Gott des Islam beschrieben. Sein geistiges Bild unterscheidet sich also sehr von dem Gott Jesu Christi, von dem im Prolog zum Johannesevangelium angedeutet wird, dass er einen Schoß habe, in dem man sich bergen kann (*en kolpoï tou theou,* Joh 1,18). „Der Gott des Islam ist so sehr einzig, absolut, radikal, so sehr von Abwesenheit bestimmt, dass das Verbot, ihn darzustellen, sich aus seiner Konzeption ergibt. Daraus folgt die Überflüssigkeit eines speziellen Gebots.[28] Das Gesetz zur Darstellung Gottes ist folglich im Islam noch restriktiver als im Judentum. Allein die geschriebene Fassung seines Namens – ohne dass man auf ein Kürzel zurückgreifen müsste wie in den gedruckten jüdischen Dokumenten – ist sowohl bei den bildfreudigeren Schiiten als auch bei den Sunniten erlaubt.

2. Die erlaubten Darstellungen Gottes: Das Christentum

Der Glaube an die Inkarnation Gottes führte nach einer Phase der Bildlosigkeit zur Entstehung einer christlich inspirierten Kunst. Sie brachte zunächst Darstellungen des Mensch gewordenen Gottes hervor, in denen seine „Menschwerdung“ widerhallte, sodann anthropomorphe Darstellungen, die Zeugnisse einer menschlichen Konzeption des Göttlichen bzw. einer „Vermenschlichung“ Gottes sind.

A. Die Menschheit Gottes

a) Die ersten Darstellungen Christi als Gott

Als guter Jude seiner Zeit kümmerte Jesus sich nicht um Bilder. Sein öffentliches Wirken weist nicht die geringste Spur einer Beschäftigung mit diesem Thema auf. Dasselbe gilt für die Apostel.[29] Die frühe Verkündigung der Frohen Botschaft bediente sich weder der Anziehungskraft der Kunst noch der Macht der Rhetorik, sie setzte vielmehr auf die Botschaft und das beredte Beispiel des Lebens der Zeugen „in der Kraft des Geistes“.[30] Dass die blutflüssige Frau Christus habe darstellen lassen[31] oder Lukas die Jungfrau gemalt haben könnte, ist wenig plausibel. Weder Christus noch seine Mutter noch Gott noch *a fortiori* die Trinität wurden figürlich dargestellt. Die Christen haben offenbar zu jener Zeit keine spezifisch religiösen Bilder geschaffen. Die Zurückhaltung der Juden und zweifellos der ersten Generationen von Christen gegenüber jeglichen Bildern hatte auch während der ersten beiden Jahrhunderte unserer Zeitrechnung Bestand.

Wie jedoch die vergleichende Religionswissenschaft vor Augen führt, haben die überdauernden religiösen Bewegungen in den meisten Fällen schließlich doch die guten und die treuen Dienste der bildenden Künste in Anspruch genommen. Die christliche Kunst wurde im 3. Jh. geboren, keineswegs aus dem Nichts, sondern aus der Wiederverwendung solcher hellenistischer Formen, die sich zur Aufnahme neuer Inhalte eigneten. Nichts sprach beispielsweise dagegen, dass der Widderträger – der Jüngling mit einem Widder auf den Schultern –, wahlweise Sinnbild idyllischen Friedens oder Allegorie der Menschenfreundlichkeit, für die Christen zur Darstellung Christi mit dem verlorenen Schaf wurde (Lk 15,5), ganz im Geiste des Gleichnisses Jesu im Johannesevangelium (Joh 10). Durch solche Entlehnungen und darauffolgende Änderungen entstand ein erstes Bildrepertoire christlicher Kunst. Jesus nahm darin keine zentrale Stellung ein und wenn er auftrat, geschah es in Gestalt des Heilers oder Philosophen, als eine nicht individualisierte „Allzweckgestalt", wobei seine Göttlichkeit nur indirekt durch seine Wundertätigkeit hervorgehoben wurde. Solche Darstellungen Christi als Thaumaturg zeigen ihn noch nicht thronend.

Im Laufe der zweiten Hälfte des 4. Jh.s dagegen begann die aufkeimende Christus-Ikonographie seine Göttlichkeit hervorzuheben. Sie war mittlerweile zum „Brennpunkt der Darstellungen"[32] geworden. Sie ist Ausdruck des Beharrens der nicänischen Kirche, die sich auf das auf dem 1. Konzil von Nicäa 325 formulierte *Credo* stützte, auf der Gleichheit „in der Göttlichkeit" von Vater und Sohn, die als „wesensgleich" bezeichnet worden waren. Dieser entscheidende Wendepunkt sollte zunächst zum Bildmotiv der besonders feierlichen Darstellung des *Pantokrators* führen, des Herrschers des Universums, und in der Folge zur byzantinischen Tradition der Christusikone.

In den römischen Katakomben der Commodilla[33] und der hl. Marcellinus und Petrus[34] befinden sich Malereien, die gegen Ende des 4. oder Anfang des 5. Jh.s diese neue Ikonographie bezeugen. Ihr entsprechend ist Christus für sich allein dargestellt, frontal, mit Heiligenschein und inaktiv, d. h. er wirkt weder ein Wunder noch erleidet er seine Passion. Man hat angenommen, dass das Gewölbe der Katakombe der hl. Marcellinus und Petrus eine Apsis-Malerei nachahmte, und hat in diesem Zusammenhang von einer „Maiestas Christi" gesprochen (Abb. 2).

Gewisse Motive und die Triumphthematik stammen aus der Apokalypse. Christus sitzt auf einem mit einem Kissen bedeckten Thron; er ist bärtig, sein Kopf ist von einem Nimbus umgeben und wird von den Buchstaben Alpha und Omega flankiert (Offb 1,8), rechts und links von ihm stehen die Apostel Petrus und Paulus.[35] Im unteren Register befinden sich Märtyrer, die namentlich genannt sind: Gorgonius, Petrus, Marcellinus und Tiburius. Wie der Protomärtyrer Stephanus schauen sie den geöffneten Himmel[36] und verehren das von einer Inschrift (*Jor* und *Das*[37]) flankierte Lamm, das auf einem kleinen Hügel steht, dem die vier Pa-

Abb. 2: Wandmalerei, Marcellinus- und Petrus-Katakombe, Rom

radiesflüsse entspringen (Gen 2,10–14), und nehmen teil an seinem Triumph. Kurzum, „das idyllisch-pastorale Symbol tritt hinter eine gemeinschaftliche und politische Darstellung zurück."[38] Auf diese Art und Weise hat die Geschichte der Darstellungen des Mensch gewordenen Gottes ihren Anfang genommen.

Das Auftreten der ersten großen Apsismosaiken könnte ebenfalls in die zweite Hälfte des 4. Jh.s zurückreichen. Die ältesten erhaltenen Beispiele datieren allerdings in das frühe 5. Jh. In Santa Pudenziana in Rom[39] bildet Christus eine Brücke zwischen Himmel und Erde (Abb. 5). Er sitzt auf einem erhöhten Thron über dem Kreis der Apostel, der in zwei Gruppen unterteilt ist. Sie befinden sich vor einer durch Tore gegliederten Mauer, über der sich das Himmlische Jerusalem erhebt, das durch die Dächer einiger durchaus identifizierbarer Heiligtümer symbolisiert wird: Es handelt sich um Stätten des historischen Jerusalem, die Ziele der Pilgerreisen zu den heiligen Stätten waren.[40] Man erkennt, unter anderem, die Rotunde der *Anastasis,* also das Heilige Grab.[41] Hinter der Mauer erhebt sich auf einem kleinen Hügel (Golgotha) und vor einem von „theophanen" Wolken verhangenen Himmel das Kreuz: ein großes mit Gemmen geschmücktes Kreuz, umgeben von den vier Lebewesen – also dem Tetramorph der Vision des Ezechiel (Ez 1) –, die trapezförmig angeordnet sind (oben links der Löwe und rechts der Stier, unten links der geflügelte Mensch und rechts der Adler). Diese vier Symbole verweisen dem hl. Irenäus zufolge auf die vier Winde, die vier Himmelsrichtungen, die vier Regionen der Welt[42], kurzum, sie veranschaulichen die Universalität der Heilsbotschaft. Man kann hier, strenggenommen, von einer *Maiestas crucis* sprechen, wenngleich noch nicht von der „Herrlichkeit des Herrn", der *Maiestas Domini* der Kunsthistoriker.[43] Es handelt sich „um das älteste Beispiel einer Verbindung von Christus und Tetramorph in einer monumentalen Wanddekoration."[44]

Es wurde vermutet, die Darstellung Christi als Himmelsherrscher in Santa Pudenziana drücke die Einheit von Vater und Sohn, ihre Wesensgleichheit, aus, und sie sei im Lichte der berühmten Zeilen des Johannes zu lesen: „Wer mich gesehen hat,

hat den Vater gesehen“ (Joh 14,9). Aber darf man wirklich so weit gehen? In Ermangelung von Dokumenten muss man sich mit Mutmaßungen begnügen.

Die Identität der Gestalt von Vater und Sohn bestätigt hingegen ein Mosaik in der Apsis von San Michele in Affricisco in Ravenna, das sich heute restauriert in den Staatlichen Museen in Berlin befindet.[45] Es ist zweifellos eines der beredtsten Werke im Hinblick auf die Beteiligung der Kunst am Kampf gegen die Arianer, jene „Häretiker“, die in der Nachfolge des Arius an der Wesensgleichheit von Christus und Gott zweifelten. Gegen sie wurde auf dem 1. Konzil von Nicäa im Jahre 325 der Artikel des *Credo* formuliert, der über Christus sagt, dass er „als Einziggeborener aus dem Vater gezeugt, das heißt aus der Substanz des Vaters, Gott aus Gott, Licht aus Licht, wahrer Gott aus wahrem Gott, geboren, nicht geschaffen, eines Wesens mit dem Vater *(homoousios)*“ ist.[46] Seitdem waren die Arianer immer zahlreicher geworden, da der Übertritt etlicher Barbarenvölker zum Christentum gleichbedeutend mit einem Bekenntnis zum Arianismus war. Aus diesem Grunde stand Ravenna unter der Herrschaft eines arianisch geprägten ostgotischen Königtums, und eben deshalb gab es dort zur Zeit der justinianischen Wiedereroberung besondere Veranlassung zu einer antiarianischen Ikonographie.

Das Mosaik wurde um 545 vollendet. Es zeigt einen jugendlichen und bartlosen Christus, der auf einer mit Rosen und Lilien bewachsenen Weide steht. Die zwei Erzengel Michael und Gabriel[47] flankieren ihn – erstmalig finden sich hier Engel in einer Apsisdekoration. Christus ist als Sieger dargestellt, in seiner Rechten schwenkt er, einem Zepter gleich, die Standarte der Auferstehung, ein mit Edelsteinen geschmücktes Kreuz. Mit der verhüllten Linken streckt er dem Betrachter ein aufgeschlagenes Buch entgegen, in dem in zweifellos antiarianischem Sinn zwei Verse stehen, auf die sich die Verfechter der orthodoxen Trinitätslehre ohne Unterlass beriefen: *„Qui vidit me vidit et patrem“* („Wer mich gesehen hat, hat den Vater gesehen.“ Joh 14,9) und *„Ego et pater unum sumus“* („Ich und der Vater sind eins.“ Joh 10,30).

b) Der Pantokrator

Die meisten der antiken Christusikonen wurden während der Krise des Bildersturms zerstört. „Gerettet wurden hauptsächlich solche, die sich auf muslimischem Gebiet befanden und der weniger starken Zerstörungswut des Islam entgingen.“[48] Die Tafel mit der Darstellung des Pantokrators im Katharinenkloster auf dem Sinai ist eine solche erhaltene Ikone (Bildhinweis 1). Es handelt sich um eine Wachsmalerei, die an die zwischen dem 1. und dem 4. Jh. entstandenen griechisch-ägyptischen Mumienporträts erinnert, die über dem Gesicht des Toten angebracht wurden.[49] Allerdings hat sie ein größeres Format: 84,5 cm × 44,3 cm. Sie stammt ursprünglich vermutlich aus Konstantinopel und wurde im Jahre 1962 restauriert, woher ihre erstaunlich frischen Farben rühren.

In der Geschichte der Darstellungen Gottes leitet diese Ikone einen neuen Abschnitt ein. Sie bezeichnet allerdings noch nicht das Ende der Vielfalt in den Darstellungen des Mensch gewordenen Gottes, denn es sollten mehrere würdevolle Darstellungsformen Christi in der byzantinischen Kunst fortleben, darunter die des Christus-Logos als junger Mann, des Immanuel als Jüngling, eine Figur, die auf die Prophezeiung des Jesaja (7,14) zurückgeht, und die des Alten der Tage der Vision Daniels, der als präexistente Christusfigur interpretiert wird („Ich sah immer noch hin; da wurden Throne aufgestellt und ein Hochbetagter nahm Platz. Sein Gewand war weiß wie Schnee, sein Haar wie reine Wolle. Feuerflammen waren sein Thron und dessen Räder waren loderndes Feuer […]. Immer noch hatte ich die nächtlichen Visionen: Da kam mit den Wolken des Himmels einer wie ein Menschensohn. Er gelangte bis zu dem Hochbetagten und wurde vor ihn geführt. Ihm wurden Herrschaft, Würde und Königtum gegeben. Alle Völker, Nationen und Sprachen müssen ihm dienen.“ (Dan 7,9.13–14) (s. u. Kap. IV, 1, B) Doch während die frühchristliche Kunst die Gestalt Christi *in bestimmten in szenische Handlungen eingebetteten Rollen* darstellte oder auf seine Funktion als Herrscher beschränkte, ohne sich um das körperliche Erscheinungsbild des Jesus von Nazaret zu kümmern, lenkten gerade diese Darstellungen

Christi als Pantokrator die Aufmerksamkeit der Gläubigen *auf seine Person.*[50] Strenggenommen stellten sie „weder ein Symbol noch eine Idee (die Illustration eines Dogmas) noch eine Funktion, nicht einmal ein Wesen dar, sondern das Sujet selbst": Christus geoffenbart als Gott. Dieser Bildtypus hat die Christusdarstellung in der gesamten byzantinischen Malerei bis hin zu den sizilianischen Mosaiken des 12. und 13. Jh.s (Monreale, Palermo, Cefalù) beeinflusst. Er verbindet „die Aura eines Götterbildes mit der Aufzeichnung eines idealen menschlichen Porträts, das das eines lehrenden Philosophen zu sein scheint. Die Doppelnatur Christi, die in den christologischen Kontroversen der Zeit eine solche Rolle spielte, ist dadurch suggestiv ins Spiel gebracht."[51]

Dergestalt war offenbar das christliche Gottesbild beschaffen, das auf dem 2. ökumenischen Konzil von Nicäa 787 die endgültige Legitimation erhielt, um es vor jeglichen Angriffen zu schützen.

c) Das Dekret von Nicäa II und die Regel des Christomorphismus

In der Tat wurde auf diesem Konzil eine „Definition" des Glaubens (griechisch: *horos*) verkündet, dass es rechtmäßig sei, Bilder anzufertigen, auszustellen und zu verehren.[52] Der Text, der eine entscheidende Phase in der Geschichte der Darstellungen des christlichen Gottes bezeichnet, benennt insgesamt vier erlaubte Bildthemen: Christus, die Jungfrau, die Heiligen und die Engel, also Personen und keine Dogmen oder Wahrheiten, wodurch deutlich wird, dass das Verhältnis zwischen dem Gläubigen und dem Bild als eine *Beziehung von Person zu Person mit dem Ziel einer Begegnung* verstanden wird. Der Zweck der Bilder war zunächst weder didaktisch noch dekorativ; er bestand darin, die Erinnerung wachzuhalten und dem Wunsch nach Vorbildern zu genügen, nach heiligen Personen, deren Bildnisse die Ikonen festhielten, in denen jene in gewisser Weise präsent waren. Die Verehrung *(douleia)* der Bilder konnte sich in verschiedenen Gesten ausdrücken: im Kuss *(aspasmos),* in der Niederwerfung *(proskynesis),* im Entzünden von Kerzen, in der Beweihräucherung usw. Sie ging jedoch nicht so weit, eine Anbetung *(latreia)* zuzulassen, die nur Gott zusteht, und richtete sich weder an die Kunst noch an die Materie der bemalten Tafel, sondern allein an die dargestellte Person. Diese Verehrung war vollkommen gerechtfertigt, denn „die dem Bild erwiesene Ehrerbietung fällt auf das Urbild zurück“[53], also auf die durch das Bild dargestellte Person. Dieser Gedanke Basilius’ des Großen (330–379), der ihn als erster niederschrieb und bei dem er auf Christus selbst zielt, auf das „Bild des Vaters“, wurde auf die Verehrung der Bilder angewendet.

Das 2. Konzil von Nicäa hat es vermieden, die Trinität, Gottvater oder den Heiligen Geist unter den erlaubten Bildthemen zu erwähnen. Dieses Schweigen verdeutlicht, dass den Kirchenvätern solche Bilder nicht vorschwebten. Es rührt von einer christozentrischen Sicht der Offenbarung her, die typisch für die christliche Antike ist und die dank der Neuerungen in der Patristik im 20. Jh. auf dem Zweiten Vatikanischen Konzil wieder aufgegriffen wurde: „Christus ist die Fülle der Offenbarung.“[54] Anders ausgedrückt: Alles, was Gott den Menschen im Hinblick auf ihr Heil hat sagen und zeigen wollen, hat er in Jesus Christus gesagt und gezeigt. So hat es Johannes vom Kreuz jenen Nonnen gegenüber formuliert, die begierig auf „Sonderoffenbarungen“ waren. Demzufolge gibt Gott sich in Jesus Christus zu erkennen, „dem wahren Gott und wahren Menschen“ – der wahrhaft Mensch war in allen Dingen, mit Ausnahme der Sünde. Er ist „das Sichtbare des Vaters“ (Irenäus von Lyon[55]), das Sichtbare Gottes und der Trinität. Die „Regel des Christomorphismus der christlichen Gottesdarstellung“ besteht eben darin, sich an das Bild des Mensch gewordenen Gottes zu halten. Diese Lehre verbreitete Johannes von Damaskus seit 730, indem er im Wesentlichen Folgendes lehrte: Solange Gott unsichtbar ist, kann man von ihm kein Bild machen, das wäre absurd; wenn Gott aber sichtbar ist, dann ist ein Bild des sichtbar gewordenen Gottes möglich. Das ist sinnvoll und bestätigt die Wahrheit seiner Inkarnation. Durch die Inkarnation kann das Unsichtbare dargestellt werden. Von diesem Standpunkt aus betrachtet, wurden die Bilder Gottes nicht mehr nur toleriert, sondern gerechtfertigt, gefördert und gegen ihre Gegner verteidigt.

Diese Regel wurde fast ein ganzes Jahrtausend, und zwar vom 3. bis zum 13. Jh., befolgt, von einigen Ausnahmen abgesehen.[56] Die Darstellungen der *Maiestas Domini* in den romanischen Kirchen, beispielsweise in Burgund (Berzé-la-Ville) oder in Katalonien (Tahull), und die gotischen Tympana (Chartres) sind rigoros christomorph. Sie zeigen Gott nie als alten Mann, noch gehen sie so weit, das inkarnierte Wort darzustellen und daneben den nicht inkarnierten Vater. Umso erstaunlicher ist die Tatsache, dass besagte Regel nie deutlich niedergeschrieben oder promulgiert worden ist, lediglich implizit als Konsequenz der Lehre von Gott, indem man hervorhob, dass man nicht mit einer Form „umschreiben" könne, was nicht inkarniert ist.[57] Hier haben wir es mit dem Beispiel einer Tradition zu tun, die nicht schriftlich niedergelegt, doch nichtsdestoweniger gut belegt ist.

Was die Darstellung der Trinität betrifft, so gab es mehrere Möglichkeiten, sie regelkonform bzw. regelverstoßend umzusetzen. Eine Form der strikten Regelbefolgung war, vollkommen auf eine dreifache Wiederholung der Christusgestalt zu verzichten und sich ausschließlich an sie zu halten. Diesen Ansatz verdeutlicht eine Miniatur im Benediktionale des (Bischofs) Aethelwold[58], dem Werk eines englischen Mönches aus dem späten 10. Jh. Das *incipit* des Segens, den der Bischof während des Dreifaltigkeitsoffiziums am ersten Sonntag[59] nach Pfingsten[60] spricht, ist mit der Majuskel „O" versehen, die von einer achteckigen Mandorla umschlossen ist und deren Inneres ein Motiv aufweist, das jeder Kunsthistoriker als *Maiestas Christi* bezeichnen würde, wären da nicht die Anfangszeilen des daneben stehenden Gebetes, die der Darstellung aufgrund ihrer Anordnung als Erklärung dienen: *„Omnipotens Trinitas, unus et verus Deus, Pater, Filius et Spiritus Sanctus"*[61] (Allmächtige Dreifaltigkeit, einziger und wahrer Gott, Vater, Sohn und Heiliger Geist). Der Bischof, der dieses liturgische Buch benutzte, und der Betrachter des Bildes mit ihm, wurde ermuntert zu glauben, dass er *ipso facto,* wenn er sein Gebet an den thronenden Gott-Christus richtete, den „einzigen wahren Gott, Vater, Sohn und heiligen Geist" ansprach. Die Gestalt des thronenden Christus ist somit in der Eigenschaft als „Platzhalter" der Trinität anwesend. Dies ist auch im oberen Register des Genter Altars[62] zu beobachten (Bildhinweis 2). Angesichts dessen fragt man sich völlig zu Recht, ob die Gläubigen der Zeit vom 8. bis ins 13. Jh. beim Betrachten der Apsiden der großen romanischen Kirchen, der Darstellungen der *Maiestas Domini*, oder beim Betrachten des Genter Altars im 15. Jh., sich wirklich bewusst waren, dass sie Gott-Christus betrachteten, „den Einen aus der Trinität" (Konstantinopel II), dass sie also möglicherweise oder auf mystische Weise der Trinität gegenüberstanden. „Denn in ihm allein [Christus] wohnt wirklich die ganze Fülle Gottes" (Kol 2,9).

B. Die „Vermenschlichung" der Gestalt Gottes

Die „Menschheit Gottes" ist ein Begriff, den die Kirchenväter verwendeten, um den Glauben an die Inkarnation des Wortes Gottes in Jesus von Nazaret zusammenzufassen, wie es in einer Zeile des Briefes an Titus geschrieben steht: „Die Güte und Menschenliebe Gottes, unseres Retters, ist erschienen" (Tit 3,4). Der einzige Nachteil dieser Formulierung besteht in der Statik des Zustands. Um das Mensch-Werden des Erlösers, unseres Herrn, in dynamischem Sinn begreifbar zu machen, hat die christliche Tradition auf die Vorstellung der „Menschwerdung" (Humanation) zurückgreifen können, die auf dem 1. Konzil von Nicäa (325)[63] skizziert worden war und die sich beispielsweise bei Thomas von Aquin[64] findet. Es erscheint sinnvoll, diesen Begriff im Kopf zu behalten und die notwendigen ikonographischen Implikationen der Menschwerdung Gottes von ihren akzidentellen Auswirkungen, die aus der „Vermenschlichung der Gestalt Gottes" resultieren, zu unterscheiden, nämlich der – zumindest aus theologischer Sicht – anfechtbaren Tendenz, nicht nur sichtbar zu machen, dass Gott Mensch ist in Jesus, sondern ihn in anthropomorpher Weise aufzufassen bis dahin, ihn „menschlich, allzu menschlich" (Nietzsche) werden zu lassen.

Denn die Vermenschlichung der Gestalten Gottvaters, der Trinität, des Heiligen Geistes und des inkarnierten Sohnes selbst ging tatsächlich weit über das hinaus, was die Darstellung der Menschheit Gottes in der Kunst erforderte bzw. erlaubte.

Diese theologisch-ikonographische Unterscheidung lenkt die Aufmerksamkeit auf eine Folgeerscheinung.[65] Alles, was in der christlichen Kunst dazu beitragen kann, „die Menschwerdung Gottes" zu bezeugen oder – um es mit den Worten des 2. Konzils von Nicäa auszudrücken – „die in Wahrheit und nicht nur dem Scheine nach" erfolgte Inkarnation zu bestätigen, kann für grundsätzlich legitim gehalten werden. Im Gegenzug ist es gestattet, Kritik am Vorgang der übermäßigen Vermenschlichung oder Anthropomorphisierung der Gestalt Gottes zu äußern, durch die das Mysterium Gottes herabgesetzt und verschleiert wurde, indem sie entscheidend zu diversen psychologischen und politischen Analogien beitrug, die aus Gott einen himmlischen Herrscher, einen Papst im Paradies oder einen Großvater machten, der aus den Wolken heraus die Menschen beobachtet und bewacht. Dies konnte nur geschehen, weil die Regel des Christomorphismus noch nicht – in der Antike – oder nicht mehr – seit dem Ende des Mittelalters – befolgt wurde, und, allgemeiner betrachtet, weil man den Künstlern freie Hand ließ, wenn es um die Darstellung dieser oder jener Person der Dreifaltigkeit ging.

Die Übertretung wie auch die Vernachlässigung der Christomorphismus-Regel vollzogen sich konkret vor allem auf zwei Arten, wobei die eine die andere nach sich zog.[66] Die erste bestand darin anzunehmen, dass es zulässig sei, Gottvater *numerisch verschieden* vom Mensch gewordenen Sohn darzustellen, nämlich durch eine Verdoppelung; sie kann den Eindruck erwecken, den Christomorphismus zu respektieren, weil Vater und Sohn noch dasselbe Erscheinungsbild haben oder haben können. Die zweite greift, aus Sicht der ersten, auf das Postulat zurück, dass es erlaubt sei, den Vater *morphologisch verschieden* vom Mensch gewordenen Sohn darzustellen. Diese in zwei Phasen sich vollziehende Ablösung sollte durch eine dritte Differenzierung der Personen mit Hilfe von Attributen noch verstärkt werden.

a) Numerische Differenzierungen: Verdoppelungen und Verdreifachungen

Unter den ersten Zeugnissen für eine Aufspaltung der Gestalt Gottes seit dem 9. Jh. sind der *Utrecht-Psalter* und der *Stuttgarter Psalter* zu erwähnen.[67] Die frühesten Werke, die zu einer morphologischen Differenzierung der Gestalten gelangten, sind nicht vor dem 11. Jh. entstanden (der *Hamilton-Psalter* und die *Roda-Bibel*). Diese beiden kühnen Neuerungen wurden bald ohne Einschränkungen kombiniert und ermöglichten somit die Entstehung von dauerhaften Kompositionsschemata, auf deren Grundlage die Künstler zahlreiche Varianten improvisieren konnten. Tatsächlich traten im 12. oder gegen Ende des 11. Jh.s die verbreitetsten Typen der Darstellung der Trinität in Erscheinung: die „Psalter-Trinität" (Vater und Sohn gemeinsam auf dem Thron mit der Taube des Heiligen Geistes zwischen ihnen), der „Gnadenstuhl" (Gottvater, der den Gekreuzigten vor sich hält), die „triandrische Trinität" (die Dreifaltigkeit in Gestalt dreier Männer) und die „Paternitas" (Gottvater, der seinen Sohn auf dem Schoß hält); im 13. und insbesondere im 14. Jh. findet sich schließlich die „trikephale Trinität", auch „Trifrons" genannt (die Dreifaltigkeit, dargestellt als ein Körper mit drei Köpfen oder als ein Kopf mit drei Gesichtern).[68] Nach dieser schnellen Aufzählung der tiefgreifenden Veränderungen in der Darstellung des Göttlichen wollen wir diese komplexe Entwicklung en detail beobachten.

Die Aufspaltung besteht darin, neben der Figur des Gottessohnes eine klar von ihm unterschiedene Figur Gottvaters darzustellen, wobei man aber zunächst davon absah, dem Vater ein anderes Aussehen zu verleihen. Daher rühren jene Darstellungen der Trinität, in denen Gottvater und Gott Sohn sich so ähnlich sehen, dass sie Zwillingen gleichen, die nicht zu unterscheiden sind. Das ist der Fall beim Sakramentar aus Saint-Martin in Tours[69], beim Canterbury-Psalter[70] oder bei dem zwei Jahrhunderte später datierten und von Enguerrand Quarton gemalten Tafelbild in Villeneuve-lès-Avignon[71] (Bildhinweis 3), dessen Maler sich penibel an die vorgegebene Klausel „Zwischen Gottvater und Gott Sohn gibt es keinen Unterschied" gehalten hat. Gleiches gilt auch für gewisse Miniaturen des frühen 16. Jh.s[72] aus der Gegend um Brügge und Gent, als diese an hochkarätigen Werkstätten reiche Region das Zentrum des letzten Widerstands der christomorphen Gottesdarstellung war, während zur gleichen Zeit in Rom, im Vatikan selbst, bereits die Figur Gottes als betagter (so bei Michelangelo in der Sixtinischen Kapelle) oder sehr betagter Schöpfer (so bei Raphael in den Loggien) triumphierte.

Die Aufspaltung in drei Figuren entwickelte sich nach demselben Schema, indem drei einzelne, aber identische Figuren dargestellt wurden, sozusagen die Trinität der Personen. So verhält es sich bei der Mehrzahl der trikephalen Trinitäten, bei denen das „Alter" der Gesichter gewöhnlich nicht variiert wurde, und bei den triandrischen Trinitäten, deren Bildformel bereits in der Darstellung des Gastmahls Abrahams (Gen 18) in Santa Maria Maggiore in Rom angelegt war. Die Reihe solcher Darstellungen führt durch die gesamte ikonographische Tradition mit Werken wie der „Schöpfungstrinität" des *Hortus deliciarum*, der „Erlösungstrinität" des Luca di Tommè und der „Devotionstrinität" des Kress-Missale von 1513. Noch im 20. Jh., im Jahre 1926, hat Gino Severini für eine Kirche im Schweizer Kanton Freiburg eine triandrische Trinität gemalt mit drei vollkommen identischen Personen, die auf ein und demselben Thron sitzen. Diese Wandmalerei wurde in Rom beanstandet und führte zu einer Verurteilung durch das Heilige Offizium.[73]

b) Morphologische Differenzierungen

Ab dem 11. Jh. *(Roda-Bibel)* beziehungsweise zu Anfang des 12. Jh.s (*Missale von Cambrai*[74]) begann man, bei den Gottesdarstellungen leicht das Alter zu differenzieren. In einer ganzen Reihe von Darstellungen verlieh man der Gestalt des Vaters schrittweise ein vom Sohn verschiedenes Aussehen. Anfangs gelingt es kaum, sie auseinanderzuhalten (im *Missale von Cambrai* ist der Vater ergraut und bärtig dargestellt, während der Sohn nur einen rötlichen Backenbart trägt), oder man achtet nicht auf den Unterschied, da der Akzent nicht auf dem Aussehen liegt.

Vom 13. Jh. an finden sich hingegen gelegentlich Darstellungen der Trinität, die einen Gottvater zeigen, der sich so sehr vom Sohn unterscheidet, dass man den Eindruck gewinnt, es handele sich um Großvater und Enkel. So zum Beispiel in einer Miniatur der *Heisterbacher Bibel*[75] um 1240 oder bei den höchst merkwürdigen Darstellungen des Schöpfergottes in den neapolitanischen Bibeln aus den 1360er Jahren, in denen sozusagen auf die Gestalt Gottvaters als Greis ein jugendlicher *Logos* und eine Taube aufgepfropft sind – wobei man sich in diesem Fall sehr weit von der strengen Befolgung der Christomorphismus-Regel entfernt hat. Die buchstäbliche und anthropomorphe Interpretation der Namen „Vater" und „Sohn" hatte sich also durchgesetzt und das Gesetz diktiert, so dass ein deutlich sichtbarer Altersunterschied allmählich zu einem „Imperativ der Darstellung" wurde, den man befolgen musste, um das Abstammungsverhältnis auszudrücken.

Die Darstellung von Gottvater als Greis erreichte ab dem 15. Jh. ihren Höhepunkt, wie zum Beispiel eine der beiden Paternitas-Darstellungen im *Rohan-Stundenbuch* zeigt, wo Gottvater wie ein weißhaariger, hochbetagter Greis aussieht (Abb. 3).[76]

Dieser Darstellungstyp war gegen Ende des Jahrhunderts weit verbreitet, so dass es im 16. Jh. nahezu zu einem Gemeinplatz wurde, Gottvater als leicht gebeugten, alten Mann darzustellen.

Weist er in dem Dreifaltigkeitsbild von Colijn de Coter im Louvre (Bildhinweis 4) nicht Anzeichen von Arthrose im kleinen Finger der linken Hand auf? Trotz der hoheitsvollen Krone hat sein Gesicht einen zugleich vertrauten und verwundbaren Ausdruck, der es umso rührender wirken lässt. Um eine an Verismus grenzende realistische Note hinzuzufügen, stellte man Gottvater auch mit schütterem Haar, wenn nicht gar mit kahlem Schädel dar, wie auf Nicolas Froments Tafel in Limmerick, auf Peruginos Altarbild in der Kartause von Pavia oder beim *Engelkonzert* von Champaigne, was in einer Epoche, in der die Malerei nicht mehr nach einem idealen Menschenbild als Träger der Heilsbotschaft strebte, sondern auf die anatomischen und psychologischen Eigentüm-

Abb. 3: Rohan-Stundenbuch, Paris

lichkeiten ihrer Modelle fixiert war, selbstverständlich erscheint. Von da an konnte Gott Jedermann ähneln, solange er ein gewisses Alter hatte und sich angemessen benahm …, so zu sehen auf zahlreichen italienischen Retabeln, auf denen das Brustbild des segnenden Gottvaters die Szenen der Heilsgeschichte bekrönt. Als gemalter oder skulptierter Abschluss barocker Retabeln sinkt es nahezu zur Bedeutungslosigkeit herab, bis dahin, dass es kaum noch wahrgenommen wird, wie aus den Klagen mancher Bischöfe hervorgeht, die solche Gemälde als „überladen mit Figuren von allzu großer Ähnlichkeit zwischen Gott und den Heiligen“[77] bemängelten.

Das eigenständige Bild des Heiligen Geistes als schöner junger Mann ist die zweite Abweichung von der Christomorphismus-Regel bei der Darstellung Gottes. Bereits in den triandrischen Trinitäten war der Heilige Geist in anthropomorpher Form dargestellt worden. Die Grenze wurde überschritten, als die abendländische Ikonographie sich nicht mehr damit begnügte, ihn in Gott-Christus zu verbildlichen (durch die Aufspaltung seiner Figur in drei Figuren), und ihn zunächst als jungen Mann innerhalb der Trinitätsgruppe und schließlich als einzelnen jungen Mann darstellte. Die erste der beiden Übertretungen findet sich erstmals in einem deutschen Fresko aus dem frühen 15. Jh. (Urschalling, Bayern) und dann als Skulptur (Figurengruppe aus Holz im Museum von Troyes). Die zweite Übertretung findet sich auf Stichen des 16. Jh.s, die den Geist der Liebe als jungen Mann darstellen, dessen Kopf von Feuerzungen umgeben ist, wie in einer Vision der heiligen Theresa von Avila. Dabei handelt es sich um das Bild einer Vision, also um „das Bild eines Bildes“, nicht um eine unmittelbare Darstellung.

Diese Vision inspirierte um 1730 eine weitere Erscheinung derselben Art, nämlich die Vision der Crescentia von Kaufbeuren, einer schwäbischen Franziskanernonne. Nachdem die Priorin davon erfahren hatte, bat sie sie, ihre Vision einem Künstler zu erzählen, der eiligst aus Augsburg, das Antwerpen als europäische Hauptstadt religiöser Malerei abgelöst hatte, herbeigerufen worden war. Es folgten ein Tafelbild sowie nach und nach eine Reihe von Andachtsbildern und schließlich barocke Fresken, die den Heiligen Geist als schönen jungen Mann darstellen (Abb. 4).

Abb. 4: Rufin, Ölgemälde, 1728

Die Angelegenheit wurde durch einen Nuntius, der ein Nonnenkloster am Bodensee besuchte, bis nach Rom getragen. Als er in den Zellen der Schwestern Exemplare besagter Darstellung des Heiligen Geistes fand, konfiszierte er sie auf der Stelle, sandte sie an den Vatikan und bat den Papst um Anweisungen, wie zu verfahren sei. Benedikt XIV., ein Jurist ohnegleichen, hatte ein ausgeprägtes Bewusstsein für die fehlende kirchliche Disziplin in eben diesem Bereich. Er recherchierte also in seiner Bibliothek im Juli und August des Jahres 1744 und verfasste eine gelehrte Abhandlung zu diesem Thema, die zu einer Bulle, einem offiziellen Dokument, wurde. Die Angelegenheit fand ihren Abschluss in dem 1745 von ihm ausgesprochenen Verbot, den Heiligen Geist auf diese Weise einzeln darzustellen.[78] Das verhinderte allerdings weder das Fortleben dieser Ikonographie[79] noch die Seligsprechung der Nonne durch Leo XIII. im Jahre 1900 und ihre Heiligsprechung durch Johannes Paul II. 2001!

c) Gott mit den Insignien der Macht

Der Prozess der Vermenschlichung Gottes vollzog sich auch über die Anzeichen des Alters hinaus, indem ihm Attribute der königlichen oder kaiserlichen beziehungsweise der priesterlichen oder päpstlichen Macht verliehen wurden. Das war zum Teil schon in Santa Pudenziana in Rom (Abb. 5) der Fall gewesen, wo Christus

Abb. 5: Apsismosaik, Santa Pudenziana, Rom

auf einem kaiserlichen Thron sitzt, oder in Santa Maria Maggiore in der Darstellung der Anbetung durch die phrygische Mützen tragenden Magier.

Noch frühere Beispiele finden sich auf einigen Sarkophagen wie dem des Junius Bassus, auf denen ein thronender Christus zu sehen ist, der mitunter von Caelus, dem römischen Gott des Himmels, getragen wird (Abb. 6).

Christus mit einer Königskrone auszustatten, steht im Einklang mit seiner Beschreibung als Weltenrichter in der Apokalypse (Offb 14,14: „Auf der Wolke thronte einer, der wie ein Menschensohn aussah. Er trug einen goldenen Kranz auf dem Haupt …") und mit seinem Titel als „König der Könige" (1 Tim 6,15; Offb 17,14); spätestens seit dem 11. Jh. trägt Christus auf manchen Kreuzigungsdarstellungen, sowohl in der Buchmalerei (*Uta Evan-*

Abb. 6: Sarkophag des Junius Bassus, Rom

geliar[80]) als auch in der Bildhauerei (s. u. Kap. IV), eine Königskrone.

Die Verleihung einer Königs- oder Kaiserkrone an Gottvater (s. o. Abb. 3 und Bildhinweis 5) datiert zwangsläufig später, genau wie Gestalt und Gegenstand der Darstellung selbst. In beiden Fällen lässt sich die Krone aus Passagen der Heiligen Schrift ableiten, die Gott (oder seinem Messias) den Königstitel verleihen, wobei sie aus ihm den Himmelskönig oder sogar den „König der Könige" machen, den *rex regum* oder *rex regnantium,* den „König der Könige und Herrn der Herren", wie in der Apokalypse (19,16) zu lesen. Der ikonographische Typus, der ihm am häufigsten zum Tragen einer Königskrone verhalf, war der *Salvator mundi,* dessen theologische Bedeutung unanfechtbar ist. Aber auch diese offensichtliche Rechtmäßigkeit konnte nicht verhindern, dass die Verleihung dieses Insigniums zur Vermenschlichung des Gottesbildes beitrug, da sie trotz aller ikonographischen Vorsichtsmaßnahmen aus Gott einen Monarchen machte. Häufig wurde er zu einem Priester-König, der nicht nur mit einer Krone ausgestattet ist, sondern auch ein Pluviale (alte Bezeichnung für die Capa, einen mantelartigen Umhang) mit Fibel sowie eine gekreuzte Stola trägt, wie auf der Mitteltafel des Triptychons von Memling, das sich in Antwerpen befindet.[81]

Sofern es um die Darstellung Gottes als Papst geht, lässt sich festhalten, dass Gottvater die päpstliche Tiara, in der Form, in der sie um das Jahr 1300 von Papst Bonifaz VIII. neu gestaltet wurde, um die Vereinigung der drei Machtbefugnisse – des Weiheamtes, der Jurisdiktion und des Lehramtes – auf dem Haupt des Bischofs von Rom anzuzeigen, erstmals auf einer Spiegelkapsel im Louvre[82] trägt. Der Sinn dieser vermutlich französischen Initiative ist ambivalent. Sollten zur Zeit des großen Schismas die zwei oder gar drei Bewerber um den Stuhl Petri in Rom durch die Darstellung Gottvaters als Papst ermahnt werden zu bedenken, dass ihr Vorbild im Himmel einzig ist, oder wollte man die Gläubigen daran erinnern, dass der Papst in gewisser Weise Gott auf Erden ist? Jedenfalls sollte diese Bilderfindung rasch ihren Weg in die Buchmalerei finden, insbesondere in die französische (zum Beispiel ein thronen-

Abb. 7: Miniatur, Louvre, Paris

der Gottvater auf einem Einzelblatt im Louvre[83], Abb. 7), bevor sie sich zumindest innerhalb der Grenzen des lateinischen Abendlandes allgemein durchsetzte (s. Bildhinweise 2 und 6; Abb. 8 und 9).

Abb. 8: Miniatur, Stundenbuch der Katharina von Kleve, Pierpont Morgan Library, New York

Abb. 9: Miniatur, Stundenbuch der Katharina von Kleve, Pierpont Morgan Library, New York

Zusammenfassung

In diesem ersten Abschnitt der Untersuchung ist die Grundlage einer reflektierten Darstellung des Gottes der Maler und Bildhauer in der christlich beeinflussten Kunst gelegt worden. Die Aufgabe der vier sich anschließenden Kapitel besteht darin, tiefer in diesen Prozess der Menschwerdung des Unsichtbaren einzudringen und ihn im einzelnen zu erörtern, indem die verschiedenen Etappen des Werdegangs des Gottessohnes nachgezeichnet werden, angefangen bei seiner ewigen Präexistenz im Schoße Gottes (Kap. II) bis hin zu seiner Rückkehr in die Herrlichkeit bei Gott (Kap. V), über sein Hinabsteigen und seine Inkarnation (Kap. III) sowie sein Wirken auf Erden, sein Leiden, seine Auferstehung und seine Himmelfahrt (Kap. IV). Diese parabolische Wegführung, die einem Hin- und Rückweg gleicht, entspricht mit ihrem durch Fortgang und Wiederkehr bestimmten Aufbau dem Schema, dem die Fragen in der *Summa theologiae* des Thomas von Aquin folgen. Es impliziert die Schemata hoch/niedrig, Himmel/Erde, Fortgang/Wiederkehr, Abstieg/Aufstieg, die nicht nur einen grundlegenden Aspekt der christlichen Kunst ausmachen, sondern auch ein wesentliches Element dessen, was Walter Benjamin das „visuelle Unterbewusstsein“ der Menschen des Abendlandes und ihrer Vorstellung vom Göttlichen nannte. Die folgenden Kapitel widmen sich dem Studium der bildlichen Fassung dieser Vorstellungen.

Das vorliegende Kapitel hat im Wesentlichen die schrittweise Entwicklung der Vermenschlichung des Gottesbildes durch Maler und Bildhauer untersucht. Die ersten Beispiele aus dem späten Mittelalter und zu Beginn der Renaissance spiegelten die Verherrlichung des Menschlichen. Hat dieser mehrere Jahrhunderte umspannende Prozess unter einer gewissen Regellosigkeit gelitten? Als Theologe bin ich geneigt, dem zuzustimmen, wenngleich ich mir bewusst bin, dass vom Kunsthistoriker gefordert wird, sich vor derartigen Urteilen zu hüten. Sicher ist, dass die Vermenschlichung der Gestalt Gottes sehr weit gefasst wurde, so dass manche, wenn nicht sogar recht viele Menschen von einem mehr oder weniger ausgeprägten Gefühl der Ermüdung und des Überdrusses erfasst wurden, das möglicherweise zu einem Glaubwürdigkeitsverlust des Gottesgedankens in Europa beigetragen hat. Ein symptomatisches Beispiel ist die „Schimpfkanonade“ Victor Hugos in *L'Année terrible* aus dem Jahre 1871 gegen eine solche Darstellung Gottvaters. Dort antwortet er einem Bischof, der ihn des Atheismus verdächtigt hatte (zu seiner Zeit bedeutete diese Beschwerde so viel wie Antiklerikalismus): „Wenn es sich [bei Gott] um einen gutmütigen Mann mit langem weißen Bart handelt, um eine Art Papst oder Kaiser, der auf einem Thron sitzt, den man als Theaterrequisite bezeichnen könnte [...], Priester, ja, dann leugne ich diesen alten lieben Gott. Aber wenn es sich um das ewige Prinzip handelt, einfach, unermesslich, das denkt, weil es ist, das der Ort von allem ist, und das ich in Ermangelung eines größeren Namens Gott nenne, dann verändert sich alles ... Und dann bin ich der Gläubige, und du bist der Atheist.“

Der Glaube Hugos war sicherlich kein Muster an Orthodoxie. Aber in seiner Ablehnung, Gott mit einem alten Mann mit Tiara und weißem Bart zu identifizieren, der jedermann mit Luchsaugen aus den Wolken herab beobachtet – und sei diese Identifikation noch so gering –, erkennen viele Männer und Frauen unserer Zeit ihre eigene Ablehnung wieder. Die Atheisten im strengen Sinn des Begriffs haben natürlich andere Gründe, das Prinzip einer göttlichen Macht abzulehnen, als diese aufgegebenen Bilder der Vergangenheit, und sie können in der Kunst, der Musik und sogar in der Malerei auch Gründe finden, sich dem Übernatürlichen zu öffnen. Aber es war sehr wohl dieses Bild Gottes als gekrönter Herrscher, das vornehmlich von der antiklerikalen Karikatur im Jahrhundert Hugos sowie in der ersten Hälfte des 20. Jh.s verspottet wurde. Und immer noch dient dieses Bild jenen als Schreckgespenst, die sich gewisser Darstellungen entledigen wollen, um sagen zu können: „Ich glaube an Gott ...“

II.
Der einzige Sohn im Schoße des Vaters
Wenn Gott beratschlagt

Die religiöse Kunst der Christen hat, vornehmlich im Mittelalter, nicht aufgehört, über die Inkarnation Gottes nachzusinnen und sie zu zelebrieren. Getan hat sie dies hauptsächlich durch die vermehrte Berücksichtigung zweier Bildthemen: Einerseits sind es die narrativen Darstellungen *(historiae)* der Kindheit Christi, wie sie in den kanonischen Evangelien oder den apokryphen Schriften überliefert werden und auf die beispielsweise die Darstellungen seiner Geburt zurückgehen. Andererseits handelt es sich um Bildnisse *(imagines)*, die einer Standbildaufnahme vergleichbar sind und die die Aufmerksamkeit auf ein einzelnes Element des Erzählverlaufs lenken, wie z. B. die Jungfrau mit Kind, das herausragende Symbol der vollendeten Inkarnation, das im Allgemeinen die göttliche Natur Christi hervorhebt und seine Mutter zum Thron der Weisheit macht. Diese beiden großen Bildgruppen umfassen zahllose Werke, zu denen es entsprechende Literatur gibt. Weniger verbreitet und bekannt und nur selten als Gruppe zusammengestellt und in ihren Zusammenhängen erforscht ist eine dritte Art von Darstellungen, in denen nicht mehr versucht wurde, den Inkarnierten selbst zu „visualisieren“, sondern den einen oder anderen Aspekt jenes Prozesses, der die Inkarnation vorbereitet. Eben diese Darstellungen sollen hier besprochen werden. In ihnen wurde, gleichsam unter dem Druck einer devoten Schaulust, versucht, den Übergang vom göttlichen Zustand des Wortes Gottes zu seinem inkarnierten Zustand im Bild zu fassen, also die „Etappen“ der „Transformation“ von Christus *in forma Dei* zu Christus *in forma servi*, um die Begriffe des Philipperbriefes aufzugreifen: „Er war Gott gleich *[in forma Dei]*, hielt aber nicht daran fest, wie Gott zu sein, sondern er entäußerte sich und wurde wie ein Sklave *[forma servi]* …“ (Phil 2,6–7).

Im Mittelalter unterschieden Theologen und Mystiker wie Guerric von Igny († um 1157, dem wir den Ausdruck *„puer Deus“* verdanken) und Isaak von Stella († um 1178) sowie Meister Eckhart (um 1260–1327) und Johannes Tauler (1300–1361) drei Geburten Christi[84]: seine ewige Geburt als Wort Gottes, seine zeitliche Geburt durch Maria als Mensch gewordenes Wort und schließlich seine spirituelle Geburt im Herzen des Gläubigen als

Wort und Präsenz Christi in jedem Einzelnen.[85] Diese dritte Geburt, die ebenfalls in der Geschichte der christlichen Kunst dargestellt wurde, soll aus Zeitmangel nicht Gegenstand dieser Untersuchung sein – die beiden anderen bieten reichlich Stoff zur Betrachtung. Uns werden insbesondere die erste Geburt sowie die Vorbereitungen zur zweiten beschäftigen. Die Bilder der ersten Geburt leiten sich von einem einzigen ikonographischen Typus her, der sogenannten *Paternitas* (1). Anschließend werden wir jene weitverzweigte Gruppe von Darstellungen untersuchen, die das Bindeglied zwischen denen der ersten und denen der zweiten Geburt sind und die es wagen, nicht einfach die bereits vollzogene Inkarnation abzubilden, indem sie das *Verbum incarnatum* in den Bildzyklen der Kindheit inszenieren, sondern die Inkarnation zu Beginn oder im Vollzug oder angesichts des Geschehens, die somit das *Verbum incarnandum* zum Gegenstand haben. Innerhalb dieser zweiten Gruppe von Darstellungen lassen sich solche, die vom Rat der Dreifaltigkeit (2) herrühren, von anderen, die in besonderer Weise die Annahme seiner Sendung als Erlöser (3) durch den Sohn betonen, unterscheiden.[86]

1. Bilder von Gott vor der Zeit

A. Die ewige Zeugung des Wortes

Eine Untersuchung zum Bild Gottes in der Malerei sowie zum Vorgang der Inkarnation selbst kann nicht umhin, sich mit den Darstellungen des Sohnes im Schoße des Vaters zu beschäftigen. Sie stellen den *terminus a quo* des Weges Christi dar und tragen zur Interpretation der Bilder seines „Herabsteigens", seines geheimnishaften Übergangs aus der Zeitlosigkeit oder Vorzeitlichkeit in die Zeit bei.

Am Anfang, *in principio* – das bedeutet der patristischen Auslegung zufolge: vor aller Zeit – war das Wort (oder ist das Wort) „bei Gott" *(pros ton theon)*, wenn man dem Prolog des Johannesevangeliums (Joh 1,1) Glauben schenkt. Noch bevor es die Welt gab, existierte es. Dieses „bevor" ist nicht eine Zeit wie andere Zeiten, es ist eigentlich gar keine Zeit und ist daher nicht, nachdem der Schöpfungsakt stattgefunden und die Geschichte begonnen hatte, Vergangenheit geworden. Dieses „bevor" hat nie aufgehört, es dauert an „so auch jetzt und alle Zeit". Tatsächlich hält die christliche Lehre fest, dass der Vater den einzigen Sohn (Joh 1,18) „ewig zeugt", jenen, der sich ewig vom Vater empfängt[87], ohne ihn zu verlassen und ohne sich von ihm zu trennen.[88]

Aber wie hat man sich das Wort „bei Gott" vorzustellen? Kann man das überhaupt? Gott als solcher ist nicht darstellbar; umso unsinniger erscheint der Versuch, sich vorzustellen, wie seine innersten Gedanken, sein Wort, erzeugt werden. Wie Gregor von Nazianz sagte: „Es geschah auf die Weise, die dem zeugenden Vater und dem gezeugten Sohn bekannt ist. Das Übrige ist von Wolken bedeckt und entzieht sich deinem schwachen Verstand".[89]

Das gilt zumindest in der Theorie. Tatsächlich forderte die theologische Theorie, dass Gott ausschließlich mit den Zügen Jesu

Christi, dem „Ebenbild des unsichtbaren Gottes" (Kol 1,15) durch die Kunst dargestellt werde. So haben es die Kirchenväter auf dem 2. Konzil von Nicäa 787 festgelegt (s. o. Kap. I, 2, A, c). Die Künstler, allen voran jene des Mittelalters, haben sich jedoch nicht gescheut, Gott in Begleitung seines Sohnes, des ewigen Wortes, zu verbildlichen. Es war wiederum eine Zeile aus dem Prolog des Johannesevangeliums, die sie dazu angeregt hat: „Niemand hat Gott je gesehen. Der Einzige, der Gott ist und am Herzen des Vaters ruht, er hat Kunde gebracht" (Joh 1,18).[90]

B. Der ikonographische Typus der „Paternitas"

Die Darstellungen dieser ewigen Zeugung konstituieren einen ikonographischen Typus, das heißt eine feste Bildformel innerhalb der Grenzen einer Epoche oder Schule, eine Formel, deren wesentliche Motive einem konstanten Kompositionsschema entsprechend angeordnet sind und die ein Ensemble von Werken des gleichen Sujets bestimmt. Der geläufigste Name für diesen Typus lautet in der Fachliteratur „Paternitas". Dieser Bildtypus zeigt Christus auf dem Schoß Gottvaters mit der Taube des Heiligen Geistes zwischen, unter oder über ihnen. Die Frage, ob dieses Bildthema byzantinischen oder abendländischen Ursprungs ist, bleibt nach wie vor unbeantwortet.[91]

Es könnte jedoch gut sein, dass die älteste Darstellung der trinitarischen Paternitas einer Handschrift entstammt, die als eines der Meisterwerke der angelsächsischen Kunst gilt und kurz nach dem Jahr 1000[92] in Canterbury entstanden ist. Es handelt sich um eine Kopie des Utrecht-Psalters, des ersten abendländischen Psalters, der systematisch mit wortgetreuen Bildern versehen wurde und der seinerseits zwischen 820 und 830 in der Abtei Hautvilliers nahe Reims angefertigt worden war. Malraux, der diese einzigartige Miniatur entdeckte und sie in seinem *Musée imaginaire* reproduzieren ließ, bezeichnete sie als „die ergreifende Dreifaltigkeit von Canterbury, wo Gott seinen Sohn mit dem Gestus einer Madonna hält."[93] Es handelt sich hier in der Tat um eines der seltenen Bilder des christlichen Gottes, das auch weibliche beziehungsweise mütterliche Züge einschließt.[94]

Die Darstellung dient als Frontispiz-Seite des Psalters (Abb. 10).[95] Es handelt sich um eine gehöhte großformatige Zeichnung (Höhe 24 cm).

In einer spitz zulaufenden, von zwei Engelpaaren getragenen Mandorla drückt ein jugendlicher Gott-Christus mit Kreuznimbus einen anderen auf seinem Schoß sitzenden Gott-Christus in Gestalt des „Immanuel" (des Knaben, der nach einer an Ahas gerichteten Prophezeiung des Jesaja [7,14] benannt ist) an sich, wobei sich ihre Gesichter Wange an Wange aneinander schmiegen. Eine kräftige, zweifellos auf dem Arm des Wortes in Gestalt des

Abb. 10: Miniatur, British Library, London

Knaben sitzende Taube vervollständigt die Gruppe, wobei sie deren Intimität betont. Ein quer über die Gruppe gelegtes Schriftband, möglicherweise eine bildliche Übertragung des „Wortes", das hier als Attribut des präexistenten *Logos* zu verstehen ist, unterstreicht zusätzlich ihre Einheit. Die unter die Weltkugel gescho bene Hand und jene, die diese Kugel segnet, scheinen die des *Logos* zu sein, während die beiden Hände, in denen die Enden des Spruchbandes liegen, Gottvater zu gehören scheinen.

Dieses Bild der „ewigen Zeugung des Wortes" vor aller Zeit bedient sich also eines der Bildschemata, die der Darstellung der zeitlichen Geburt dienten, (der Jungfrau mit Kind) und wandelt dieses ab. Die Anregung dazu konnte sowohl Joh 1,18 als auch Ps 2,7 liefern („Mein Sohn bist du. Heute habe ich dich gezeugt.")[96], ein in den christologischen Kontroversen häufig ins Feld geführter Vers, der aber nur selten in einem streng trinitarischen Sinne bildlich umgesetzt wurde. Eine solche Darstellung setzt eine Art der Kontemplation voraus, die sich in gewisser Weise auf das innere Leben Gottes richtet, sozusagen auf sein „immanent-trinitarisches" Leben. Es handelt sich um ein Werk, das einzig in seiner Art ist. Das Motiv „Wange an Wange" ist wahrscheinlich byzantinischen Ursprungs. Zu den berühmtesten Beispielen zählt die *Gottesmutter von Wladimir,* eine auf den Anfang des 12. Jh.s zurückgehende Ikone[97], von der es im Louvre eine späte Kopie gibt, eine *Eleusa* (die Mitleidende) aus dem ersten Viertel des 17. Jh.s (RF 1972-43). Soweit bekannt, tritt dieses Motiv in der langen Geschichte der Darstellung der Trinität in der Kunst (sowohl im Osten als auch im Westen) nicht wieder auf. Lag es daran, dass das Motiv der aneinander geschmiegten Gesichter als zu sentimental, zu weiblich und nicht hieratisch genug empfunden wurde, um ins Repertoire würdiger Motive aufgenommen zu werden, die einen Beitrag zur Darstellung der Beziehung zwischen Vater und Sohn leisten könnten? Vermutlich befürchtete man, die Assimilation der „ewigen Zeugung", die radikal unaussprechlich und ohnegleichen war, an eine fleischliche Geburt zu begünstigen, bei der der sinnliche Kontakt und die Affektivität im Vordergrund stehen.

Andere ungewöhnliche und sehr qualitätsvolle Bilder haben das Wort bei Gott „am Anfang" gezeigt wie etwa die Frontispiz-Seite der Lothian-Bibel (Abb. 11), die um 1220 im angelsächsischen Zisterzienserumfeld entstand.

In dieser prächtigen, ganzseitigen Miniatur (47 cm × 32 cm) ist der einzige Sohn in Gestalt des Immanuel in den blassrosa gefärbten Mantel des Vaters gehüllt, eine erfinderische und zärtlich-vertraute Umsetzung jener Situation, wie sie im Prolog des Johannesevangeliums beschrieben wird: „im Schoße *(in sinu)* des Vaters" (Joh 1,18).[98] Dem Maler war offenbar bewusst, dass das lateinische Wort *sinus,* von dem sich das französische „sein" (Busen, Schoß) ableitet, auch „ausgehöhlte Form/Höhlung" und „Mantelfalte"[99] bedeutet; man kann sich gut vorstellen, dass er das tradi-

Abb. 11: Miniatur, Lothian-Bibel, Pierpont Morgan Library, New York

tionelle ikonographische Schema zur Darstellung von Abrahams Schoß (Lk 16,22) im Kopf hatte, bei dem die Toten in der Mantelfalte des Patriarchen geborgen sind.[100] Mit Nimben versehene Engel tragen und betrachten die Dreifaltigkeit. Sie sind in neun Chören angeordnet – was der traditionellen Anzahl der himmlischen Hierarchien entspricht –, fünf rechts und vier links (daher das leere Feld, das lediglich einen Wolkenwirbel enthält, da es sonst zehn Engelschöre wären). Die Dreifaltigkeit thront im Inneren eines Vierpasses, der von zwei Händen gehalten wird, so als handele es sich um einen körperhaften Gegenstand. Die Einheit der Gruppe, die bereits durch die Blickrichtung, das Verschränken der Arme, das Vorkehren der Handflächen und das Einhüllen in den gemeinsamen Mantel betont ist, wird zusätzlich verstärkt durch die Taube des Heiligen Geistes, die die beiden Gesichter eng miteinander verbindet und aus der Vereinigung ihres Atems zu entspringen scheint. Diese Anordnung ist ein Widerhall der lateinischen Lehre von der Herkunft und dem Ursprung des Heiligen Geistes „vom Vater und vom Sohn" (des *Filioque*), so wie die drei kreuzförmigen Nimben und die gemeinsame Unterbringung im Vierpass-Rahmen von ihrer gemeinsamen Verherrlichung in Übereinstimmung mit einem Artikel des Credo („Wir glauben an den Heiligen Geist […], der mit dem Vater und dem Sohn angebetet und verherrlicht wird") zeugen, an den das 4. Laterankonzil 1215 im Kampf gegen die Albigenser erinnerte, die den Schöpfergott dem erlösenden Gott gegenüberstellten.

In der abendländischen Kunst erlebte die Paternitas vom 13. Jh. an einen Niedergang. Es gab sporadische Wiederbelebungen in der Wandmalerei Mitteleuropas[101] und in der französischen Buchmalerei des 15. Jh.s, beispielsweise in zwei Miniaturen des *Rohan-Stundenbuches*. Eine dieser Darstellungen[102] findet sich in dem Teil „Fürbitten" unmittelbar nach dem Totenoffizium[103] (s. o. Abb. 3). Gegen Ende des Mittelalters richtete sich die Fürbitte für die Verstorbenen häufig an die Dreifaltigkeit.[104] „Die von einem Kreis aus Seraphim mit flammenden Flügeln umgebene Trinität ist von einer Aureole umfangen und überragt eine von Engeln getragene und von einem Kreuz bekrönte Weltkugel. Zwei Seraphim setzen Gottvater eine von einem Nimbus mit der Inschrift *In nomine Patris* hinterfangene Tiara auf den Kopf. Der Sohn, versehen mit kindlichen Zügen und bekleidet mit einem durchsichtigen Gewand, steht auf der Hand des Vaters; er klammert sich an dessen weißen Bart, um das Gleichgewicht zu halten, während er den Hals der Taube streichelt […].“[105] Der Kontrast zwischen dem hohen Alter des Vaters und der Jugendlichkeit des *Logos* ist hier auf die Spitze getrieben – eine derartige Darstellung könnte man einer Abhandlung zur Geschichte des Alters in der Kunst hinzufügen.[106] Dieses erst spät in der Geschichte des Typus Paternitas auftretende Beispiel könnte auch eine Hypothese zu seinem Verschwinden beisteuern. Die *Paternitas* ist nie mit einem Verbot belegt worden. Doch hat möglicherweise diese übertrieben familiäre Art, die Trinität darzustellen, die sie an den Rand der Belanglosigkeit führte, zu ihrem Glaubwürdigkeitsverlust beigetragen.

Im Osten ist der Typus in der byzantinischen Kunst seit dem 11. Jh. belegt. Er hat eine gewisse Verbreitung in der armenischen Buchmalerei und in den russischen Ikonen erfahren.[107] Sehr berühmt ist die *Ikone von Nowgorod*[108] (113 cm × 88 cm) aus dem späten 14. oder frühen 15. Jh., die sich in der Tretjakow-Galerie in Moskau befindet und oft reproduziert wurde. Die Paternitas wird hier von zwei Säulenheiligen (Asketen, die auf Säulen leben) und dem jungen Evangelisten Johannes rechts unten flankiert. Insgesamt gesehen aber fand die Paternitas im Osten nicht dieselbe Anerkennung. Im Gegenteil: Sie wurde schließlich auf den Konzilien in Moskau 1555[109] und 1666[110] verboten. Dennoch behauptete sie sich, sogar in Russland – offizielle Verbote zeigen nicht immer Wirkung. Jedenfalls findet man diesen ikonographischen Typus im 17. Jh. in anderen Ländern wieder (in Griechenland, Serbien und Rumänien), die außerhalb der Jurisdiktion des Patriarchats von Moskau liegen und sehr viel stärker von dem von Byzanz abhängig waren[111], so die Ikone Nikifor Savins, die ebenfalls in der Tretjakow-Galerie verwahrt wird.[112] Der russische Künstler Victor Vasnetsov (1848–1926) wurde mit der Dekoration der zwischen 1894 und 1912 erbauten Kathedrale des Heiligen Alexander Nevskij in Warschau beauftragt. Dort arbeitete er zwischen 1906 und 1911, musste dann aber die Arbeit unterbrechen. Insbesondere das Projekt der mit Mosaiken geschmückten Decke blieb unvollendet. Ein Entwurf des Künstlers ist erhalten und befindet sich heute im Russischen Museum in St. Petersburg, eine ergreifende Paternitas in Öl auf Leinwand (268 cm × 400 cm) (Abb. 12).[113]

Abb. 12: Vasnetsov, Ölgemälde, Russisches Museum, St. Petersburg

2. Ratschluss der Dreifaltigkeit. Prozess im Paradies

A. Theologische Prinzipien und literarische Traditionen

Es ist keinesfalls so, dass die Personen der Trinität auf bestimmte ihnen zugewiesene Aufgaben „festgelegt“ wären, ihr Handeln gehorcht gänzlich einem Prinzip der Einheit, wie es eine von Augustinus inspirierte Redewendung beschreibt: *Tota trinitas inseparabiliter operatur ad extra*[114] („es ist die ganze Trinität, die nach außen in untrennbarer Weise agiert“). Die Formulierungen der Liturgie, des *Credo* und der Umgangssprache, die in Übereinstimmung mit der Tradition einzelnen der drei Personen gewisse Handlungen zuzuschreiben scheinen, die allen gemeinsam sind, werden durch dieses Prinzip weder verboten noch aufgehoben. So ist es beispielsweise zur Gewohnheit geworden zu sagen, der Vater sei der Schöpfer, der Sohn der Erlöser und der Heilige Geist der Heiligende. Die wissenschaftliche Theologie erklärt mittels ihrer „Theorie der Appropriation“[115], dass diese ehrwürdigen Redewendungen beibehalten werden können, ohne Gefahr zu laufen, dem eben genannten Standpunkt zu widersprechen, der im Grunde dem der metaphysischen Theologie entspricht, dass die Gesamtheit der Trinität erschafft, erlöst und heiligt. Theologisch gesehen ist es daher legitim, von der erschaffenden Trinität, der erlösenden Trinität und der heiligenden Trinität zu sprechen, was sinnvoll ist und Implikationen aus ikonographischer Sicht in sich birgt.

Wenn es die Gesamtheit der Trinität ist, die erlöst, dann kann es nicht überraschen, dass die Herabkunft des Wortes im Hinblick auf die Erlösung in der Kunstgeschichte des Mittelalters gelegentlich als Ausführung einer vorangegangenen „Entscheidung im Paradies“ oder eines „trinitarischen Konsiliums“ gedacht und dann dargestellt wurde. Diese beiden miteinander verbundenen Vorstellungen sind der beredte Ausdruck einer starken Tendenz des christlichen Glaubens, das Dogma narrativ darzustellen, es gleichsam in Szenen zu fassen, sowohl in den liturgischen Schauspielen und den mittelalterlichen Mysterienspielen als auch in der bildenden Kunst. Wie Emile Mâle konstatierte, vertraten die Maler und die Bühnenautoren in ihren Darstellungen teilweise gemeinsame Interessen, wenn auch nicht vor Ende des Mittelalters.[116] Es gibt keinen gemeinsamen Maßstab für die Erzählform des 11. oder 12. Jh.s und jene, die sich ab dem 13. Jh. Bahn bricht. Das bezeugen auf literarischem Gebiet solche Werke wie die *Bible moralisée*, die *Legenda aurea*, die *Concordia caritatis*, das *Speculum humanae salvationis* (Heilsspiegel), die Werke der Mechthild von Magdeburg (insbesondere *Das fließende Licht der Gottheit*[117]), die *Pèlerinages* des Wilhelm von Digulleville[118], die *Vita Christi* des Ludolph von Sachsen[119] und andere. Dieselbe Tendenz sollte zur bühnenwirksamen Gestaltung der Liturgie führen und zunächst die Schauspiele und dann die Mysterienspiele mit ihrer Abfolge von Bildern hervorbringen. Die meisten von ihnen setzten im Paradies ein und ließen die drei Personen der Trinität im Gespräch auftreten – diese Rollen wurden in der Steiermark noch vor nicht allzu langer Zeit an Schauspieler vergeben.[120]

Die grundsätzliche Vorstellung eines trinitarischen Konsiliums im Sinne eines Dialogs zwischen den drei Personen der Trinität reicht mindestens bis auf Irenäus von Lyon zurück und ist in der patristischen Literatur verwurzelt, etwa bei Ambrosius oder Augustinus, für die die Erschaffung der Welt als gemeinsames Werk der Personen der Trinität unauflöslich mit dem Heilsplan verbunden ist.[121] Es ist behauptet worden, die spezielle Idee eines Konsiliums der Dreifaltigkeit über die Erlösung gehe auf Papst Leo I. (440–461), und zwar auf eine Predigt zur Transfiguration Christi zurück. Tatsächlich findet man dort aber lediglich einen Diskurs Gottvaters, in dem er nur den gemeinsamen Plan von Vater und Sohn darlegt: „Dieser ist mein Sohn, der sich sein mir gleichartiges Wesen nicht gewaltsam angeeignet oder widerrechtlich angemaßt hat, sondern sich unter Beibehaltung meiner Herrlichkeit dazu herabließ, als unwandelbarer Gott Knechtsgestalt anzunehmen, um zur Erlösung der Menschheit unseren gemeinschaftlichen

Plan zu verwirklichen."[122] Die Mystik und die Malerei sollten sich verbinden, um den „binitarischen" Plan schließlich in eine Beratung der Trinität über die Inkarnation Christi zur Rettung der Menschheit umzuwandeln.[123] Nach der Zeugung des Wortes im Schoße des Vaters muss also eine zweite Phase der Vorgeschichte der Inkarnation bedacht werden, nämlich die der Beratung der Trinität, auf die der Beschluss, die Menschheit zu retten, folgt.

B. Darstellungen der Beratung der Trinität

Die *Quinität von Winchester*[124] (der Begriff ahmt, ähnlich wie Binität oder Quaternität, den Begriff „Trinität" nach, um eine Gruppe von fünf Personen zu bezeichnen) ist die zwar fehlerhafte, aber durch Gewohnheit legitimierte Bezeichnung einer gehöhten Federzeichnung im Gebetbuch des Aelfwine, das zwischen 1023 und 1032 in der bedeutenden Benediktinerabtei New Minster in Winchester entstanden ist (Abb. 13).[125]

Sie stellt das Offizium der Trinität dar, dessen Ursprung Anfang des 10. Jh.s in der Diözese Lüttich[126] liegt und dessen allmähliche Verbreitung im gesamten lateinischen Abendland einer der wesentlichen Faktoren war, die die Entstehung der abendländischen Ikonographie der Trinität begünstigten.

In einer runden Gloriole, die wie eine Goldschmiedearbeit mit einem „genieteten" Rand versehen und über einen rechteckigen Rahmen gelegt ist, sitzen Vater und Sohn, deren Aussehen identisch ist, auf dem Himmelsgewölbe und unterhalten sich in aufmerksamer und friedvoller Atmosphäre. Während der christliche Osten in der Inkarnation die Vollendung der Schöpfung sah, erkannte der Westen in ihr hauptsächlich eine durch das Drama des Sündenfalls und seine Auswirkungen – die Sünde und alle zukünftigen Häresien – notwendig gewordene Maßnahme im Hinblick auf die Erlösung der Menschheit.[127] Daher rühren in diesem Zusammenhang die „tragischen" Figuren des Luzifer, des „Arrius" (mit zwei r, entsprechend der zu jener Zeit üblichen Schreibweise) und des Judas, alle drei gefesselt und zum Untergang im gefräßi-

Abb. 13: Federzeichnung, Gebetbuch des Aelfwine, British Library, London

gen und mit Zähnen versehenen Rachen des Ungeheuers Leviathan verdammt.[128] Links von Gottvater und Gott Sohn steht eine Frau. Tatsächlich steht sie,[129] während ein allzu flüchtiger Blick sie als auf dem Thron Gottes sitzend beschrieben hat – daher rührt die Bezeichnung „Quinität", die ein folgenschweres Missverständnis heraufbeschwört. Es sind mitnichten fünf gleichbedeutende Personen, es handelt sich vielmehr um eine Binität des Vaters und des Sohnes, flankiert von einem komplexen, an die Inkarnation des Wortes erinnernden Motiv. Das Kind auf dem Arm der Jungfrau wiederholt die Geste des Dialogs zwischen Vater und Sohn. Die Jungfrau ist gekrönt, was sie als Personifizierung der Kirche ausweist. Die Taube des Heiligen Geistes auf ihrer Krone weist zugleich auf das Thema des bei der Inkarnation über die Jungfrau kommenden Geistes hin („Der Heilige Geist wird über dich kommen, und die Kraft des Höchsten wird dich überschatten." Lk 1,35) sowie auf den Heiligen Geist, der der Kirche innewohnt und ihr unaufhörlich beisteht.

Die Tradition der illuminierten Handschriften der *Pèlerinages* des Wilhelm von Digulleville, insbesondere des *Pèlerinage de Jésus-Christ,* ein 1358 von diesem Zisterziensermönch der Abtei von Chaalis (Oise) verfasster Text, beinhaltet erstaunliche Buchmalereien, die, mit Naivität und Wagemut zugleich, das Konsilium der Trinität zur Inkarnation und Erlösung in Szene setzen.[130] Ein Beispiel sind die Darstellungen der Handschrift ms 376 der Bibliothèque Nationale de France in Paris.[131] Auf fol. 163v sieht man die göttlichen Personen, den Vater und den Sohn, sich „in der Einheit des Heiligen Geistes" (eine große Taube verbindet ihre Münder durch ihre Flügel) unterhalten, wobei sie die charakteristischen Gesten eines lebhaften Gespräches ausführen: Gottvater, der zunächst sitzend dargestellt ist, erhebt sich im Eifer des Gesprächs, vielleicht um die Tragweite der gefassten Entscheidung zu betonen. Auf dem folgenden Blatt (fol. 164) steht er immer noch und designiert den Sohn zum Erlöser (in Anwesenheit einer weiblichen Gestalt); auf demselben Blatt schickt der Sohn sich an, den gefassten Beschluss auszuführen. Vor dem inzwischen wieder sitzenden Vater, der die Taube auf den Knien hält, steht er splitternackt, die Hände vor der Brust verschränkt, bereit zu gehen … (Abb. 14).

Eine dritte Miniatur, ebenfalls fol. 164, zeigt die thronende Trinität im Gespräch über das Schicksal der Menschheit: Man sieht Gottvater in der Mitte, flankiert vom Sohn und dem Heiligen Geist in anthropomorpher Gestalt. Auf fol. 164v befragt der Vater den Sohn zu dessen Mission; auf fol. 165 unterhält sich die Caritas

Abb. 14: Miniatur, Pèlerinage de Jésus-Christ, Bibliothèque Nationale de France, Paris

mit dem Sohn; fol. 165v zeigt erneut eine Abschiedsszene: Der Sohn, ohne Nimbus, empfängt aus den Händen des Vaters den Pilgerstab. Nach diesen Bildern kommt wieder eine strengere oder doch zumindest leichter nachzuvollziehende Ordnung zu ihrem Recht: Der Vater überträgt Gabriel die Aufgabe, mit Joachim zu sprechen (über dessen Beziehung zu Anna, was auf die Geburt Marias hinweist[132]). Eine vergleichbare Bilderfolge findet sich in einer anderen Handschrift desselben Textes in der Bibliothèque de l'Institut de France.[133]

Diese erzählerische Ader hat sich eine Zeitlang in der Buchmalerei gehalten. In einer um 1410 datierten *Bible Historiale,* die sich in Brüssel[134] befindet, knüpft eine großformatige (45,8 cm × 32,4 cm) und in sechs Felder gegliederte Miniatur an diese Tradition der Konsilien der Trinität an, die hier die Schöpfung und den Engelsturz betreffen. Sie beinhaltet – was eine Seltenheit ist – eine

Darstellung der thronenden Weisheit, die ein Schriftband hält („ab initio et ante secula erecta sum"; „am Anfang und vor aller Zeit wurde ich gebildet." Spr 8,23), darunter und daneben stehen die drei debattierenden Personen der Trinität (man sollte zunächst die linke Spalte von oben nach unten lesen und dann die rechte). Im Paradiesgarten, dessen Rasen mit dreiblättrigen Blumen übersät ist, haben sich die Personen erhoben, um lebhaft über die Erschaffung der Engel zu diskutieren und vielleicht auch – es gibt zwei Konsilien auf dieser Seite – über diejenige der drei Personen, die sich zur Erlösung der Menschheit anbieten will. Über diese Frage gingen die Meinungen der Theologen auseinander. Bernhard von Clairvaux (1090–1153) konstatierte, dass „genau der zu einem Sohn Marias, eines Menschen, werden musste, der der Sohn Gottes, des Vaters, war, um jegliche Zweideutigkeit des Namens zu vermeiden"[135], während im Gefolge von Petrus Lombardus (um 1100–1180) eine Reihe von Gelehrten des 13. Jh.s – so auch Thomas von Aquin (1225–1274) – der Ansicht waren, dass jede der göttlichen Personen hätte Mensch werden können. Dabei präzisierten sie jedoch, dass es in vorzüglicher Weise angebracht war, dass nur der Sohn aufgrund seiner distinktiven Eigenschaft als „Sohn", die ihn für eine Geburt auf Erden prädisponierte, sich inkarnierte.[136] In jedem Fall hat auf diesem Bild nur die Person in der Mitte einen durch ein Kreuz hervorgehobenen Nimbus, wodurch erkennbar ist, wer sich inkarnieren wird. Es folgt die Erschaffung der Engel und dann der Engelsturz „unter dem Vorsitz" der Trinität: Die Anmaßung Luzifers als gekrönter Cherub („ascendam in coelum", „ich steige zum Himmel empor") ist auf einem Spruchband zu lesen; weiter unten werden Luzifer und seine Engel, von denen einige auf ihren Sitzen vom Schlaf übermannt scheinen, fortgerissen und stürzen in den Höllenschlund.

Die um etwa zehn Jahre jüngere Trinitätsdarstellung des Andrei Roublev, datiert 1420 (Moskau, Tretjakow-Galerie), wird mitunter als „großes göttliches Konsilium"[137] bezeichnet, von dem Jesaja (9,6 im Text der LXX) spricht, oder sogar als „Konsilium der Inkarnation", weil dieses Konsilium aus biblischer Sicht in einer Episode des Alten Testaments wurzelt, die mit der Ankündigung der Geburt Isaaks während des Mahls beim Besuch der drei Männer bei Abraham (Gen 18) einherging. Diese Ankündigung wurde von den Kirchenvätern häufig als Präfiguration der Verkündigung interpretiert.

C. Der Prozess im Paradies

Das Thema des Streitgesprächs *(disputus),* auch Prozess im Paradies oder „Streit der vier Schwestern" (*litigatio sororum*: von *litigare,* „sich streiten, im Streit liegen"; bei den Schwestern handelt es sich um die in demselben Vers von Ps 85 [84],11 genannten vier Tugenden – Gerechtigkeit und Wahrheit, Gnade und Friede) genannt, war um 1140 von Bernhard von Clairvaux in einer Predigt zum Fest der Verkündigung skizziert worden.[138] Im Hinblick auf den Sündenfall Adams und Evas und die Übertragung der Erbsünde auf das gesamte Menschengeschlecht habe die Trinität einem Prozess vorgesessen, um den Fall der schuldigen Menschheit zu untersuchen. Zu Beginn habe sie das Plädoyer der vier Töchter Gottes (der vier personifizierten Tugenden) angehört, von denen der Psalm spricht, wobei die Vorstellung von einem glücklichen Ausgang ihrer Debatte vermittelt wird: *„Misericordia et Veritas obviaverunt sibi; Justitia et Pax osculatae sunt";* in den heutigen Bibeln des französischen Sprachraums, hier: in der Bibel von Jerusalem, wird der Vers wie folgt übersetzt: „Miséricorde et Vérité se rencontrent, Justice et Paix s'embrassent." (Barmherzigkeit und Wahrheit begegnen sich, Gerechtigkeit und Frieden umarmen sich.) Der Beitrag des Bernhard von Clairvaux besteht in diesem Fall darin, sich vorgestellt zu haben, was dieser schlichtenden Begegnung und Umarmung der Tugenden vorangegangen sein mag, nämlich ein Rededuell, in dessen Verlauf Justitia und Veritas ihren Charaktereigenschaften entsprechend die Verurteilung der Menschheit zum Tode forderten, wohingegen Misericordia und Pax für die Freisprechung der Menschen plädierten.[139]

Bevor es durch die Mysterienspiele in Frankreich und den Niederlanden um die Mitte des 15. Jh.s popularisiert wurde[140], findet sich dieses Szenario des Bernhard von Clairvaux, ein wenig ausgeschmückt, in den Visionen der Mechthild von Magdeburg (1207–1283) wieder. Eine von ihnen (in *Das fließende Licht der Gottheit*) beschreibt den Prozess im Detail und verweilt bei dem entscheidenden Augenblick. Die beiden Standpunkte sind offensichtlich unvereinbar. Welches Urteil soll man in aller Gerechtigkeit fällen, ohne die Barmherzigkeit zu vernachlässigen und *vice versa?* Die Gerechtigkeit fordert den Tod, und die Barmherzigkeit will das Leben. Aber wie könnte das Leben aus einem gerechten Tod hervorgehen? Schließlich gelangt man zu der Übereinkunft, dass ein Gerechter aus Liebe freiwillig sterben müsse, um das Heil der Menschheit zu sichern. Doch wo kann man einen solchen finden? Mechthild[141] zufolge erhebt sich der Sohn Gottes spontan von seinem Thron und wirft sich vor dem Vater nieder, wobei er ausruft: Ich werde derjenige sein! Und der Heilige Geist erhebt sich seinerseits; und mit dem Sohn wetteifernd sagt er: „Wir werden in einer großartigen Prozession und in großer Herrlichkeit auf die Erde herabsteigen, ohne unsere Natur zu verändern …“ Und die vier Töchter Gottes fallen sich zwei und zwei gegenseitig in die Arme, und Jubel bricht unter den Engeln aus. Und der Vater beugt sich zum Heiligen Geist und antwortet: „Ihr werdet vor meinem Sohn das Licht in alle Herzen tragen.“ Und zu seinem Sohn: „Ihr werdet also euer Kreuz nehmen.“ Und die Seherin schließt mit den Worten: „Diese schöne Prozession stieg mit großer Freude herab in den Tempel Salomos, den der allmächtige Gott genommen hat, um dort neun Monate lang zu wohnen.“[142] Es folgt, entsprechend der Reihenfolge des lateinischen Kompilators, eine Vision der Verkündigung an die Jungfrau. „Dann durchdrang die ganze Trinität […] ihren ganzen jungfräulichen Körper und ihre von Bereitschaft glühende Seele; sie ließ sich nieder im offenen Herzen ihres reinen Fleisches und vereinigte sich mit allem, was in ihr war, so dass ihr [Marias] Fleisch zu ihrem [der Trinität] Fleisch wurde. So wuchs in ihrem Schoß ein vollkommenes Kind.“[143] Die Tradition der Schreinmadonnen, die sich öffnen lassen und in ihrem Inneren eine Darstellung der Trinität bergen, hat in diesem Text ihre literarische Grundlage, auf jeden Fall gehört er zu den besten „Autoritäten“, auf die sich diese Gruppe von Kunstwerken gründet. Außerdem hat dieser Text andere Darstellungen angeregt, die unser Thema berühren und den Übergang zwischen den Darstellungen des ewigen Wortes im Schoße des Vaters und denen des Mensch gewordenen Wortes im Schoße Marias bilden.

Das *Stundenbuch der Katharina von Kleve* wurde um 1440 in Flandern oder den südlichen Niederlanden geschrieben und gemalt.[144] Die Handschrift umfasst rund hundertfünfzig Miniaturen. Der Reichtum ihrer Ikonographie, die eine Vielzahl von Erfindungen der bedeutendsten zeitgenössischen Künstler, insbesondere von Roger Campin und Jan van Eyck, assimiliert hat, macht sie zu einer der prächtigsten und abwechslungsreichsten Handschriften dieser Epoche. Obwohl ihr Ursprung ins 10. Jh. zurückreicht[145], zählen die Stundengebete zur Dreifaltigkeit nicht zu den ursprünglichen Bestandteilen der Stundenbücher. Seit dem 14. Jh. findet man aber reich bebilderte Beispiele, etwa in den *Petites Heures du Duc de Berry*.[146] Der Bilderzyklus zum Offizium der Dreifaltigkeit im *Stundenbuch der Katharina von Kleve* stützt sich wohl auf ein Vorbild, das spätestens 1430 entstanden ist, im Jahr der Vollendung des *Turiner Stundenbuches*.[147] Die entsprechenden Miniaturen im *Stundenbuch der Katharina von Kleve* zählen zu den originellsten. Sie bilden eine zusammenhängende Folge von insgesamt zehn Darstellungen (zwei ganzseitigen und acht halbseitigen).[148]

In der Miniatur, die dem Gebet zur Terz[149] vorangeht (s. o. Abb. 8), sitzen die Drei dem Betrachter zugewandt; sie werden von den neun Engelschören verehrt; der Vater sitzt links, der Sohn in der Mitte und der Heilige Geist rechts, wie bereits auf dem Frontispiz (fol. 77v). Jede Person trägt ein Schriftband mit lateinischen Texten aus der Predigt des Bernhard von Clairvaux. Es ist angebracht, den Sohn zuletzt sprechen zu lassen. Der Vater erklärt: „*moriatur Adam cum omnibus qui in eo sunt*“ („Es sterbe Adam mit allen, die in ihm sind“), was einem fast wörtlichen Zitat der Erklärung der Wahrheit in der Disputation (s. u.) entspricht, die ihrerseits durch einen Vers aus dem 1. Korintherbrief angeregt wurde („Denn wie in Adam alle sterben, so werden in Christus alle lebendig gemacht werden.“ 1 Kor 15,22). Der Vater repräsentiert hier also den unbeugsamen Gerechtigkeitssinn, dem er verpflichtet ist. Der Heilige Geist leiht dagegen der mitfühlenden Barmherzigkeit die Stimme: *„Nisi Adam misericordiam consequatur, periit misericordia tua domine“* („Wenn Adam keine Barmherzigkeit erlangt, dann ist es eure Barmherzigkeit, Herr, die verloren geht“). Nun ergreift der Sohn das Wort: „Fiat mors bona, et habet utraque quod petit“ („Wenn ein guter Tod kommt, dann erhält eine jede [der beiden Tugenden] das, was sie fordert“).

Man kann fünf ikonographische Formeln oder verschiedene Motive unterscheiden, die unmittelbar der literarischen Tradition des Prozesses im Paradies verpflichtet sind:

A. die vier Tugenden stehend (oder kniend) vor dem Thron Gottes
B. die vier miteinander diskutierenden Tugenden (ohne dass Gott dargestellt ist)
C. die vier mit Gott thronenden Tugenden
D. die vier sich paarweise umarmenden Tugenden (in der Gegenwart Gottes)
E. die auf zwei reduzierten Tugenden, die zu beiden Seiten Gottes thronen

Die beiden ersten Motive sind relativ selten. Nur wenige Künstler haben das Plädoyer der vor Gott disputierenden Tugenden für sich dargestellt.[150] Die große Mehrzahl der Darstellungen dieses Themas stellten die Tugenden folgerichtig als Frauen dar, da die literarischen Quellen sie als Schwestern bezeichnen *(litigatio sororum)*. Trotzdem entdeckt man in einem dem Franziskaner Johannes de Caulibus zugeschriebenen und spätestens in die Jahre 1330–1340 datierten Exemplar der *Meditationes vitae Christi* eine Darstellung der vor dem Herrn knienden Tugenden als bärtige Männer.[151] Aus welchem Grund? Möglicherweise, „um der Szene die Form einer *disputatio* unter Gelehrten zu verleihen.“[152] Vielleicht handelt es sich aber auch schlichtweg um ein singuläres Motiv (Abb. 15).

Abb. 15: Miniatur, Meditationes vitae Christi, Bibliothèque Nationale de France, Paris

In der Scrovegni Kapelle in Padua jedenfalls sind die Tugenden als geflügelte Frauen dargestellt. Giotto hat sich um 1310, also kurz nach deren Niederschrift um 1304–1306, durch die *Meditationes vitae Christi* anregen lassen. Man sieht auf dem Triumphbogen oberhalb der Verkündigungsszene die feierliche Aussendung Gabriels, die hier als himmlisches Vorspiel zur Verkündigung behandelt wird. Die vier Gestalten, die dem Thron Gottes am nächsten stehen, bilden mit ihm ein Dreieck (zwei, die wie Engel aussehen, flankieren ihn, und zwei stehen ein wenig weiter unten und sind anscheinend flügellos, könnten aber auch geflügelt sein) und könnten sehr gut die vier Tugenden des Gerichts sein.[153] Gott hat soeben die Inkarnation verkündet. Seine Gestalt ist nicht direkt *a fresco* auf die Wand, sondern auf ein Holzpaneel gemalt. Der Erhaltungszustand war nicht allzu gut, doch die letzte Restaurierung (2001–2002) hat Abhilfe geschaffen.[154] Die ausgesprochen körperliche Gottesgestalt, die auf einem tiefen Thron mit dreistufigem Sockel sitzt, dessen Rückenlehne und Seiten nur zu dem Zweck dargestellt wurden, um eine Tiefenwirkung zu vermitteln, kann ohne Übertreibung als eine kühne Neuerung bezeichnet werden. Dieser würdige und zugleich anmutige Gott kündigt die vielen Gottesdarstellungen mit den leicht mandelförmigen Augen der toskanischen Kunst des Trecento von Simone Martini bis Bartolo di Fredi an. Doch die Künstler des Spätmittelalters haben es allgemein vorgezogen, das *Happy End* zu erzählen, den glücklichen Ausgang des himmlischen Gerichts, nämlich die Versöhnung der sich umarmenden Tugenden, die gelegentlich auch für sich dargestellt[155], häufig jedoch mit den Bildern der Verkündigung oder der Aussendung Gabriels verbunden wurden.[156] So beispielsweise in einer für wohlhabende Laien ins Französische übersetzten *Legenda aurea,* einer prachtvollen Handschrift aus dem späten 15. Jh., die sich heute in Paris befindet.[157] Die illuminierte Seite, die uns hier interessiert (Bd. I, fol. 107), ist in zwei Register gegliedert. Das obere Register ist seinerseits in drei unterschiedliche Felder unterteilt: die Erde, den physischen Himmel und den göttlichen Himmel. Im göttlichen Himmel thront eine triandrische Trinität inmitten eines Engelschores vor einem Ehrenbehang. Unmittelbar darunter kniet Gabriel in Dreiviertel-Rückenansicht, er hält seinen Heroldstab und empfängt sein Referenzschreiben. Weiter unten formieren sich acht Personen zu vier Paaren. An den Bildrändern umarmen sich jeweils zwei Tugenden, so als berechtige sie nunmehr der gehörte göttliche Schiedsspruch dazu. Gnade und Wahrheit stehen links, Gerechtigkeit (mit Schwert und Rüstung) und Friede rechts. In diesem Bild sind die vier Tugenden als Frauen personifiziert. Gerechtigkeit und Friede tauschen einen Kuss auf den Mund aus, während Gnade und Wahrheit gestenreich miteinander sprechen und Übereinstimmung signalisieren.[158] Zwei weitere Paare erfordern unsere Aufmerksamkeit. Gabriel (mit erhobenem Zeigefinger, um anzudeuten, wer ihn schickt) und Maria (die Hände über der Brust verschränkt, die Haare offen und bereits mit einem Heiligenschein versehen) sind in der Mitte vereint, um eine Verkündigungsszene zu bilden. Etwas zurückgesetzt steht schließlich das vierte Paar, das aus zwei Männern mit Hüten besteht, den beiden Propheten der Verkündigung, Jesaja und Micha. Emile Mâle zufolge lässt sich ihre Anwesenheit durch die mittelalterlichen Mysterienspiele erklären, die ihnen in der Tat das Wort erteilt haben.[159]

3. Der Auftrag des Sohnes

A. Der Aufbruch des Sohnes

Die ewige Zeugung als solche hat den Sohn nicht aus dem Vater „hervorgehen" lassen, und sie wird durch die Herabkunft Christi nicht unterbrochen. Dann stellt sich jedoch die Frage, ob das Wort durch seine Inkarnation denn wirklich aufgehört hat, im Schoß des Vaters zu sein. Begingen die Künstler, die Christus in ihren Bildern beim Verlassen des Himmels darstellten, nicht *ipso facto* einen theologischen Irrtum? Sagen wir lieber, dass man hier an die Grenzen der statischen Darstellung stößt, die die Bewegung nur durch den Aufbruch zeigen kann, sowie an die Grenzen der sinnlichen Erfahrung, die die Vorstellungswelt an die jeweilige Epoche bindet. Gleichzeitig wäre es aber gut möglich, dass der Sohn eine neue Form der Existenz durch seine Menschheit erlangt hat, wenngleich er, seiner Göttlichkeit entsprechend, weiterhin zur Rechten Gottes bleibt.[160] Das sagt Jesus im Übrigen auch von sich selbst: „von Gott bin ich ausgegangen und gekommen" (Joh 8,42). Solche theologischen Überlegungen haben die Erfindungsgabe der Maler anregen können, hielten sie jedoch nicht davon ab, den Sohn beim Aufbruch darzustellen, wobei sie sich auf andere Passagen der Heiligen Schrift beriefen.

Eine solche Bilderfindung entstammt der *Bible moralisée* von Toledo, einer dreibändigen Handschrift, deren Komplexität mit der Architektur einer Kathedrale verglichen worden ist. Ihr Text besteht aus ungefähr 2500 kurzen Abschnitten aus der Bibel, von denen jeder Anspruch erhebt auf eine textgetreue („médaillon d'histoire") und eine „aktualisierende" Illustration (im „moralisierenden Medaillon" ist eine Szene dargestellt, die den Inhalt des Historienmedaillons bezogen auf den aktuellen Kontext der Kirche im 13. Jh. auslegt); das ergibt somit insgesamt 5000 gemalte Medaillons, wobei keines dem anderen gleicht. Die Handschrift war von Blanca von Kastilien während ihrer Zeit als Regentin von Frankreich in Auftrag gegeben worden. Sie sollte der religiösen und politischen Erziehung des künftigen Königs von Frankreich dienen – es konnte gut sein, dass Ludwig IX., der spätere Ludwig der Heilige, mit ihr das Lesen gelernt hat.[161]

Im zweiten Band beginnt auf fol. 66 das Hohelied. Der zum ersten Medaillon gehörende Text lautet: „Osculetur me osculo sui" („Mit Küssen seines Mundes küsse er mich." Hld 1,2). Ein mit einer roten Initiale beginnender Abschnitt präzisiert: „*Vox ecclesiae de sponso suo christo*" („Rede der Kirche von ihrem Bräutigam Christus"). Das Historienmedaillon zeigt die sitzende Braut, die sich an zwei stehende Gefährtinnen wendet und ihren Mund dem Geliebten in Erwartung seines Kusses entgegenhält. Dieser, ein schöner junger Mann mit Nimbus, ist links dargestellt, und der moralisierende Text erläutert: „*Genus humanum a Deo per peccatum remotum optat reconciliari eo patri per incarnationem Filii*" (eine hübsche Formulierung: „Das Menschengeschlecht, das sich durch die Sünde von Gott entfernt hat, wünscht durch die Inkarnation des Sohnes mit Gott versöhnt zu werden"). Das Menschengeschlecht wird durch vier kniende Männer verkörpert, darunter zwei Hüte tragende Juden, die zum Himmel blicken und ihre Hände erheben. Im Himmel ist Gott (der Vater) zwischen zwei ihn verehrenden Engeln zu sehen und vor ihm, in kleinerem Maßstab, sein Sohn, der ein Buch hält und den beiden Nicht-Juden zugeneigt ist; seine Beine ragen bereits aus dem Himmel heraus, so als wolle er ins Leere springen … Diesem erstaunlichen Bild gelingt es, die selten in die Kunst übertragene, aber für die Theologie der Inkarnation so wichtige Idee des Aufbruchs – hier ist es beinahe ein Verstoßen – ins Bild zu setzen: „Vom Vater bin ich ausgegangen und in die Welt gekommen …" (Joh 16,28), eine Idee, die bereits die des Herabsteigens impliziert, die Jesus selbst in seiner nächtlichen Unterredung mit Nikodemus heraufbeschwört, indem er sagt, er habe „vom Himmel herabsteigen" müssen.[162]

In einer Miniatur des um 1400 datierten Missales von Châlons-sur-Marne, das heute in New York verwahrt wird,[163] hält der Va-

Abb. 16: Miniatur, Bibel Ludwigs des Heiligen, Toledo

ter auf seinem linken Knie[164] das ewige Wort in Gestalt eines nackten Kindes, das auf seiner Schulter das Kreuz trägt (Abb. 17).

In dieser Darstellung klingt eine Prophezeiung des Jesaja an: *„parvulus enim natus est nobis […] et factus est principatus super humerum ejus"* („Denn uns ist ein Kind geboren […]. Die Herrschaft liegt auf seiner Schulter": Jes 9,5), wobei die Gleichsetzung der Herrschaft *(principatus)* Christi mit dem Kreuz wohl bis auf Augustinus zurückgeht.[165] Die Miniatur führt in die Lesungen der Messe zum Fest der Trinität ein, wie der Text verdeutlicht *(„De*

Abb. 17: Miniatur, Missale von Châlons-sur-Marne, Pierpont Morgan Library, New York

sancta trinitate, introït[us]. Benedicta sit sancta trinitas atque indivisa unitas"). Das Kind hebt die gefalteten Hände, es spricht das Amen. Eine Taube verbindet durch ihre Flügel die Münder des Vaters und des Sohnes. Wahrscheinlich kann man dieses Bild als letzte Segnung des *Verbum incarnandum* bei seinem Aufbruch durch den Vater interpretieren.[166]

B. Darstellungen des freiwilligen Herabsteigens

Die Zustimmung des Sohnes, sich für das Wohl der Menschheit zu opfern, wurde in der Kunst durch zwei Gesten ausgedrückt: einerseits durch eine Verneigung und andererseits durch ein Hinknien.[167] Sie gehen der Kenosis voran, also dem freiwilligen Herabsteigen des Sohnes, das im Philipperbrief gepriesen wird. Demzufolge hat der Sohn im Himmel bereits vor seiner Inkarnation und im Hinblick auf sie eine Geste der Demut und des Gehorsams vollzogen,[168] wie später in Getsemani („Vater, wenn du willst, nimm diesen Kelch von mir! Aber nicht mein, sondern dein Wille soll geschehen." Lk 22,42). Und es wird noch eine dritte Geste dieser Art geben, nämlich bei seiner Fürsprache für die Menschheit, wenn er zu Seiten Gottvaters thront (s. u. V, 3, A). Die Inspirationsquelle für dieses Niederknien des Sohnes,[169] entsprechend dem Willen des Vaters, der aus dem Konsilium der Erlösung resultierte, scheint der Text Mechthilds zu sein. Es wurde jedoch nur selten bildlich dargestellt.[170]

Auf der von einem Schüler des Konrad Witz um 1450 gemalten Tafel eines aufgeteilten Retabels, die sich in Berlin befindet (Staatliche Museen, Gemäldegalerie; Bildhinweis 7)[171], sieht man links von einer Darstellung der Heimsuchung, auf die wir noch zurückkommen werden (s. u. IV, 2, A), Christus, der sich leicht vor dem Thron Gottes verneigt. Sein grauer Rock, ein Arbeitskleid[172], kontrastiert mit dem schimmernden Gewand des Vaters aus goldverziertem Stoff und verweist darauf, dass er die göttliche Herrlichkeit verlässt[173]; Christus erscheint übrigens zweimal, denn er ist auch in seinem Symbol, dem Lamm, anwesend, das zugleich Sinnbild seines Opfers sowie seiner Verherrlichung bei Gott ist und dem es obliegt, das Buch mit den sieben Siegeln zu öffnen (Offb 5,1). Der große Schlüssel, der die Lücke zwischen der Taube und der Brust des Vaters ausfüllt, deutet an: „Derjenige, der den Schlüssel Davids hat: Wenn er öffnet, wird niemand mehr schließen, und wenn er schließt, wird niemand mehr öffnen."[174]

Andere Künstler haben sich vorgestellt, dass der Sohn vor seinem Aufbruch kniet, um vom Vater ein letztes Mal gesegnet zu werden. So etwa in dem *Stundenbuch der Katharina von Kleve.* Eine Darstellung zum Gebet der Sext in den Stundengebeten zur Trinität[175] (s. o. Abb. 9) zeigt, wie die zweite Person vor Gottvater als Zeichen ihrer Annahme des Auftrags kniet und aus der Rechten des Vaters ein Kreuz in ihre gefalteten Hände empfängt. Die Szene scheint eine Darstellung der Krönung der Jungfrau nachzuahmen.[176] Aber die Haltung des Wortes erinnert auch an Priester, die bei der Ordination zu Füßen des Bischofs knien, oder an Geistliche, die ihr Gelübde in die Hände des Ordensoberen ablegen. Tatsächlich haben diese verschiedenen Gebärden die Gemeinsamkeit, dass sie sich unmittelbar von den Gefolgschaftsriten der Vasallen ableiten, die ihrem Herrscher Treue schwören und im Gegenzug Schutz erhalten. Indem sie das Abenteuer Gottes in typische Verhaltensmuster der Feudalgesellschaft übertrugen, haben die Künstler die zweite Person zu Füßen der beiden anderen dargestellt, so dass sie sich durch eine Geste der freiwilligen Erniedrigung zu deren Vasall macht, während sie ihnen doch tatsächlich ebenbürtig ist.

Das Thema des trinitarischen Konsiliums über die Erlösung sollte langlebig sein, sowohl in der geistlichen Literatur als auch in der Kunst (insbesondere in der deutschen): In der Tat findet man es bei Ignatius von Loyola[177] wieder, und im Barock regt es mitunter zu Druckgraphiken an (so bei Daniel Hopfer[178]), später auch zu Tafelgemälden und Fresken.[179]

Zusammenfassung

Wie auch immer man den Vorgang der Inkarnation in narrative Sequenzen unterteilen will – wichtig ist, sich zu vergegenwärtigen, dass die Inkarnation, wie die Schöpfung und alle Handlungen Gottes ad extra, für die Christenheit im Mittelalter untrennbar mit den drei Personen verknüpft ist, wenngleich nur eine von ihnen Mensch geworden ist und strenggenommen nur der Vater den Sohn „entsendet".[180] Robert von Melun († 1167) hat dieses Paradox durch den Vergleich mit einer Zither erklärt: „ubi sola corda sonat, sonum cooperantur ars, manus et corda" („nur eine Saite vibriert, aber der Ton ist das Ergebnis der Zusammenarbeit von Kunst, Hand und Saite").[181]

Die Maler und Bildhauer haben es verstanden, in ihrer Kunst diese Gedankenwelt weit über das hinaus widerzuspiegeln, was eine schlichte Illustration erfordert hätte. Sie haben sich dabei, könnte man sagen, der Hilfe der Schriften der Mystik und der Andachtsliteratur bedient und wussten, dramaturgische Fähigkeiten einzusetzen. Auf diese Weise war die Kunst imstande, das Herz anzusprechen und das Bedürfnis nach einer Verbildlichung der Glaubenswahrheiten zu befriedigen – ein „Bedürfnis nach Bildern", das offenbar sehr stark war und mit dem ein Forscher wie Alphonse Dupront viele Entwicklungen innerhalb der Geschichte der „Bilder der Religion"[182] erklärt hat. Die betrachtete Bilderauswahl beweist, dass die Darstellungen aussagekräftig genug waren, um sich tief in das Gedächtnis einzugraben und eine belebte, sozusagen bühnenwirksame Fassung der Inkarnation als gemeinsames Werk der Drei anzuregen. Das Bild besitzt die Macht, den theologischen Ausführungen Bewegung zu verleihen und ihnen Leben einzuhauchen, indem es sie in Raum, in Formen und in Farben fasst (wie man es auch von einem vertonten Text sagt). Die Inkarnation war Glaube und Dogma; sie wurde dann auch zu Bewegung und Handlung, zu Bilderfolge und Skulptur.

III.
„Vom Himmel herabgestiegen“
Das Epos der Inkarnation

Man darf sich keineswegs vorstellen, dass Christus sozusagen „die Nähe seines Vaters verlassen musste“, um von Maria geboren zu werden. Die vom Evangelisten Johannes überlieferte Erklärung Jesu „Vom Vater bin ich ausgegangen und in die Welt gekommen …“ (Joh 16,28) darf man nicht wörtlich nehmen. In Wirklichkeit verbleibt der Sohn während der Inkarnation in seiner Göttlichkeit im Schoße des Vaters. Aber seiner ewigen und unveränderlichen Präsenz beim Vater fügt er eine *neue Art der Präsenz auf Erden* hinzu, das soll heißen im Fleische, das er durch die Menschwerdung annimmt. „Ich bin herabgestiegen“ bedeutet aus theologischer Sicht: Ohne seine Göttlichkeit zu verlieren (wodurch der Sohn im Vater ist und umgekehrt), hat der Sohn einen anderen Zustand angenommen, der dem vorherigen nichts entzieht. Im Lichte dieses Prinzips sollte man die wiederum bei Johannes überlieferten Worte Jesu bei seinem nächtlichen Gespräch mit dem Pharisäer Nikodemus interpretieren, nämlich dass er „vom Himmel herabsteigen“ musste: „Und niemand ist in den Himmel hinaufgestiegen außer dem, der vom Himmel herabgestiegen ist“ (Joh 3,13).[183] Diese Erklärung ist im *Credo* von Nicäa-Konstantinopel wieder aufgegriffen worden: „der wegen uns Menschen und um unseres Heiles willen aus den Himmeln herabgestiegen und Fleisch geworden ist aus heiligem Geist und Maria, der Jungfrau.“ Um den menschlichen Zustand zu erlangen, musste das Wort Gottes also Menschengestalt annehmen, in der sich die Herrlichkeit des Himmels nicht manifestiert.[184] Wie hat man sich diese Aneignung der menschlichen Natur, diese Inbesitznahme eines neuen Zustandes vorzustellen? Die von der Kirche anerkannten kanonischen Schriften beantworten diese Frage nicht.[185] Die Vorstellungskraft der geistlichen Autoren und Mystiker aber hat dies aufgewogen und dabei gute Dienste geleistet. Im Abendland haben neben Bernhard von Clairvaux (1090–1153) und Mechthild von Magdeburg (um 1207–um 1285) geistliche Autoren wie der Franziskaner Johannes de Caulibus, der um 1300 die *Meditationes vitae Christi* (im Folgenden: *Meditationes*) verfasste, eine lange dem hl. Bonaventura (1221–1274)[186] zugeschriebene erbauliche Schrift, Prediger wie Johannes Geiler von Kaysersberg (1445–1510) und schließlich Künstler, möglicherweise angeregt durch Dramaturgen, ein ganzes Szenario entwickelt, das ein halbes Dutzend hypothetische Szenen umfasst. Dies ähnelt gewissen Hörspielen, bei denen die Hörer aufgefordert sind, einen Roman über den vom Autor vorgesehenen Ausgang hinaus weiterzuentwickeln oder einen Anfang vor dem Anfang zu ersinnen. Die beiden ersten „Akte“ haben wir bereits im vorangegangenen Kapitel angesprochen: 1. das Konsilium der Erlösung (Prozess im Paradies); 2. der Sohn beim Abschied. Nun müssen die vier verbleibenden Etappen untersucht werden: 3. Die Entsendung und das Herabsteigen Gabriels; 4. die Herabkunft des Wortes; 5. die Verkündigung (und Empfängnis des Wortes im Fleische und Schoße Marias); 6. die Herabkunft und Eingebung der Seele. Tatsächlich beschreiben diese Darstellungen die Hauptphasen eines „Rettungsplanes“. Gabriel, der den Archetypus des aus der Höhe herabgesandten Boten verkörpert, wird zu Maria fliegen, und das Wort selbst wird der Menschheit „zu Hilfe eilen“.[187]

1. Einberufung und Aussendung Gabriels

Der Arzt Lukas berichtet in seinem Evangelium: „Im sechsten Monat wurde der Engel Gabriel von Gott in eine Stadt in Galiläa namens Nazaret zu einer Jungfrau gesandt. [...] Der Name der Jungfrau war Maria" (Lk 1,26–27). Eine früher Johannes Chrysostomos zugeschriebene Homilie zur Verkündigung berichtet von der Unterredung zwischen Gott und dem Erzengel, den er beauftragt hat, sich nach Nazaret zu Maria zu begeben: „Bringe deine Reise schnell zu einem guten Ende. Du wirst mich schon an dem Orte finden, an den ich dich jetzt sende. Während ich hier verweile, werde ich dir dorthin vorausgehen. Ich werde mich vor dir und nach dir zu ihr begeben; du wirst ihr die Kunde meines Kommens bringen, während ich in unsichtbarer Anwesenheit deine Worte durch Taten bestätigen werde."[188]

Hier nun die Version der *Meditationes:* „Nachdem die Trinität sich beraten hat [...], ruft der Allmächtige Gott den Erzengel Gabriel: Gehe, spricht er zu ihm, zu unserer geliebten Tochter Maria, der Verlobten Josephs. Sag ihr, dass mein Sohn von ihrer Schönheit ergriffen ist [das sind die den Umständen nur leicht angepassten Worte eines Psalms: „Höre, Tochter, sieh her und neige dein Ohr, vergiss dein Volk und dein Vaterhaus! Der König verlangt nach deiner Schönheit!" Ps 45,11] und dass er sie auserwählt hat, seine Mutter zu sein." Und der Autor fordert seine Leser auf, sich eine Vorstellung davon zu machen: „Hier stellt euch also vor, dass ihr Gott seht – insoweit man sehen kann, was körperlos ist. Betrachtet ihn dennoch: Das ist der große Gott; er sitzt auf einem sehr hohen Thron; er hat ein mildes Gesicht, anziehend und väterlich; man sieht, dass er vergeben will, dass er im Voraus vergibt. Hört ihm zu. Und Gabriel, liebenswert und mit froher Miene, beugt die Knie, senkt die Stirn in respektvoller Bescheidenheit und empfängt aufmerksam den Auftrag als Botschafter seines Herrn."[189]

In einer griechischen Handschrift des 12. Jh.s, der Sammlung der *Homilien des Jakobos*[190], von der zwei Exemplare erhalten sind, das eine im Vatikan und das andere in der Bibliothèque Nationale de France in Paris (Abb. 18), befindet sich ein Bild, das ein Vorgänger dieser Entsendung Gabriels durch den Ratschluss der Erlösung zu sein scheint.

Umgeben von einer Engelsgarde tagt das allerhöchste Konsilium. Die beiden außen Sitzenden wenden sich leicht zur Person in der Mitte, in der man den Vater erkennt. Er weist mit der Hand auf Gabriel, ohne ihn anzusehen. Der Erzengel steht nahe dem Thron (*adsto:* Lk 1,19), sein Blick ist auf den Sohn zur Rechten des Vaters gerichtet, er streckt seine geöffneten Hände dem Thron entgegen, um seinen Auftrag entgegenzunehmen und sich dann in

Abb. 18: Miniatur, Marienhomiliar des Mönchs Jakobos Kokkinobaphos, Bibliothèque Nationale de France, Paris

die Tiefe zu Maria zu stürzen, die auf dem Bild nicht zu sehen ist. In einer der folgenden Miniaturen hat der unbekannte byzantinische Künstler den Erzengel dargestellt, wie er, nachdem er seinen Auftrag erfüllt hat, zum göttlichen Thron hinaufsteigt, um dem Himmel die Antwort der „Magd des Herrn“ zu überbringen. Maria dreht sich um und folgt ihm mit den Augen. Natürlich hat der Herr nach Entsendung seines Botschafters nach Betlehem nicht auf dessen Rückkehr gewartet, um das „Ja“ der Jungfrau, ihr *Fiat* (*„Fiat mihi secundum verbum tuum“:* „Mir geschehe, wie du es gesagt hast.“ Lk 1,38), zu erfahren. Aber der Künstler hat dem Vergnügen, den Bericht zu vollenden, nicht widerstehen können ... Man erkennt, dass diesmal der Thron leer ist, so als warte man auf die Rückkehr des Herrn[191], während in einer Miniatur des Werkes *Pèlerinage de Jésus-Christ* des Wilhelm von Digulleville, das ebenfalls die Rückkehr Gabriels thematisiert, die Trinität auf ihrem Thron sitzt.[192]

In dem Ensemble von Intarsienarbeiten der Capella dei Signori im Palazzo Pubblico in Siena, das in den 1420er Jahren entstanden ist, ist dem Herabsteigen des Wortes die Einberufung Gabriels vorangestellt (Abb. 19), der vor Gottvater kniet, die Flügel angelegt und die Arme demütig verschränkt.

Der Szene ist als Legende ein unvollständiger Vers des *Credo* beigefügt: *„Qui propter nos homines, et propter nostram salutem“*, („Der für uns Menschen und um unseres Heiles Willen ...“). Auf der folgenden Tafel befindet sich der aufbrechende Gabriel nicht mehr Gott gegenüber, sondern hat ihm inzwischen den Rücken zugekehrt, seine Flügel wieder ausgebreitet und fliegt nach links davon. Er eskortiert den ewigen Sohn in Gestalt eines Homunkulus (eines kleinen nackten Säuglings), der auf den von der rechten Hand Gottes ausgehenden Strahlen zu Maria hinabgleitet – das Schriftband vervollständigt den Vers (*„... descendit de coelis“*, „... vom Himmel herabgestiegen ist“).[193]

In vielen abendländischen Miniaturen geht die Verkündigung mit dem Hinknien Gabriels vor dem Thron Gottes einher: Der Erzengel wiederholt die Geste des Gehorsams des Sohnes beim Aufbruch oder die Marias anlässlich ihrer Krönung durch die Tri-

Abb. 19: Intarsie, Palazzo Pubblico, Siena

nität. Im unteren Register sieht man Gabriel, der bei Maria angekommen ist und seine Botschaft verkündet, so etwa in einem Stundenbuch aus der Touraine um 1473–1480.[194]

2. Das Herabsteigen des Wortes

Das von Johannes überlieferte Thema des Herabsteigens Christi ist sowohl in der zwischentestamentlichen als auch in der apokryphen Literatur belegt (ohne die gnostische Literatur zu berücksichtigen[195]). In der *Himmelfahrt des Jesaja* (10,9) empfängt der Herr Christus vom Vater die Anordnung, herabzusteigen und dabei die charakteristische Gestalt der Bewohner einer jeden der zu durchquerenden Sphären anzunehmen, um unerkannt zu passieren und nicht beschmutzt zu werden.[196] Folgt man dem apokryphen Sendschreiben, dem *Brief der Apostel,* so nimmt Christus im Moment des Aufbruchs die Gestalt des Erzengels Gabriel[197] an – es ist allerdings unwahrscheinlich, wenngleich nicht ausgeschlossen, dass diese in der Antike sehr verbreitete Spekulation über die Art und Weise des Herabsteigens Christi den Künstlern des Mittelalters zu Ohren gekommen ist. Selbst wenn man annimmt, dass sie Kenntnis davon hatten, hätte es ihnen nicht viel geholfen zu wissen, dass das Wort (Verbum) *incognito* unterwegs war, zumal sie das traditionelle Axiom in der Theologie nicht gekannt haben werden, wonach „die sichtbaren Sendungen die unsichtbaren Sendungen widerspiegeln."[198] Im vorliegenden Fall war es keine Hilfe, weil der Unterschied zwischen dem Erschaffenen und dem Nichterschaffenen ohne Maß und die Präsenz des Wortes in der Seele der Heiligen unsichtbar ist. Auch die Maler mussten in ihrer Vorstellungskraft erfinderisch sein und sich ins Unbekannte stürzen. Sie haben das Herabsteigen einerseits in Begriffe kontinuierlicher Bewegung übertragen, etwa in einen Sprung, einen schwebenden Flug, ein Gleiten (auf Strahlen, die eine Art Schlitten oder Rohr bilden) oder sogar in einen freien Fall, andererseits bedienten sie sich einer Metapher diskontinuierlicher Bewegung wie jener des stufenweisen Herabsteigens über eine Leiter oder eine Treppe.

A. Der Sprung des Sohnes auf die Erde

Das Herabsteigen des Wortes zur Inkarnation ist um 1230 Gegenstand eines sehr originellen gemalten Medaillons – ein weiteres und keineswegs das letzte! – in der *Bible moralisée von Toledo* (Abb. 20).[199]

Es handelt sich um die Auslegung eines Historienmedaillons (médaillon d'histoire) zu einem Vers des Hohenliedes: *„Vox dilecti mei, ecce iste venit saliens in montibus, transiliens colles“* („Horch!

Abb. 20: Miniatur, Bibel Ludwigs des Heiligen, Toledo

Mein Geliebter! Sieh da, er kommt. Er springt über die Berge, hüpft über die Hügel.“ Hld 2,8). In der Textspalte findet sich die Erläuterung: „*Vox sponse ad adolescentulas*“ („Stimme der Braut zu den Mädchen“). Die beiden erwähnten Gefährtinnen sind dieses Mal links dargestellt. Die Braut richtet das Wort an sie, während sie sich dem Geliebten zuwendet, der über die Hügel herabspringt. Der moralisierende Text lautet (wörtlich übersetzt): „Der Springende ist der springende Christus, der einen Sprung aus dem Himmel in den Schoß der Jungfrau gemacht hat, vom Schoß in die Krippe, von der Krippe auf das Kreuz, vom Kreuz ins Grab, vom Grab ist er in den Himmel zurückgekehrt, er, der erhoben worden ist über alle Hügel, das heißt über alle heiligen Höhen, sowohl über die höchsten als auch über die niedrigsten.“[200]

Das Medaillon liefert eine ergreifende Zusammenfassung der Tat Christi des Erlösers: Der Sohn-Bräutigam springt, von links, zunächst Maria (er berührt ihren Nimbus; sie hebt ihre Arme, um ihn in sich aufzunehmen) und dann der Krippe entgegen (ganz unten, mit Ochs und Esel), dann zum Kreuz (rechts, mit den Aposteln – Petrus und Johannes sind gut zu erkennen – und den heiligen Frauen), dann kehrt er in den Himmel zurück (oben in der Mitte, eine Evokation der Himmelfahrt). Der Sprung ins Grab ist ausgelassen worden, vielleicht aber meinte der Künstler, das eng in die Krippe gezwängte Jesuskind beschwöre in ausreichendem Maße die Vorstellung von Christus im Grab herauf – diese traditionelle Verknüpfung erlaubte es ihm, aus zwei Szenen eine einzige zu machen. Jedenfalls hat man nie wieder den Mut besessen, das Herabsteigen des Wortes zur Inkarnation in Maria so kraftvoll und schlicht zu verbildlichen.

Einige Darstellungen des Herabsteigens des Sohnes entspringen der bildlichen Umsetzung des Verses „*Et descendit de coelis*“ aus dem *Credo*. Sie sind selten, da nur das Credo des Nicäno-Konstantinopolitanum den *Descensus* erwähnt, und die Bilderzyklen, die dieses Glaubensbekenntnis illustrieren, ihrerseits rar sind.[201] In Siena entstand an der Wende vom 14. zum 15. Jh. eine Gruppe von Bildtafeln, die sich im Museo dell’Opera del Duomo befinden und die Niccolò di Naldo da Norcia, ein Schüler von Taddeo di

Bartolo, um 1412 gemalt hat.[202] Die Bilder schmückten einen Bücherschrank in der Sakristei des Domes.[203] Die für uns interessante Tafel illustriert den Vers „*Qui propter nos homines et propter nostram salutem descendit de coelis*" („Der für uns Menschen und um unseres Heiles willen vom Himmel herabgestiegen ist", Bildhinweis 8). Oben links entsendet Gottvater in der Himmelsglorie den Sohn, der mit dem Heiligen Geist, begleitet von Cherubim und umgeben von Licht, zur Erde herabschwebt.

Dem Neuen Testament und den christlichen Theologen zufolge (ohne gewisse Weihnachtslieder zu berücksichtigen) war von einigen Propheten des Alten Bundes, insbesondere von David, das Kommen des Messias vorhergesehen worden. Eine Miniatur des in die Zeit vor 1416 datierten Stundenbuches des Herzogs von Berry, *Les Très Riches Heures du Duc de Berry*[204], drückt dies mit beeindruckender Erfindungsgabe aus (Abb. 21).

Sie stellt dieses Kommen als Eindringen eines nackten, mit Heiligenschein versehenen Kindes dar, das, die Füße voran, – ähnlich wie der Weihnachtsmann im Kamin – aus dem Himmel in eine palastartige Architektur herabkommt, wobei es die Hände wie ein Erwachsener fromm vor der Brust verschränkt hält. David ist als orientalischer Monarch dargestellt, der die Hand auf seine Harfe stützt, während zwei kniende Hofmusiker das Kind aufnehmen und derweil Viola und Leier spielen.[205]

Eine seltene Darstellungsvariante des Herabsteigens findet sich in der Handschrift *Pèlerinage de Jésus-Christ* des Wilhelm von Digulleville.[206] Dort bilden die Engel und das Wort eine Art Staffel im Horizontalflug – eine, soweit bislang bekannt, einzigartige Darstellung (Abb. 22).

Doch die von den Menschen im Mittelalter bevorzugte Darstellungsform der Inkarnation als Herabsteigen war, zumindest seit dem 13. Jh., das kleine, nackte Kind mit einem Kreuz auf der Schulter, das auf einer mehr oder weniger steilen Schräge sanft zur Erde gleitet. Es kam auch vor, dass es dargestellt wurde, wie es sich aus der Höhe des Himmels herabstürzt, allein oder vom Vater entsendet, der dann eine Geste macht, als ließe er es los, biete es dar oder stoße es gar, wie in dem oben analysierten Medaillon der

Abb. 21: Miniatur, Stundenbuch des Herzogs von Berry, Musée Condé, Chantilly

Bible moralisée (Tol II, 66a zu Hld 1,1; s.o. II, 3, A und s.o. Abb. 16).

Gewisse, zugegebenermaßen seltene Bilder zeigen lediglich die auf einer Diagonalen oder Vertikalen angeordneten Symbole der drei Personen: Das Herabsteigen des Sohnes wird als Entsendung des Sohnes in Begleitung des Heiligen Geistes interpretiert, wobei es ein eigenständiges Sujet bildet, unabhängig von denen der Ver-

Abb. 22 : Miniatur, Pèlerinage de Jésus-Christ, Bibliothèque Nationale de France, Paris

kündigung oder Mariae Erwartung. Dieses Sujet könnte italienischen Ursprungs sein. Im Allgemeinen fliegt die Taube voran, mitunter folgt sie jedoch auch nach.

Dies ist der Fall in der entsprechenden Miniatur im *Stundenbuch der Katharina von Kleve* (Bildhinweis 6). Gottvater, bekrönt mit einer päpstlichen Tiara, ist oben links als Halbfigur dargestellt, die aus einem Wolkenwirbel vor einem blauen Sternenhimmel hervorkommt. Er hat die Hand zum Segensgestus erhoben, und von ihm gehen goldene Strahlen aus, auf denen die von zehn Feuerzungen umgebene Taube herabzuschweben scheint. Weiter unten, im Zentrum der Miniatur, gleitet, einem Schwimmer gleich, das mit einem Nimbus versehene Kind dahin und hat dabei das Kreuz wie einen Stab geschultert. Unten liegt die von der grünenden Landschaft eines lieblichen Tals symbolisierte Erde. Niemand ist zu sehen.[207] Schließlich ist es keineswegs ein Zufall, dass im

Bas-de-page ein Fischer gerade Fische, die sich in einer Reuse (dem länglichen Netz aus Korbgeflecht) verfangenen haben, herausnimmt: Durch seine Inkarnation ist das Wort Gottes zum Fisch geworden (Es handelt sich hierbei um ein Akrostichon: Die Buchstaben des griechischen Wortes für „Fisch", *ichthus,* sind die Anfangsbuchstaben der Formel: *„iehsous Christos theou uios sôter"*, „Jesus Christus, Gottes Sohn, Erlöser".) und hat sich der irdischen Reuse (oder dem Schoß Marias) überlassen.

In einer Abschrift der *Legenda aurea* aus dem späten 15. Jh. in der Bibliothèque Nationale de France in Paris[208] findet sich auf einer in acht Felder unterteilten Seite eine bildliche Zusammenfassung des christlichen Heilsgeschehens (Bildhinweis 9).[209] Sieben Gruppen von Männern (nur fünf Frauen befinden sich auf dieser Seite mit so vielen Personen, nämlich Maria oben im Mittelfeld sowie die nackte Eva und drei bekleidete Frauen in der Gruppe unten rechts) sind ins Gebet vertieft und der Szene in der Mitte des oberen Registers zugewandt, wo das Herabsteigen des Wortes zur Inkarnation dargestellt ist. Jede dieser Gruppen wird durch ein Schriftband einem der „O-Antiphonen" zugeordnet, die man an den sieben Tagen vor Weihnachten zur Vesper vor dem Magnificat singt. Im oberen Register links, sozusagen in der Luft, befinden sich auf einem Hügel Hirten mit ihren Schafen und ihrem Hirtenhund, der brav auf seinem Hinterteil sitzt; das Schriftband, das aus ihrer Gruppe aufsteigt, besagt: *„O Sapientia veni ad docendos nos viam prudenciae"* („O Weisheit, komm und zeige uns den Weg der Klugheit"); rechts sieht man in einem geschlossenen Raum hinter den Gitterstäben eines Fensters betende Männer – es sind Gefangene; das Schriftband lautet hier: *„O Adonai veni ad redimendos nos"* („O Adonai, komm und erlöse uns"), usw. Den sieben Gruppen ist gemein, dass sie auf die eine oder andere Art das Warten auf den Erlöser verbildlichen, während die mittlere Szene im oberen Register das Kind mit dem Kreuz auf der Schulter zeigt, wie es die göttliche Sphäre verlässt, wo, umgeben von flammenden Cherubim, Gott wohnt, und zu der knienden Maria auf die Erde springt. Das Schriftband, das es trägt, verkündet: *„Ecce ego venio cito: et merces mea mecum est"* („Siehe, ich komme bald und mit mir bringe ich meinen Lohn“). Das sind fast die letzten Worte der christlichen Bibel (Offb 22,12): Das kleine Kind, das sich herabstürzt, ist zugleich der eschatologische Richter am Ende der Zeiten, das Alpha und das Omega, der jedem seinen Lohn geben wird.

B. Der Rückgriff auf eine Treppe oder Leiter

Im *Liber depictus* (dem „gemalten Buch“) von Krumau, der gegen 1358 in Böhmen entstanden ist,[210] vollzieht sich das Herabsteigen des Wortes mithilfe einer Treppe: „Die Komposition ist in zwei grundlegende Ebenen unterteilt. In der oberen wird der Himmel angedeutet durch Engel hinter Zinnen, durch das Thema der Entsendung Gabriels durch Gott auf der linken Seite und durch das Bild Gottes auf dem Thron, der dem *Agnus Dei* das Kreuz reicht. In der unteren Ebene sieht man links die Verkündigung und rechts die Geburt Christi [...]. Auf einer Treppe stehend, die steil ist wie eine Leiter, überragt Christus seine Mutter; sein Kopf ragt in die obere Hälfte hinein [...] und trägt dadurch zur Veranschaulichung seines Herabkommens aus dem Himmel bei [...]. Es ist eine der seltenen unmittelbaren Darstellungen der Inkarnation als Herabsteigen auf einem Stufenweg.“[211]

Ein weiteres Beispiel findet man auf einem um 1465–1470 gemalten Blatt, das einem heute in New York verwahrten Stundenbuch entnommen ist (Bildhinweis 10),[212] wo das ein Kreuz tragende Kind die Stufen des Throns herabsteigt. Gott, der wie ein Priester gekleidet ist, hat offenbar gerade den Prozess im Paradies (die Gerechtigkeit mit ihrem Schwert und die Barmherzigkeit mit ihrer Lilie stehen links und rechts neben ihm) in Anwesenheit einer großen knienden Engelschar abgeschlossen. Das Wort, das Fleisch werden soll, wird unterhalb der Stufen von Gabriel in Empfang genommen, mit dem es sich, wie man vermuten kann, auf den Weg zur Erde machen wird, zur Jungfrau der Verkündigung, die in einem Bildfeld unten sichtbar ist, und zu den Menschen in Erwartung des Heils hinter den Gittern eines Gefängnisses … Die Kartusche enthält den Anfang der Lesung aus dem Evangelium zum Fest Verkündigung des Herrn: *„In illo tempore missus est angelus Gabriel a Deo in civitatem“* („Zu jener Zeit wurde der Engel Gabriel von Gott in eine Stadt […] gesandt.“ Lk 1,26).

In Darstellungen der Verkündigung[213], der Jungfrau mit Kind[214] oder der Geburt wird manchmal das stufenweise Herabsteigen durch eine rätselhafte Treppe im Hintergrund angedeutet. Auf einer Kopie von Filippo Lippis *Anbetung im Walde* (1459), die sich heute in der Gemäldegalerie in Berlin befindet, betet Maria das auf dem Boden liegende Kind an (was einer Vision der Hl. Birgitta von Schweden, 1302–1373, entspricht) und betrachtet nachdenklich eine Blume, die in ihrer Zeichnung an einen Totenschädel erinnert. Links befinden sich Johannes der Täufer, der eigentlich kaum mehr als sechs Monate älter als sein Cousin Jesus sein dürfte, und ein betender Eremit, ohne Zweifel ein Kamaldulenser oder der hl. Bernhard. Über dem liegenden Jesuskind erkennt man, zumindest auf der Kopie dieser *Anbetung* durch Pseudo Pier Francesco Fiorentino, im Hintergrund eine Reihe von Treppenstufen, so als wäre Gott mit dem Herabschreiten dieser Wendeltreppe zum Kind geworden.

Machen wir zum Abschluss einen Abstecher in das 20. Jahrhundert. Louis Rivier (1885–1963), der Sohn eines protestantischen Pastors aus der französischen Schweiz, der sein Leben der Aussöhnung des Protestantismus mit dem religiösen Bild gewidmet hatte, malte 1958 für eine griechische Kirche, die ihm den Auftrag dazu erteilt hatte, den Karton für das *Mysterium der Inkarnation Christi*. Das Bild ist der mittlere Teil eines Triptychons (bestehend aus zwei Seitentafeln von 250 cm × 70 cm und der Mitteltafel von 250 cm × 150 cm), das sich heute in der katholischen Kirche von Bottens (Schweiz, Kanton Waadt) befindet und als Ganzes die Idee des Herabsteigens vom Thron der Dreifaltigkeit zu Maria (mit einer Verkündigung auf der linken Seite) verbildlichen sollte.[215] Der Sohn vollendet den Willen des dreifaltigen Gottes, indem er seinen Platz auf dem gemeinsamen Thron verlässt, nachdem er sich seiner Gewänder entledigt hat, die er zusammen mit der Weltkugel, dem Zeichen seiner Souveränität, zurücklässt.[216] Er wendet sich dem unteren Bereich zu, wo Maria, eine junge blonde Frau mit einem schönen Zopf, steht und von Gabriel die Lilie der Verkündigung empfängt. In der Mitte sieht man die Jungfrau, umgeben von den Magiern (drei Königen) und den Hirten (ihre unterschiedliche Herkunft symbolisiert zweifellos ebenfalls die Menschheit), die den neugeborenen Christus, den jene auf ihrer Schulter trägt, anbeten. Dahinter erkennt man den an die Balken des Stalls gekreuzigten Christus.

3. Die Eingebung der Seele Christi in Maria

A. Verkündigungsdarstellungen mit einem Homunkulus

Manche Darstellungen der Verkündigung begnügen sich nicht damit, Maria, Gabriel und die Taube des Heiligen Geistes auftreten zu lassen, sondern fügen noch das Motiv des Homunkulus hinzu, der vom Himmel zu Maria herabkommt.[217] Die wiederholte Verwendung des Futur („Du wirst ein Kind empfangen, einen Sohn wirst du gebären [...]. Der Heilige Geist wird über dich kommen, und die Kraft des Höchsten wird dich überschatten." Lk 1,31 und 35) in den zeitgenössischen Übersetzungen des biblischen Berichtes der Verkündigung bilden kein unumstößliches Hindernis für die Verkündigungsdarstellung mit einem Homunkulus.[218] Im griechischen Originaltext des Evangeliums nach Lukas „sind es die Zeiten der Verben selbst, die uns explizit vermitteln, dass die Empfängnis Jesu am Ende des Eingreifens des Engels vollzogen ist".[219] Deshalb gingen zahlreiche Künstler im Mittelalter davon aus, dass Empfängnis und Verkündigung zeitgleich abliefen.

Man kann in diesem Zusammenhang mindestens drei Untergruppen von Darstellungen unterscheiden:[220]

1. die Verkündigungen, die das Motiv eines Kindes *im Arm* Gabriels, Gottvaters oder Marias aufweisen;[221]
2. jene, die einen Homunkulus *auf dem Hals, der Brust oder dem Leib* Marias zeigen;
3. jene, die einen Homunkulus zeigen, der auf einer Vertikalen oder Diagonalen vom Himmel *herabkommt.*

a) Das Kind auf dem Leib Marias

Die Ikone von Ustyug[222] aus dem 12. Jh., die womöglich die älteste auf uns gekommene russische Ikone ist, zeigt eine um die eindeutige und kühne Darstellung des Inkarnationsvorgangs bereicherte

Verkündigung, die sich auf Anregungen der Liturgie stützt[223]: Ein kleines Kind, das mit der Rechten segnet, ist vor der Brust der Jungfrau sichtbar, die frontal sitzend ausgerichtet ist, während ein als Brustbild im Halbrund der Himmelssphäre dargestellter Gott-Christus die Szene bekrönt (man sieht ihn kaum). Es ist eines der ersten Bilder, die andeuten, dass die Empfängnis Jesu und die Verkündigung an Maria zeitlich zusammenfallen.

Im Westen ist unseres Wissens das Motiv des noch ungeborenen Kindes in dieser Szene nur durch eine Elfenbeintafel vom Anfang des 12. Jh.s, heute in Berlin, vorweggenommen worden. Oberhalb des nach oben zeigenden Fingers Gabriels befindet sich das Brustbild eines bekleideten Kindes, allerdings ohne Nimbus, in einer kleinen, vom Schnabel einer Taube herabhängenden halbmondförmigen Gondel (man möchte sagen, in einem umgedrehten Schirm). Sie scheint vom Himmel zu Maria herabzukommen, die wie eine Königin auf einem Thron sitzt und keineswegs erschreckt wirkt.[224]

Soweit nachvollziehbar, trat der Homunkulus erstmals in einer englischen Miniatur aus den 1270er Jahren, die eine Predigt des Augustinus zur Verkündigung illustriert, in Erscheinung.[225] In der Krümmung der U-Majuskel (der erste Buchstabe von „Uirginis") ist über Maria der Kopf Gottvaters dargestellt; eine Taube fliegt im Sturz vom Vater zu Maria; unter der rechten Hand Marias erkennt man eine nackte menschliche Gestalt ohne Heiligenschein. Der Homunkulus hat sozusagen sein Ziel erreicht. Es handelt sich um eine seltene Bildkomposition, zumindest für eine Verkündigung (nicht für eine Heimsuchung). Am häufigsten sind die Verkündigungsszenen, die das herabsteigende Menschlein noch auf dem Weg zeigen.

Hat dieser Homunkulus nun dieselbe Bedeutung in jeder dieser drei Situationen? Die große Gefahr bei Studien zur religiösen Kunst besteht darin zu postulieren, dass häufig wiederkehrende Motive eine festgelegte Bedeutung hätten, die den Künstlern bekannt war und die von den Betrachtern in immer gleicher Weise verstanden wurde. Im vorliegenden Fall ist es aber sehr wahrscheinlich, dass die Bedeutung des Homunkulus in den Verkündigungsdarstellungen wechselte und dass viele der Künstler – von den zeitgenössischen Betrachtern zur Entstehungszeit der Werke ganz zu schweigen – in Verlegenheit gebracht worden wären, wenn man sie zu diesem Thema befragt hätte. Einer der Vorteile zeitübergreifender Studien zur Ikonographie besteht gerade in der Aufdeckung derartiger semantischer Verschiebungen, Abweichungen und anderer Neuinterpretationen, die gelegentlich an das Gegenteil heranreichen ... In diesem Stadium der Untersuchung wäre es verfrüht, die Bedeutung des Homunkulus festzuschreiben.

b) Das Kind wird von Hand zu Hand gereicht

Das lehrt uns das Studium der *Bible moralisée.* In deren frühesten Exemplaren findet sich das Motiv, das Gabriel mit dem Kind zeigt, mehrfach, denn die Szene der Verkündigung oder vielmehr das Motiv der Verkündigung an Maria durch Gabriel erscheint nicht nur dort, wo man es erwartet, nämlich am Beginn des Evangelien-Zyklus, sondern auch in den moralisierenden Medaillons. In der *Bible moralisée von Toledo* beispielsweise wird es elf Mal aufgegriffen.[226] Das Motiv des Kindes mit Kreuznimbus taucht dort mehrmals auf, jedoch in unterschiedlichen Situationen: Es wird von Maria getragen[227], es kommt mit gefalteten Händen direkt aus den Händen des Vaters in die Arme Marias[228], es wird unbekleidet[229] oder aber in ein Tuch gehüllt von Gabriel getragen (Abb. 23)[230], oder auch, bekleidet, von Maria gehalten.[231]

Diese Modifizierungen entspringen nicht der Phantasie der Künstler, noch weniger handelt es sich um Nachlässigkeiten, vielmehr werden sie im Allgemeinen durch den moralisierenden Text, den sie illustrieren, vorgegeben.

Kann man nun die Formulierung einer Hypothese zur Bedeutung (in der Einzahl) dieses Motivs, wie es in der *Bible moralisée von Toledo* auftritt, wagen? Zunächst sollte man nicht voreilig sein und sich hüten, das Bildmotiv mit demjenigen zu verwechseln, das seit dem 14. Jh. nicht nur in der Buchmalerei, sondern auch auf Tafelbildern und Fresken verbreitet wurde. Denn die Darstellungen in der *Bible moralisée* unterscheiden sich: Das Kind trägt

Abb. 23: Miniatur, Bibel Ludwigs des Heiligen, Toledo

nie das Kreuz, und es wird nie herabgleitend dargestellt, sondern als Kind, das auf dem Arm getragen wird. Differieren sie auch hinsichtlich ihrer Bedeutung? Zweifellos insofern, als die Darstellung des Kindes in der *Bible moralisée* nicht in Verbindung mit der Diskussion um die Seele Christi zu stehen scheint. Wir vermuten, dass es sich zu dieser Zeit lediglich um *ein Mittel zur Verbildlichung des Inkarnationsvorgangs* im Allgemeinen, ohne weiter zu präzisieren, handelte, also um *das konventionelle Bild einer allgemeinen Idee.* Dagegen steht das Homunkulus-Motiv des 14., 15. und 16. Jh.s (es ist in eben diesem Zeitraum verbreitet, danach findet es sich kaum noch) im Dienste der Umsetzung einer präzisen Inkarnationstheorie ins Bild und stellt die Eingebung der Seele im Augenblick der Empfängnis Christi im Schoße der Jungfrau dar, wie wir versuchen werden aufzuzeigen.

c) Das vom Himmel herabsteigende Kind

Die Darstellungen des vom Himmel herabsteigenden Kindes unterscheiden sich von den zuvor genannten darin, dass das Kind zu schweben oder zu fliegen scheint, ohne von irgendjemandem gehalten zu werden. Sie weisen offenkundige Unterschiede auf (in der Haltung, der Gestik, der Kleidung und im Nimbus). Doch was bedeuten sie, wenn man ihnen schon eine einheitliche Bedeutung zuschreiben soll?[232] Hören wir noch einmal die *Meditationes,* die erneut den Schlüssel zu liefern scheinen. In dem Moment, da die Jungfrau spricht: „Ich bin die Magd des Herrn" (Lk 1,38), „kann man sich pietätvoll jemanden vorstellen, der eine Anweisung oder einen schwierigen Auftrag erhält: Er [der Sohn] verneigt sich vor seinem Vater und empfiehlt sich ihm. In eben diesem Augenblick wurde für ihn eine Seele erschaffen und eingegeben; von diesem Moment an war er ein vollkommener Mensch mit einem vollständig entwickelten, wenngleich ganz kleinen Körper. Denn nach dem geltenden Gesetz musste er nach und nach im mütterlichen Schoß heranwachsen, wobei ausnahmsweise die Eingebung der Seele und die Ausformung der Glieder nicht unterschieden wurden." Der Homunkulus in den Verkündigungsdarstellungen nach 1320 steht für dieses Privileg und bezeichnet die Seele Jesu, die im Moment der Empfängnis erschaffen und eingegeben wurde.

Eine der ersten Darstellungen der zu Maria fliegenden Seele Jesu verdanken wir Pacino Buonaguida; das Tafelgemälde aus der Zeit um 1320 stellt eine unmittelbar durch eine franziskanische Schrift angeregte *arbor vitae* dar.[233] In der Folge erfreute sich das Motiv eines gewissen Erfolges, wie zahlreiche Varianten bezeugen. Die kleine Gestalt ist in der Regel nackt und trägt das Kreuz; mitunter hat man sie in ein Tuch gehüllt und das Kreuz weggelassen. Wenn sie nicht im Arm Gottvaters ruht[234], nimmt sie unterschiedliche Haltungen ein, oftmals die eines Schwimmers, bäuchlings und lang ausgestreckt[235], oder die eines leicht untersetzten Springers[236] mit nach vorn gestreckten Armen und gefalteten Händen, oder sie umklammert ihr kleines Kreuz mit beiden Händen.[237] Sie kann aber auch laufen[238] oder, auf dem Rücken liegend, mit den Füßen voran rutschen, wobei die Hände vor der Brust gekreuzt sind[239]. Sie kann in sitzender[240] oder stehender[241] Haltung herabsteigen, ganz den Ideen oder der Phantasie der Künstler entsprechend und vor allem den formalen Zwängen folgend, denen diese sich freiwillig unterworfen haben. Es scheint aber kaum plausibel, dass diese gemalten Variationen ebenso vielen Varianten der Theologie zur Inkarnation und zur Eingebung der Seele Christi in Maria im Augenblick der Empfängnis entsprechen. Man kann sogar das Gegenteil behaupten, nämlich dass ihnen allen die Visualisierung der Erschaffung und der gleichzeitigen Eingebung der Seele gemein ist. Dieses Eingeben wird häufig als Herabkommen dargestellt. Gelegentlich wird es mit einer gewissen Feierlichkeit dargestellt, wenn sich der Homunkulus mit geschultertem Kreuz von einer Staffel von Engeln eskortieren lässt, wie die entsprechenden Miniaturen in den Handschriften der *Pèlerinages* des Wilhelm von Digulleville zeigen, wo das Herabsteigen der Seele Christi in Abwesenheit des Engels Gabriel zu einer Darstellung der Inkarnation im wahrsten Sinne wird.[242]

B. „Conceptio per uterum, per frontem, per aurem“

Im Gegensatz zum Motiv des Kindes in der *Bible moralisée* kann dieser Homunkulus tatsächlich als Träger eines besonderen Sinngehalts dienen. Er verweist damit auf die Diskussionen der scholastischen Theologie über den *corpus creatum,* die Eingebung der Seele und das Privileg Christi, von der Periode des sogenannten *corpus informatum* ausgenommen zu sein, während der das in der Frau Gezeugte in Ermangelung einer rationalen Seele noch nicht zum Menschen geworden ist. Seine Bedeutung wird vor dem Hintergrund der zeitgenössischen Debatten zwischen den Kreationisten, also der Mehrzahl der mittelalterlichen Theologen, und den

Traduzianisten noch anschaulicher. Letztere vertraten den Standpunkt, dass die menschliche Seele den Kindern durch die Eltern übermittelt wird. Ihre Doktrin konnte sich auf Tertullian[243] und einige Kirchenväter stützen, die sie geeignet fanden nicht nur zur Erklärung des Ursprungs der Seele (und der „automatischen" Existenz einer menschlichen Seele bei jeder Fortpflanzung, die durch die Vereinigung der Eltern erfolgt), sondern zweifellos auch, um die Übertragung der Erbsünde zu erklären, so bei Gregor von Nyssa[244] und, unter Vorbehalt, bei Augustinus[245]. Papst Anastasius II. hatte diese Lehre jedoch schon im 5. Jh. in seinem Brief an die gallischen Bischöfe von 498 verurteilt, weil sie unauflöslich verbunden sei mit der Vorstellung der Seele als einer körperlichen Substanz; und Thomas von Aquin bezeichnete sie in seiner *Summa theologiae* (I^a, q. 118, a. 2) als mit dem christlichen Glauben unvereinbar. Im Gegensatz dazu vertraten die Kreationisten die Meinung, dass die Erschaffung der Seele nicht den Eltern zufalle, sondern dem Schöpfergott und dass jede Empfängnis die Erschaffung einer Seele für den gezeugten Körper voraussetze. So wird allerdings mit einem Schlage auch die ganze Lehre von der Präexistenz der Seele oder der Seelenwanderung verworfen. Doch war man der Meinung, die rationale Seele (im Gegensatz zur vegetativen, dann empfindsamen Seele der vorangegangenen Zustände) werde erst eingegeben, wenn der Körper angemessen geformt sei, eine solche Seele zu empfangen. Die rationale Seele (eben als „Form des Körpers" gemäß der aristotelischen Definition) vollendet diese Ausformung, wenn auch mit einer gewissen Verzögerung: Sechs Wochen beträgt die von Thomas von Aquin unter Berücksichtigung der zeitgenössischen medizinischen Kenntnisse angegebene Zeitspanne, in der der Fötus zwar mit einer vegetativen und sensitiven Seele ausgestattet ist, jedoch noch kein Mensch im eigentlichen Sinne ist, da die rationale Seele noch fehlt.[246]

Von dieser Verzögerung, die ein Stadium der Gestaltlosigkeit impliziert, war Christus ausgenommen, wenn man den *Meditationes* Glauben schenkt: Es wird versichert, dass Jesus von Nazaret vom ersten Augenblick seiner Zeugung an einen vollkommenen Körper besaß; die Eingebung seiner Seele fand also durch ein Privileg unmittelbar statt. Das widerspricht keineswegs der These von Daniel Arasse über die Schnecke als Symbol der Langsamkeit Gottes bei seiner Inkarnation[247], sondern vervollständigt sie vielmehr. Die Zeit zwischen dem Sündenfall und der Verkündigung war lang, so lang, dass sich die mittelalterlichen Theologen fragten: *cur tam sero,* warum so spät? Aber nachdem sie einmal beschlossen war, wurde die Inkarnation zügig durchgeführt, wenn man so sagen darf.

Das kleine nackte Kind der abendländischen Verkündigungsdarstellungen steht also für nichts anderes als die Seele Christi. Es käme einem Anachronismus gleich, wenn man behauptete, es „widerspräche der kirchlichen Lehre, weil es Christus in Gestalt seiner menschlichen Substanz vor der Inkarnation zeige".[248] Was durch Maria geboren werden sollte, bedurfte auch einer rationalen (wie Innozenz III. 1208 in seiner Schrift *Professio fidei Valdensibus praescripta*[249] und das 4. Laterankonzil in Erinnerung riefen), von Gott erschaffenen und unmittelbar entsandten Seele. Streng genommen ist dieser nackte Säugling nicht das Wort, weder Christus noch das Jesuskind oder der Körper Jesu, weder „der Embryo Christi"[250] noch die „präexistente Seele Jesu"[251]. Die auf Origenes zurückgehende These von der Präexistenz der Seelen war schon sehr früh von der Kirche zurückgewiesen worden, und Thomas von Aquin lehnte die Vorstellung einer Präexistenz der menschlichen Seele Christi kategorisch ab[252]: Es handelt sich um die Seele Christi, die durch den dreifaltigen Gott im Augenblick seiner menschlichen Zeugung erschaffen worden ist.

Innerhalb der Monumentalkunst veranschaulichen dies auf je eigene Art ein Fresko in Basel und ein Relief in Würzburg.

Das Tympanon der Marienkapelle in Würzburg ziert ein Relief mit einer in zwei Register gegliederten Verkündigungsszene (Abb. 24).[253]

Es würde sich um eine alltägliche Darstellung handeln, säße da nicht Gottvater im oberen Register in einer aus dem Himmelssaum gebildeten Mandorla, in der linken Hand die Weltkugel und in der rechten eine Art Schlauch, in den er hineinbläst. Woher kommt dieser Schlauch und was hat er zu bedeuten?[254] Die Vor-

Abb. 24: Tympanon des Nordportals, Marienkapelle, Würzburg

stellungen, die dieses Relief über die Zeugung eines himmlischen Wesens vermitteln könnte, und die damit verbundenen Gefahren der Verfälschung, die dieses Relief transportieren könnte, waren den Künstlern und Auftraggebern dieses Tympanons völlig fremd, wie oben (III, 2) bereits angesprochen. Der Schlauch dient hier zweifellos zur Visualisierung der Verbindung der von oben herabgekommenen Seele mit dem in Maria geformten Körper; er ähnelt einer Nabelschnur, die Himmel und Erde verbindet[255] und auf der das „nackte Baby" in der Haltung eines Schwimmers wie auf einem Schlitten hinabgleitet. Man kann den Homunkulus, um bei diesem angemesseneren Begriff zu bleiben, dort erkennen, wo der Schlauch als Metapher des göttlichen Atems den Himmel verlässt und es ihm erlaubt, die gesamte Spanne der erschaffenen Materie zu durchqueren, von der göttlichen Sphäre zum Diesseits hier unten.[256] Weiter unten angelangt, umgibt der Schlauch den Kopf Marias und gelangt zu ihrem linken Ohr; wenn man gute Augen hat oder sich eines Fernglases bedient, entdeckt man, dass sich der Schlauch an seinem Ende, direkt am Ohr Marias, in die Taube des Heiligen Geistes verwandelt.[257]

Eine weitere Verkündigungsdarstellung „mit Schlauch" findet sich, neben anderen Werken derselben Epoche, auf dem Fresko der Keppenbachkapelle in der Peterskirche in Basel. Der Erzengel Gabriel empfiehlt der Jungfrau der Verkündigung drei Stifter, die sich ihrer Fürsprache anvertrauen wollen; in der Höhe spendet Gott den Segen. Bei genauer Betrachtung jedoch erkennt man, dass der Schlauch diesmal von einem Dreigesicht ausgeht, das Künstler und Auftraggeber sicherlich gewählt haben, um noch einmal daran zu erinnern, dass die Inkarnation das Werk der gesamten Trinität ist. In diesem Fall hat der Künstler auf eine *conceptio per frontem* zurückgegriffen, während sich der Künstler des Würzburger Tympanons für eine *conceptio per aurem* entschieden hatte.[258] Die Zeugung durch die Stirn bleibt noch zu erklären. Die Empfängnis durch das Ohr lässt sich mit zwei Argumenten erklären, die beide symbolischer Natur sind. Da der Sündenfall vom Ohr ausging, als die Schlange Eva ins Ohr geflüstert hat (Gen 3,1), ist es angemessen, dass die Erlösung auf demselben Weg erfolgt. So wie man „dort bestraft wird, wo man gesündigt hat", so wird man auch dort geheilt. Und die Heilung kommt mit dem Glauben. Genau genommen ist das Ohr Marias ein Symbol des Glaubens, und Maria hat in dem Augenblick empfangen, in dem sie das erste Wort des Engels vernommen hat: *Ave* (Lk 1,28 der Vulgata), das von hinten gelesen *Eva* bedeutet. Da sie sofort geglaubt hat, ist das *Ave* Wiedergutmachung für *Eva*, Marias „Ja" sühnt den Fehler Evas. „*Eva* hat uns das Paradies und Gott genommen, das *Ave* gibt es uns zurück […]. Welch ein Unterschied liegt zwischen *Ave* und *Eva*!" (Alphons der Weise[259]) Bernhard von Clairvaux hat es so ausgedrückt: „Der Engel Gabriel wurde von Gott ausgesandt, damit das Wort des Vaters durch Marias Ohr zu ihrem Geist und Herzen dringe, sodass das Gegengift denselben

Weg nehme, durch den das Gift eingedrungen war". Schon der hl. Ephraem der Syrer (um 306–373) sah im Ohr Marias das Symbol ihrer Fruchtbarkeit im Glauben, verbunden mit der Antithese Eva/Maria: „Der Böse goss sein Gift in das Ohr Evas mittels der Schlange. Aber derjenige, der das Gute selbst ist, erniedrigte sich voller Mitleid und trat in Maria durch das Ohr ein. Durch dieselbe Tür, durch die der Tod eingetreten war, kam das Leben, das dem Tod den Tod brachte, herein."[260] Und für Zeno, der zwischen 362 und 371/372 Bischof von Verona war, gelangte Christus durch das Ohr in Maria hinein, wie der Teufel es bei Eva getan hatte.[261] Diese Vorstellung löste ein enormes, zunächst literarisches und dann ikonographisches Echo aus. Manchmal glaubte man, in aller Naivität daraus schließen zu können, dass die Jungfrau auf wundersame Weise Christus durch das rechte Ohr geboren hätte, also dort, wodurch sie ihn empfangen hatte.[262] Derselbe Geist, führte, wenn auch subtiler, zu der Formel *Verbum verbo concipiens.* Infolgedessen konnte die jungfräuliche Empfängnis Christi nur durch das Ohr erfolgt sein. Das *Armenische Kindheitsevangelium,* ein Text, der nicht vor dem 6. Jh. entstanden sein dürfte, besagt dies eindeutig: „Das Wort Gottes drang durch ihr Ohr ein und die innere Natur ihres beseelten Körpers wurde geheiligt und gereinigt wie Gold im Schmelztiegel."[263]

Kommen wir zurück auf die Eingebung der Seele Christi in Maria. Der mittelalterlichen Theologie zufolge, die in diesem Punkt fast einstimmig ist, besteht das Besondere in diesem Fall darin, dass die Seele zeitgleich mit der Empfängnis erschaffen wurde, eingegeben in eben dem Moment der Empfängnis und damit, in den Augen der Menschen des Mittelalters, von den vierzig Tagen der Gestaltlosigkeit ausgenommen, dem Schicksal aller Menschenkinder, die noch geboren werden sollen. Man versteht den Grund: Gezeugt durch den „Heiligen Geist", ist der Mensch Jesus als „vollkommener Fötus" gezeugt, so wie er auch ein „vollkommener Mensch" sein wird; „durch die Zeugung Christi hat der Heilige Geist dank seiner unendlichen Macht die Materie geordnet und sie dabei vollkommen gemacht".[264] So ist Jesus Christus im selben Moment empfangen und beseelt worden und im selben Augenblick auf hypostatische Art mit dem Wort Gottes vereint worden (III^{a}, q. 33, a. 2 und 3); dieser Moment wird von der Tradition gerne mit dem des „Ja", des *Fiat* der Jungfrau gleichgesetzt. Eine englische Miniatur des 13. Jh.s, die eine Predigt des Augustinus zur Verkündigung illustriert, scheint dies bereits zu symbolisieren.

Der in manchen Verkündigungen im „Kielwasser" der Taube gemalte Homunkulus steht also für die Seele Christi, die im selben Moment mit der Empfängnis in Maria eingegeben wird, und nicht für den Körper Jesu.[265] Einen weiteren indirekten, aber überzeugenden Beweis hierfür liefert eine französische Miniatur des 15. Jh.s von Jean Mansel. Sie stellt, amüsant und ernst zugleich[266], einen Mann und eine Frau im Bett dar. Es ist ein verheiratetes Paar: Zwei Pantoffelpaare sind am Bett abgestellt. Die Frau hält die Augen geschlossen, der Mann schlägt sie auf, vielleicht um die Trinität anzusehen, die von der linken oberen Ecke aus dem Ehepaar eine Seele entgegenschickt, ohne die das, was aus ihnen geboren werden wird, nicht menschlich wäre. So gibt dieses Bild Einblick in das intime Leben des Paares, denn die Kenntnis der Vorstellungswelt des Mittelalters erlaubt die Feststellung, dass diese mit einem Mann im Bett liegende Frau seit ungefähr vierzig Tagen oder sechs Wochen, nämlich der Dauer des *corpus informatum*, schwanger ist. Zu diesem Zeitpunkt erschafft die Trinität die Seele des kleinen Menschen, der geboren werden soll, und setzt sie ein, denn die Erschaffung der Seele kommt nicht dem „zeugenden" Paar zu. *Trinitas creator hominis:* Nur die Trinität ist in der Lage, den Menschen zu machen, oder besser gesagt, die Menschheit des Menschen zu vollenden. Diese theologische Weisheit gilt nicht nur für die erste Schöpfung des Menschen „am Anfang", sondern für jeden Menschen, der auf die Welt kommen soll. Darauf weist auch das neben der Trinitätsgruppe entrollte Spruchband hin („*Faciamus hominem ad imaginem*": Gen 1,26).

Zusammenfassung

Antoninus von Florenz (1389–1459), der ehemalige Prior Fra Angelicos und Erzbischof von Florenz, sowie zahlreiche Theologen nach ihm, so Johannes Molanus aus Löwen, Autor des 1570 erschienenen Traktates *De Picturibus et Imaginibus Sacris*,[267] haben gegen das Motiv des Homunkulus gewettert. Sie dachten in gutem Glauben, dass er einen menschlichen Embryo darstelle; zumindest fürchteten sie, dass die Gläubigen ihn so deuten und folglich glauben würden, dass Christus vom Himmel einen schon fertigen Körper mitgebracht habe, der dann auf wunderbare Art und Weise in den Körper seiner Mutter eingegangen sei – lauter Irrtümer, die auf dem Konzil von Florenz 1439 ausdrücklich verurteilt wurden.[268] Man sah also in diesem Motiv die Gefahr der Häresie des „Doketismus" (abgeleitet vom griechischen *dokein*, „scheinen": das Wort hätte sich somit nur „dem Schein nach" inkarniert), welche der Lehre des *Credo* zur Geburt Christi widerspricht: „Er hat Fleisch angenommen [durch den Heiligen Geist] von der Jungfrau Maria." *Et incarnatus est.* Wenn er von Maria Fleisch angenommen hat, dann kann er seinen Körper nicht vom Himmel herabgebracht haben.[269] War dieses Motiv das Vehikel für die Theorien des Hugo von Saint Cher, demzufolge das Fleisch Christi im Himmel erschaffen und dann umgehend auf wunderbare Weise in den Schoß Marias eingesetzt wurde?[270] Tatsächlich sollte dieses Motiv keinesfalls eine derartige Doktrin propagieren. Es bezeichnet die Seele kraft einer alten Bildkonvention möglicherweise griechischen Ursprungs[271], die häufig in der mittelalterlichen Kunst aufgegriffen wurde, um das Emporschweben der Seele Sterbender zu malen (einschließlich der – wenngleich selteneren – Darstellungen des seine Seele „aushauchenden" Christus am Kreuz, die unmittelbar von den ausgestreckten Händen des Vaters aufgenommen wird, darunter die *Crucifixion au dominicain,* ein von einem Dominikanermönch gestiftetes Tafelbild im Unterlinden-Museum in Colmar[272]).

Was aus Maria geboren werden sollte, bedurfte auch einer von Gott erschaffenen und auf schnellstem Wege entsandten Seele. Die Bedenken der Theologen des 15. Jh.s, die bis zum Überdruss von ihren Nachfolgern der Katholischen Reform wiederholt werden sollten, stellen vor allem klar, dass das Mittelalter zu Ende ging und diese Darstellungen nicht einmal mehr von den Gelehrten verstanden wurden. Dennoch wurde dieses Motiv des vertikalen Herabsteigens der das Kreuz tragenden Seele Jesu noch von Cosmas Damian Asam wieder aufgegriffen, und zwar in dem Hochaltarbild mit einer Darstellung der Heiligen Sippe, das er für die Klosterkirche St. Anna in München schuf. Das war im Jahre 1738, und die Tafel befindet sich immer noch an Ort und Stelle. Wenn es um die Ikonographie geht, bestimmen nicht immer die Theologen die Regeln …

Das gibt uns die Gelegenheit, im Rahmen eines bewusst knappen Resümees festzustellen, dass die Rolle der Theologen in der Geschichte der christlichen Ikonographie nicht mit jenen Vorstellungen übereinstimmt, die man sich diesbezüglich gerne macht, wobei die Gründe nicht wissenschaftlicher Natur sind. So wurde beispielsweise behauptet, dass die Theologen, wenn auch nicht zu allen Zeiten, das künstlerische Schaffen, sofern es sakrale Themen berührte, streng überwachten. Weit gefehlt! Abgesehen von einigen seltenen Momenten, in denen die religiöse Malerei in zuweilen strenger Manier kontrolliert wurde, wie beispielsweise in den Jahrzehnten nach dem Trienter Konzil, ist es im Gegenteil die Freiheit, welche die religiöse Kunst, zumindest im Abendland, charakterisiert. Man darf sogar davon ausgehen, dass die Theologie als Ganzes bei den Überlegungen und Entscheidungen der Künstler merkwürdigerweise keine Rolle spielte, sieht man einmal von einigen kurzen Krisenzeiten ab. Affären um Bilder waren im lateinischen Christentum insgesamt äußerst selten. Es sieht ganz so aus, als sei der religiösen Kunst in den Augen der Theologen im Grunde keine große Bedeutung zugekommen, selbst dann nicht, wenn sie das Gegenteil behaupteten. Ihre Praxis über einen langen Zeitraum hinweg kommt einem Dementi gleich.

IV.
Immanuel, „Gott ist unter uns“.
Von der theologischen Abstraktion zur künstlerischen Freiheit

Die Gottesdarstellung hat alle Maler und Bildhauer zum Träumen angeregt. Sie haben Gott erzählt, haben sogar das Thema ausgeschmückt, indem sie eine Vorgeschichte der Inkarnation in Form einer pittoresken Szenenabfolge ersannen. Einige dieser Szenen, die den Übergang von der Präexistenz Christi im Himmel zu seiner historischen Existenz auf Erden darstellen, haben wir in den vorangegangenen Kapiteln besprochen. Es wäre verlockend, nun Schritt für Schritt dem Zyklus seiner Geburt (Geburt, Anbetung der Könige, Betlehemitischer Kindermord usw.), seiner Kindheit und Jugend, seines Mannesalters und öffentlichen Wirkens bis hin zu den letzten Etappen seines Lebens auf Erden (Passion, Auferstehung, Erscheinungen und Himmelfahrt) zu folgen.

An dieser Stelle soll unser Ziel jedoch lediglich darin bestehen, einige der Fragestellungen anzuschneiden, die sich aus der Problematik, mit der wir uns beschäftigen, ergeben (s. o., Einleitung): Wodurch unterscheidet sich die Gottesdarstellung der Maler und Bildhauer von dem Bild Gottes, das durch den Katechismus, die Liturgie, die Theologie oder die Spiritualität vermittelt wird? Durch welche Merkmale weicht sie von einer getreuen Illustration der Evangelienberichte ab, um das darin unerwähnt Gebliebene zu ergründen und zu erschließen? Um ein Beispiel zu nennen: Welche körperliche Erscheinung haben diese „Bilderfinder" Jesus verliehen, wo doch jede diesbezügliche Angabe im Neuen Testament fehlt (1)? Stimmt das Alter, das sie ihm gegeben haben, mit den Angaben in den vier Evangelien überein (2)? War es selbstverständlich, dass der Erlöser der Welt an ein Kreuz genagelt, leidend, sterbend, tot oder als Leichnam dargestellt wurde? Stellte man sich vor, dass Gottvater gegenüber dem Leiden seines einzigen Sohnes gefühllos geblieben war, oder spiegelt das Gesicht des Vaters das Leiden des Sohnes wider (3)? Gerade in dieser Hinsicht weist die Gottesdarstellung der Künstler kühne Besonderheiten auf. Dasselbe gilt auf einer anderen Ebene für das Thema der Sexualität Christi, das von der christlichen Theologie und Spiritualität oft mit einer Zurückhaltung behandelt wurde, die einem Ausweichen, wenn nicht gar einem völligen Totschweigen nahekam

(4). Sagen wir es rundheraus: Wir stellen die Behauptung auf und streben auch den Beweis dafür an, dass die Künstler in ihrer Betrachtung Gottes unter anderem auch das von den Theologen nicht Gedachte denken ließen.

1. Das sichtbar gewordene Unsichtbare

Man könnte zu der Annahme gelangen, dass die Phasen der Geschichte des Unsichtbaren vor seinem „Herabsteigen“ auf die Erde, für die es keinerlei Belege gibt, der Vorstellungskraft der Maler einen komfortablen Handlungsspielraum gelassen hätten, während die Darstellung der Ereignisse nach der Inkarnation der einschränkenden Kontrolle der Berichte in den Evangelien unterworfen waren. Nun bewahren diese Berichte allerdings häufig Stillschweigen, und Dichter, um ein Beispiel zu nennen, haben sich nicht gescheut, die narrativen Lücken der Evangelien zu füllen. Der künstlerischen Phantasie waren weitreichende Freiheiten gelassen, sogar dann, wenn es sich um die verschiedenen Etappen des Lebens des Immanuel, des „Gott unter uns“ handelte.

Das mag überraschend scheinen. Ein Faktor, der möglicherweise dazu beigetragen hat, war das Fehlen von Quellen, die Auskunft über die körperliche Erscheinung Jesu von Nazaret geben. In dieser Hinsicht nimmt Jesus gegenüber anderen Religionsstiftern, wie etwa Siddharta Gautama Buddha oder Muhammad, eine einzigartige Stellung ein.[273] Am Anfang, in der frühchristlichen Kunst, hat Jesus das Aussehen eines beliebigen Mannes, irgendeines Zeitgenossen der Maler oder Bildhauer. Er ist eine „Allerweltsfigur“. Seine Gestalt ist noch nicht individualisiert. Nicht persönliche Züge ermöglichen es, ihn auf Sarkophagen oder Wandmalereien in den Katakomben zu erkennen, sondern seine zentrale Position, wenn er in Begleitung auftritt, umgeben von den Aposteln oder Jüngern, oder die Gesten innerhalb der Handlungen, wenn er Wunder wirkt. Die Kunst hat daraus einen Typus, kein Porträt gemacht. Seinem Aussehen an sich haftet nichts Außergewöhnliches an. Für den hl. Augustinus (354–430) war es die Gestalt als Knecht *(forma servi)*, unter der Christus sichtbar war, das heißt, die Gestalt eines Menschen unter Menschen. Gegenstand staunender Verehrung seitens der Christen in der Antike war nicht das Außergewöhnliche seiner körperlichen Erscheinung, sondern vielmehr, dass er überhaupt eine Gestalt besaß und sich hatte entscheiden können, eine solche „anzunehmen". Das Wunder besteht also darin, dass Gott sich als einfacher Mensch gezeigt hat, dass er, der „Unermessliche" und „Unfassbare", sich darauf eingelassen hat, in der Begrenztheit eines menschlichen Körpers umrissen und erfasst zu werden.

Es ist wahr, dass im Laufe der späteren Jahrhunderte, insbesondere nach der Entfaltung der Ikonenkunst und der Verbreitung der Legenden um die Acheiropoíeta (Bilder, die nicht von Menschenhand gemacht sind, sondern von einem unmittelbaren Abdruck des Gesichts oder Körpers Christi auf einem Gewebe herrühren), das Bild Christi eine gewisse Homogenisierung erfuhr, so dass der Eindruck entstand, die unterschiedlichen „Inkarnierten-Unsichtbaren" in der Kunst seien alle miteinander verwandt.[274] Das ist allerdings ein oberflächlicher Eindruck, der durch die Untersuchung einer einzelnen Bildgruppe, sei es auch nur über einen kurzen Zeitraum, schnell zerstreut wird, wie sich leicht anhand des Beispiels des Heiligen Antlitzes beweisen lässt.[275] Tatsächlich ist die Darstellung Gottes in der Malerei wandelbar und das ist logisch, stellt sie doch sozusagen ein *no law's land* dar, einen Raum ohne Regeln oder ohne gesichertes Modell. Man kann in diesem Zusammenhang nicht einmal von einer Regelabweichung sprechen, denn es hat nie eine Regel gegeben, abgesehen von der einen, der Regel des Christomorphismus. Deren blinder Fleck besteht eben darin, dass sie nicht präzisiert, wie das inkarnierte Unsichtbare auszusehen habe; sie erinnert lediglich daran, dass Christus in Knechtsgestalt in Erscheinung trat, unter der er seine göttliche Gestalt verbarg.[276]

A. Wie sah Jesus aus?

Augustinus von Hippo vertrat die Ansicht, dass die Kirche nicht wisse, wie Jesus ausgesehen habe, und die Wahrheit über ihn keinesfalls durch die Malerei, sondern durch die Heilige Schrift zu erwarten sei[277] – keiner der zeitgenössischen Kirchenväter hat ihm widersprochen. Epiphanius von Salamis (um 315–403) erklärte seinerseits: Hätte Christus wirklich ein besonderes Aussehen besessen, dann hätte Judas ihn nicht küssen müssen, um ihn dem begleitenden Trupp kenntlich zu machen (Mt 26,14).[278]

Wie dem auch sei, die ersten genauen Beschreibungen der Person Christi datieren nicht vor dem 6. Jh. Sie gehören in das Reich der Legenden. Die berühmteste war durch den Brief des „Publius Lentulus", des Statthalters von Judäa und vermeintlichen Vorgängers von Pontius Pilatus, an Octavius Caesar verbreitet worden: „In unseren Tagen trat ein Mann von großer Tugend auf und wohnt noch immer unter uns, den das Volk den Propheten der Wahrheit nennt, den seine Jünger jedoch Sohn Gottes nennen [...]. Er ist von recht großer Statur *(procerus)* und ansehnlich *(spectabilis)*, er hat ein ehrfurchtgebietendes Gesicht, das diejenigen, die ihn sehen, [zugleich] lieben *(diligere)* und fürchten *(formidare)* können. Seine Haare haben die Farbe frischer Mandeln *(nucis avellane)* und sind glatt bis zu den Ohren; von den Ohren ab sind sie etwas kraus, dunkler *(ceruliores)*, glänzend und fallen gewellt auf die Schultern herab, mit einem Scheitel auf dem Oberkopf in der Art der Nazarener" usw. Dieser Brief geht als Bericht eines Augenzeugen durch, kann aber nicht vor dem 13. Jh. entstanden sein.[279]

In Wirklichkeit scheint das Aussehen Jesu seine Zeitgenossen nicht beeindruckt zu haben. War er klein, von mittlerer Statur oder groß? Wie war seine Physiognomie? Und sein Körperumfang? War er dünn oder dick? Stellt man sich diese Fragen, wird einem bewusst, dass man überrascht wäre, Darstellungen von einem Jesus zu sehen, der so dick wie manche Buddhafiguren wäre – in diesem Punkt blieben die Völker des Abendlandes dem antiken Schönheitsideal treu, das keinen Raum für Rundungen ließ, es sei denn zu Zwecken des Spottes. Es gibt jedoch keine Gewissheit weder hinsichtlich seiner Größe noch hinsichtlich der Farbe seiner Haare oder seiner Augen. Egal ob es sich um die Evangelien oder die Apostelbriefe handelt, die Texte schweigen zu diesem Thema, was bestätigt – sofern das noch nötig ist –, dass sie nichts mit einem literarischen Porträt gemein haben, wenngleich dieses Genre zu jener Zeit sehr wohl existierte. Kein einziger Text berichtet, dass Jesus schön gewesen sei, wie manch anderer Jude vor ihm für schön gehalten wurde, beispielsweise sein Vorfahre David.[280] Aber das ist das Los vieler berühmter Persönlichkeiten der antiken Welt, von denen wir praktisch keine Angaben zu ihrer physischen Erscheinung haben, und wenn doch, dann nur sehr vage und wenig verlässliche.

Aufgrund dieser visuellen Unbestimmtheit schrieb man ihm in den apokryphen Texten, in der hagiographischen Literatur, in den theologischen Texten und – zumindest über mehrere Jahrhunderte – in der bildenden Kunst ein sehr unterschiedliches Aussehen zu. Diese Vielfalt weist zwei grundlegende Aspekte auf, die zum einen sein Alter, zum anderen seine Schönheit bzw. Hässlichkeit betreffen. Dabei versteht es sich von selbst, dass sowohl sein Alter als auch sein Aussehen in den Darstellungen je nach Umständen variieren konnten. Die Veränderlichkeit des Erscheinungsbildes Jesu war daher nicht nur Ausdruck unterschiedlicher Meinungen, sie wurde vielmehr häufig für eine Eigenschaft seines Körpers selbst erachtet. Diese Unschlüssigkeit war aber nur von kurzer Dauer. Was die Kunst angeht, so schwankte sie nicht hinsichtlich der ästhetischen Qualität des inkarnierten Unsichtbaren: Sie stellte ihn sich schön, hochgewachsen und schlank vor und verlieh ihm einen wohl proportionierten Körper, wie Giovanni di Paolo, der einen bereits bei seiner Taufe, die schließlich einem vierzigtägigen Fasten voranging, spindeldürren Christus ersann (Bildhinweis 11)[281]. Dasselbe gilt für den *Altar von Boulbon* (Bildhinweis 12) oder die *Pietà von Villeneuve-lès-Avignon* (Bildhinweis 3), die einen misshandelten, aber vollkommenen Körper zeigen. Und auch auf dem *Isenheimer Altar* des Matthias Grünewald ist der Gekreuzigte, wenngleich schrecklich geschunden, ein Mann von kraftvoller und beeindruckender Statur, die über das Normale hinausgeht. Häufig überragt Christus im wörtlichen und nicht nur im übertragenen Sinne, sowohl an Körpergröße als auch an Noblesse, all jene, die ihn umringen, um Haupteslänge. Hier war die Macht des Schönen stillschweigend, aber eindringlich am

Werke, die jahrhundertelang uneingeschränkt die Darstellungen der Gestalten der biblischen Geschichte in den bildenden Künsten bestimmte – mit Ausnahme des Teufels und seiner Gefolgschaft, die seit dem 11. Jh. zur Hässlichkeit verdammt waren, sofern sie nicht gerade als Verführer dargestellt wurden.[282] Dass Gott in den Darstellungen der Maler groß, wohl proportioniert, von nobler Erscheinung und würdevoll sein sollte, nicht zu dünn und nicht zu dick, ist allerdings nie von einem Papst oder auf einem Konzil – *urbi et orbi* – verkündet worden. Es ist typisch für die ikonographische Tradition, zumindest bis in die zweite Hälfte des 19. Jh.s, dass man sich ohne zu zögern für einen schönen Gott entschied, wie in Amiens[283], für einen Gott, der nicht nur ein Mensch, sondern ein schöner Mensch geworden war: „ein schönes Kind", ein schöner Jüngling, ein schöner reifer Mann. Er verkörperte unter anderem nicht nur alle Eigenschaften eines idealen Menschentums wie: Empfindsamkeit, Aufmerksamkeit, Ernsthaftigkeit, Güte, Gerechtigkeit, Geduld – nicht weniger als das –, lange bevor das Konzil von Trient und die Kunst der Gegenreformation die „Züchtigkeit" zur Vorschrift machten und das Dekorum zur Regel erhoben wurde. Er ließ auch die Zukunft der Menschheit ahnen in einem Menschentum, das von jeglicher Sünde ausgenommen war (Hebr 2,17). Aber wie sieht ein Unschuldiger aus? Welcher Art sind die ästhetischen Auswirkungen der Abwesenheit von Sünde?

B. Polymorphismus des Christusbildes

Die Entscheidung, Jesus als schönen Mann darzustellen, resultierte keineswegs in Monotonie. Der von den Künstlern dargestellte inkarnierte Unsichtbare war nie stereotyp, sondern wurde ständig erneuert. Insgesamt betrachtet, erschien „Gott-Christus" in den unterschiedlichsten Gestalten, denn die Darstellungen Christi sind zahllos und immer in den Lebensumständen und dem Lebensgefühl einer Epoche und Region verwurzelt und in diese kulturell eingebunden. Variiert wurden vor allem das Alter (Christus ist als kleines Kind, als junger und reifer Mann, aber auch als Greis dargestellt worden; s. u. IV, 2), die ästhetische Erscheinung (als Jüngling, als schöner oder auch im Gegenteil als entstellter Mann), die Kleidung und der ethnische Typus (Jude, Römer, „schöner Palästinenser“ und schließlich Europäer; es gibt Christusfiguren von griechischem, römischem, italienischem Aussehen, mit keltischen, germanischen oder nordischen Zügen, oder er ähnelte einem von uns, war gallisch, also typisch französisch; es gibt aber auch Darstellungen Christi als Afrikaner oder Chinese und mehrmals sogar als Frau, beispielsweise jene *Christa,* die Statue einer nackten Gekreuzigten mit vollkommenem Körper, die 1984 mit Unterstützung des örtlichen Geistlichen in der Kathedrale St. John the Divine in Manhattan ausgestellt wurde, die jedoch heftigen Widerstand bei den Gläubigen hervorrief).[284] Doch bedeutsamer sind die Veränderungen der szenischen Darstellungen, des zwar mehr oder weniger stereotypen, aber nach den Erfordernissen modifizierten Kompositionsschemas, des formalen Typus der Christusdarstellung: als Thaumaturg, als Philosoph, als Gärtner am Ostermorgen und als Pilger am Osterabend, als Kaiser oder als Gott des römischen Pantheon (oft ist man unschlüssig, wie diese oder jene Figur auf Münzen zu identifizieren ist, ob als Kaiser oder als Gott, denn es gab keinen bestimmten Typus für das Erscheinungsbild römischer Gottheiten), als Pantokrator („Herrscher des Universums“), als Priester, Bischof oder Papst, als Engel oder Erzengel, aber auch als Dichter, als Arbeiter, als Gewerkschaftler, brasilianischer Bauer usw. Die Liste ist lang, wenngleich auch sie ihre Grenzen hat (Jesus Christus im Anzug oder im Blaumann). Es versteht sich von selbst, dass nur einige dieser historischen Ausgestaltungen seine Göttlichkeit hervorheben; und die Mehrzahl derjenigen, die die Göttlichkeit Christi und die Universalität seines erlösenden Wirkens betonen wollen, tun sich schwer damit, ihn als Juden darzustellen … Eine mögliche und glückliche Ausnahme wäre hier Rembrandt mit seiner Serie von Porträts Jesu, für die ein junger Jude aus Amsterdam als Modell von ihm bezahlt wurde.[285]

Das Christus gegebene Aussehen ist nicht schlagartig mit der zahlenmäßigen Zunahme seiner Darstellung festgelegt worden.

Weit gefehlt! Man spricht aus gutem Grund vom „Polymorphismus“ der Gestalt Christi[286], dem ikonographischen Pendant zur Polymorphie in der Literatur. Die Entwicklung, die diese beiden Arten des Polymorphismus genommen haben, kann an dieser Stelle nicht dargelegt werden. Zur Vereinfachung sei gesagt, dass in den bildenden Künsten ungefähr zwei Jahrhunderte lang zwei Christus-Typen nebeneinander existierten, manchmal sogar im selben Gebäude. Einerseits ist es der bärtige Christus in reifem Alter, der um die Mitte des 4. Jh.s in Erscheinung trat, wie etwa in der Katakombe der Heiligen Marcellinus und Petrus (s. o. Abb. 2), der sich unter anderem von der antiken Darstellung des lehrenden Philosophen ableitet. Andererseits gibt es die Gestalt des bartlosen Christus, der in den alttestamentlichen Szenen und in den Darstellungen der (von ihm gewirkten) Wunder auf den Sarkophagen und in den Katakomben des 4. Jh.s dominiert – das Relief mit der Darstellung der *traditio legis* auf dem Sarkophag des Junius Bassus (s. o. Abb. 6) ist dafür ein gutes Beispiel.

Es scheint auch, als habe man nicht versucht, diese Vielfalt im Aussehen durch die Obrigkeit einzuschränken. Hat man eine theologische Berechtigung dafür gefunden? Es spricht zwar nichts gegen diese Annahme, doch es gibt auch keine Quelle, die sie mit Gewissheit bestätigt. Rückblickend ist man versucht, den Theologen des späten 4. Jh.s Gedankengänge wie diesen zu unterstellen: Da Gott nicht darstellbar ist, greift man logischerweise auf verschiedene Formen zurück, von denen jedoch keine imstande ist, sein Wesen in adäquater Weise darzustellen. Die Darstellung der Göttlichkeit Christi war nicht das vorherrschende Anliegen. Was zählte, war vorrangig die Darstellung Christi in seiner „normalen“ menschlichen Gestalt. Alle antiken Autoren stimmen darin überein, dass man die Göttlichkeit nicht darstellen könne, denn diesen Aspekt Christi hatte niemand gesehen. Somit zeigte man seine Menschheit und sein göttliches Handeln und nichts anderes.

Das Korrelat dieses Polymorphismus der physischen Erscheinung Christi besteht, zumindest im Abendland, im dauerhaften Fehlen eines „kanonischen Bildes“ Christi, das über die Jahrhunderte und alle Stilwandel hinweg erhalten bleiben sollte.

2. Gott in der Zeit: Die Lebensalter des Mensch gewordenen Gottes

Die Inkarnation hat ihre eigene Logik: Wenn Gott wirklich Mensch geworden ist, dann hat er verschiedene Phasen der Existenz durchlaufen, die von der Empfängnis im Schoß der Mutter bis zur Aufnahme in den Schoß Erde nach seinem Tode reichten.[287] Und da auch die Malerei ihre Logik besitzt, nämlich die der gedanklichen Erforschung des Darstellbaren, in diesem Falle der sichtbaren Facetten des inkarnierten Unsichtbaren, erstaunt es nicht, dass jeder Moment seines Lebens, ob belegt oder nicht, Gegenstand „bildlicher Heimsuchungen" geworden ist, so dass die überreichen Archive des Gottes der Künstler uns erlauben, den Spuren Jesu von Nazaret vom Anfang bis zum Ende zu folgen. Wie eingangs erwähnt, geben wir im Folgenden Kunstwerken den Vorzug, die weniger illustrativ sind, dafür aber das Problem verdeutlichen. Es kommt jedoch vor, dass gewisse Werke beide Eigenschaften in besonderem Maße vereinigen …

A. Jesus im Schoße Marias

Den eigentlichen Prozess der Inkarnation des Sohnes, so wie er in den bildenden Künsten dargestellt worden ist, haben wir in den letzten beiden Kapiteln untersucht. Wir sind ihm just bis an die Schwelle der Empfängnis in Maria gefolgt. Einige wenige Werke werden genügen, um zu zeigen, dass die Darstellung der Ereignisse bis zu Christi Geburt sich lückenlos gestaltete. Tatsächlich gibt es Werke, die die sichtlich schwangere Jungfrau zeigen oder, wie auf den Ikonen, ein Brustbild Jesu in einer *imago clipeata* (einem Rundbild in Form eines kleinen Schildes, eines *clipeus*) vor dem Leib tragen – es handelt sich dabei um die *Platytera* oder „Muttergottes vom Zeichen".[288] Andere Werke im Abendland weisen ab dem 14. Jh. das Motiv des im Maßstab verkleinerten Jesus auf, der auf ihren Leib gemalt (in ihn eingelassen) ist. Seit dem 15. Jahrhundert wird das nackte ungeborene Kind manchmal durch die von Strahlen umgebenen Buchstaben IHS[289] ersetzt, die auf den Oberkörper Marias gemalt wurden. Haben diese Darstellungsweisen die Missbilligung der Kirche während der katholischen Gegenreformation hervorgerufen? Mit Ausnahme des letztgenannten Typus sind sie seit dem 16. Jahrhundert in der Tat selten geworden.

Es gibt nur wenige Darstellungen, deren Hauptmotiv die schwangere Maria ist. Sie treten jedoch seit dem späten Mittelalter in Erscheinung. Die bekannteste ist vielleicht Piero della Francescas *Madonna del parto,* eine um 1455 ausgeführte Wandmalerei hinter dem Hauptaltar der Kirche Santa Maria di Nomentana in Monterchi, in der Nähe von Arezzo (Toskana).[290] Gewiss, Jesus ist hier noch nicht zu sehen. Doch geht man keinen schlechten Tausch ein: Die zweifache Hervorhebung des gewölbten Leibes dieser kräftigen Frau durch ihre Hand, die in den Schlitz ihres über einem weißen Unterkleid geöffneten Gewandes gleitet, und durch die beiden Engel, die den Vorhang des Baldachins zur Seite ziehen, ist ein überzeugendes Zeugnis für die Anwesenheit des Sohnes des Allerhöchsten in ihr und verleiht dieser Schwangerschaft eine unvergleichliche Würde, ohne sie deshalb der Sinnlichkeit zu berauben. Die Logik eines solchen Gemäldes musste und hat in der Tat zu Statuetten angeregt, die mit einem „Bullauge" versehen sind, durch das man den ungeborenen Jesus erkennen kann (dieses Schema des heiligen Mannes oder der heiligen Frau, die durch ihre Heiligkeit zum „Tabernakel des Göttlichen" geworden sind, hat beispielsweise im Buddhismus vergleichbare Statuen hervorgebracht).

Nebenbei sei angemerkt, dass Jesus in diesem Kontext niemals in der Haltung eines Fötus dargestellt worden ist, zumindest soweit bis heute bekannt. Die Darstellung des Kindes im Schoße seiner Mutter ist sehr alt: Eine Figur der schwangeren Göttin Nout ziert das Grab Ramses' VI. (der 1145–1137 v. Chr. regierte) in Theben.[291] Doch Leonardo da Vinci könnte der erste gewesen sein, der auf realistische Weise die Gestalt des Fötus im Uterus dargestellt hat, was bis dahin im Repertoire der Künstler keine Rolle gespielt hatte. Wenn die Maler Jesus *ante partum*, nach der Verkundigung und vor der Geburt, darstellten, zeigten sie ihn nicht etwa zusammengerollt, sondern im Schneidersitz mit geöffneten Augen und manchmal segnend. So erscheint er im Westen wie im Osten seit dem 14. sowie im 15. Jh. in einigen Darstellungen der Heimsuchung: Neben Maria und ihrer Cousine Elisabet, beide schwanger, zeigen diese Werke innerhalb der Silhouette ihrer Körper die gewagte Darstellung der Frucht ihrer Leiber – zwei „transparente Schwangerschaften".[292]

Auf dem Gemälde des Conrad Witz, dessen linke Partie mit einem Konsilium der Erlösung bereits besprochen wurde (s. o. Kap. II, 3), erkennt man auf der rechten Seite unten (und das mit Bedacht) eine Heimsuchung (Bildhinweis 7).[293] Die beiden schwangeren Frauen stehen einander gegenüber, so dass ihre Begegnung die der Kinder, die sie in sich tragen, ermöglicht. Noch bevor sie geboren sind, benehmen sie sich mit protokollarischem Gespür. Denn Jesus sitzt im Schneidersitz segnend im Schoße seiner Mutter, während Johannes der Täufer kniet und die Hände gefaltet hat. All dies ist so dargestellt, als wären die Leiber der beiden Frauen für sie wie für uns durchsichtig. Dasselbe gilt für einen Wandteppich aus dem Elsass, der als Altarbehang dienen sollte.[294]

So naiv sie auch scheinen mögen, diese Darstellungen sind ausgearbeitet genug, um die Überlegungen über die mittelalterliche Frömmigkeit hinaus auf spekulative Probleme zu lenken. Es ist unter den Theologen insbesondere des 20. Jh.s viel über das Bewusstsein Jesu als Mensch diskutiert worden. Wusste Jesus, dass er Gott war?[295] Auch die Literatur hat sich dieser Frage zugewandt, um die sich beispielsweise das gesamte Ränkespiel der *Letzten Versuchung* des Nikos Kazantzakis dreht. Ein Bild ist, ebenso wenig wie ein Roman, weder ein unumstößlicher Beleg noch ein Beweisstück. Die soeben erwähnten mittelalterlichen Werke können jedoch aus gutem Grund in dieser Debatte angeführt werden, denn sie scheinen zu bestätigen, dass Jesus bereits im Schoße seiner Mutter wusste, dass er Gott war und sich dementsprechend verhielt[296]; und Johannes der Täufer wusste im Schoße seiner Mutter ebenfalls, wie er sich zu verhalten hatte. Dies muss jedenfalls die Überzeugung der Künstler und Auftraggeber gewesen sein. Diese Ikonographie erlaubt die Vorstellung, dass es erlaubt sei, bei den Worten Elisabets an Maria zwischen den Zeilen zu lesen: „In dem Augenblick, als ich deinen Gruß hörte, hüpfte das Kind vor Freude in meinem Leib“ (Lk 1,44). Doch endet das Hüpfen in einem Kniefall.

B. Das Alter Christi bei der Taufe im Jordan

Maler und Bildhauer haben sich nicht damit begnügt, den Ewigen in verschiedenen Lebensaltern darzustellen. Sie haben ihm, wissentlich oder nicht, eine weitere, weniger rationale Beschränkung auferlegt, nämlich die der symbolischen Wahrnehmung des Lebensalters, die sich von Epoche zu Epoche entwickelt und sich je nach Region ändert. Daher rühren die Wertekonflikte innerhalb ein und desselben Bildraumes.

Die Taufe Christi durch Johannes den Täufer konnte noch so ausführlich durch die Berichte der Evangelien überliefert sein, das hinderte die Künstler nicht daran, den in die Wasser des Jordan eingetauchten Christus in einem Alter darzustellen, das die ausdrückliche Genauigkeit des Evangelisten Lukas („Jesus war etwa dreißig Jahre alt, als er zum ersten Mal öffentlich auftrat.“ Lk 3,23) in den Wind zu schlagen scheint. Tatsächlich entspricht die Gestalt Jesu in der Mehrzahl der Darstellungen dieser Szene aus dem 4. und 5. Jh. und noch in einer Reihe späterer Beispiele der eines Jünglings oder noch jungen Mannes von kleinerer Gestalt, und nicht der eines jungen Mannes, der bereits seine volle Körpergröße erlangt hat. Dies ist sowohl in der Katakombe der Heiligen Marcellinus und Petrus der Fall, als auch auf der Anfangsseite des *Etschmiadsin-Evangeliars* aus dem frühen 7. Jh. In diesem Bildkontext trat Christus bereits ab dem 6. Jh. als Erwachsener auf, in einem der beiden Baptisterien in Ravenna, nämlich dem der Or-

Abb. 25: Kuppelmosaik, Baptisterium der Arianer, Ravenna

thodoxen, doch erst im 11. Jh. wurde dies zur Regel.[297] Der Täufling im Baptisterium der Arianer ist noch ein Jüngling (Abb. 25).

Im *Egbert-Evangeliar* ist der Größenunterschied zwischen dem Täufer und Jesus und vor allem der Altersunterschied zwischen beiden bemerkenswert. Noch im 12. Jh. ist auf einem Werk wie dem Taufbecken des Reiner von Huy in St. Barthélemy in Lüttich Jesus als ganz junger Mann dargestellt.[298] Danach gibt es, insbesondere in der Vielzahl der Darstellungen der Taufe Christi aus der Zeit der Gotik, keinen bedeutenden Größenunterschied zwischen den beiden Hauptdarstellern mehr, man findet im Gegenteil sogar Werke, die einen Jesus zeigen, der etwas größer als der Täufer ist: so auf einer Elfenbeintafel aus dem ersten Drittel des 14. Jh.s im Louvre (Abb. 26).[299]

Die offensichtliche Anomalie, die in der frühchristlichen Kunst zu Tage tritt, lässt sich nicht auf eine Unkenntnis der Heiligen Schrift oder eine Nachlässigkeit der Künstler zurückführen. Vielmehr erwuchs sie allem Anschein nach aus dem vorrangigen Be-

Abb. 26: Elfenbeintafel, Louvre, Paris

streben, das Verhältnis zwischen Meister und Jünger zu betonen, auf dem Jesus bei dieser Begebenheit bestand, indem er Johannes aufforderte, ihn zu taufen. Dieser Vorgang bedeutet, dass er ihm Treue gelobte und sich zu seinem Jünger erklärte. Und ein Jünger, so sagt Jesus selbst in den Evangelien, „ist nicht größer als sein Herr" (Joh 15,20), was in Erinnerung ruft, dass er der Geringere ist. In der frühchristlichen Malerei wurde diese vermeintliche Unterlegenheit in physische Größe umgedeutet durch einen Jesus, der deutlich kleiner als der Täufer ist und so paradoxerweise von eben jenem überragt wird, der gesagt hatte: „Der aber, der nach mir kommt, ist stärker als ich" (Mt 3,11). Der Täufer wusste sehr wohl, dass Jesus „stärker war" als er, das hatte er klar und deutlich ausgesprochen und sich aus diesem Grunde auch zunächst geweigert, ihn zu taufen (Mt 3,14): Er hielt sich nicht einmal für würdig, ihm die Schuhe aufzuschnüren. Doch hatte Jesus ihn dazu gezwungen, an ihm die Taufe der Buße zu vollziehen, um mit gutem Beispiel voranzugehen: „Und wer bei euch der Erste sein will, soll euer Sklave sein" (Mt 20,27). Allein diese Betonung der paradox hierarchischen Beziehung zwischen Jesus und dem Täufer erklärt derartige Darstellungen der Taufe, in denen Jesus lediglich halb so groß dargestellt ist wie sein Cousin, obwohl der Altersunterschied zwischen ihnen nur sechs Monate betrug. Man musste bis zur Kunst der Katholischen Reform warten, die die Gefilde einer im Wesentlichen symbolischen Kunst, wie es die Kunst des Mittelalters war, hinter sich ließ, um die Übereinstimmung mit der Geschichte und den Berichten der Schriften zur allgemeinen Richtlinie und zum obersten Gebot für die religiöse Kunst zu erheben, ja sogar zum Prüfstein für die Verlässlichkeit eines religiösen Kunstwerks.

C. Jesus als Greis?

In den theologischen Überlegungen des vergangenen Jahrhunderts wurde so manches Mal darauf aufmerksam gemacht, dass, obwohl das Wort Gottes die menschliche Natur angenommen und gelitten habe, es dennoch von den Prüfungen, die das Alter mit sich bringt, verschont geblieben sei. Da Jesus zum Zeitpunkt seiner Taufe ungefähr dreißig Jahre alt war und sein öffentliches Wirken drei Jahre dauerte, war er um die dreiunddreißig Jahre alt, als man ihn zum Tode verurteilte – das ist den Berechnungen des Augustinus zufolge auch das Alter, in dem man am Ende der Zeiten auferstehen wird, weil es hieß, in diesem Alter sei der körperliche Zustand am besten. Daher erscheint es nur logisch, daraus die Legitimation abzuleiten, Jesus wenn schon nicht im Alter seines öffentlichen Wirkens nach seinem Leben im Verborgenen in Nazaret, so doch zumindest in einem beliebigen Alter darzustellen, solange es zwischen dem eines Neugeborenen und eines Dreißigjährigen lag. Im Umkehrschluss hätte es überhaupt keinen Sinn, ihn als Greis darzustellen, außer vielleicht aus symbolischen Gründen, um in ihm das Ewige anzudeuten.

Auf einem byzantinischen Diptychon des 6. Jh.s, das sich in Berlin befindet, ist der Darstellung einer Jungfrau mit Kind der thronende Jesus als Greis (Abb. 27) gegenübergestellt, flankiert von den betagten Petrus und Paulus, deren zerfurchte Gesichter im Gegensatz zum glatten Antlitz der Jungfrau stehen.

Die Erklärung für sein hohes Alter ist wahrscheinlich im Philosophen-Vorbild zu finden. Der thronende und lehrende Christus in der Reife der Weisheit ist ein Pendant zum Christuskind auf den Knien Marias.[300] Einige recht überraschende Darstellungen aus dem frühen 15. Jh. zeigen den Sohn und den Vater als Greise, stehend und die Weltkugel tragend: So in einer Miniatur der *Petites Heures du Duc de Berry*.[301] Muss man hier von einer Übertragung der Figur des Vaters als Greis auf den Sohn sprechen? Oder sollte man vielmehr eine Verbindung zwischen der Wertschätzung hohen Alters und der traumatisierenden Erfahrung der großen Pest in den 1350er Jahren herstellen, die eine Veränderung der Symbolik ausgelöst oder beschleunigt haben könnte durch den Umstand, dass die Alten besser als alle anderen Altersgruppen der Bevölkerung der Epidemie widerstanden? Bis dahin war es die Jugend gewesen, über die die Zeit keinen Einfluss hatte und die meistens als Emblem für die Ewigkeit gedient hatte.

Abb. 27: Byzantinische Elfenbeintafel, Staatliche Museen zu Berlin

Das hohe Alter übte nun also Revanche, und das ungefähr fünf Jahrhunderte lang.[302]

Dem Motiv „Christus als alter Mann" begegnet man auch in gewissen Darstellungen der Parusie (vom griechischen *parousia*, „Gegenwart": die Wiederkehr Christi, die der Geschichte der Menschheit ein Ende setzt). Matthäus verkündet, dass der Menschensohn am Ende der Zeiten in Herrlichkeit zurückkehren und damit das Signal für die allgemeine Auferstehung geben wird: „und sie werden den Menschensohn mit großer Macht und Herrlichkeit auf den Wolken des Himmels kommen sehen" (Mt 24,30). Diese Rückkehr oder das „zweite Kommen" Christi ist sehr häufig in der Kunst dargestellt worden. Der Christus zu diesem Anlass verliehene Titel „Menschensohn", dieser rätselhafte Ausdruck, mit dem Jesus, insbesondere wenn er die Parusie heraufbeschwört, von sich selbst in der dritten Person spricht und dabei vermeidet, sich als Sohn Gottes und Messias zu bezeichnen[303], diente den Künstlern als Anweisung, und sie zeigten keinerlei Unschlüssigkeit, welches Aussehen sie ihm geben sollten. Es war das des Mensch gewordenen Gottes oder jenes, das er bei Darstellungen seiner Himmelfahrt innehat, zumindest, wenn die Künstler sich an die Worte jener weiß gekleideten Männer hielten, die den Aposteln bei dieser Gelegenheit erklärten: „Ihr Männer von Galiläa, was steht ihr da und schaut zum Himmel empor? Dieser Jesus, der von euch ging und in den Himmel aufgenommen wurde, wird ebenso wiederkommen, wie ihr ihn habt zum Himmel hingehen sehen" (Apg 1,11).

Für gewöhnlich hat der Christus der Parusie dasselbe Alter und Aussehen wie der Christus der Himmelfahrt. Dies gilt für das *Jüngste Gericht* des Rogier van der Weyden im Hôtel-Dieu in Beaune, wo er elegant und voller Noblesse erscheint, oder auch für Michelangelos Fresko in der Sixtinischen Kapelle, das einen herkulischen Christus zeigt. Doch es gibt beachtenswerte Ausnahmen. Eine solche bildet die ganzseitige Darstellung des Weltendes im *Rohan-Stundenbuch* (Bildhinweis 13), wo „Christus einen langen weißen Bart hat und seine weißen Haare die eines Greises sind, wahrscheinlich um in Erinnerung zu rufen, dass, der Apokalypse zufolge, der Menschensohn ‚Haare [...] weiß wie weiße Wolle, leuchtend weiß wie Schnee' (Offb 1,14) haben wird."[304] Der vorausgehende Vers ergänzt dazu, dass in der Vision des Johannes auf Patmos der Menschensohn in ein langes, in der Taille mit einem goldenen Gürtel gerafftes Gewand gekleidet war, usw. Von diesen anderen Beschreibungen gibt es im *Rohan-Stundenbuch* aber keine Spur. Die religiöse Ikonographie bediente sich üblicherweise einer solchen Verpflanzung eines Motivs aus seinem ursprünglichen Zusammenhang in einen anderen Kontext – daher rührt der Überraschungseffekt angesichts des weißen Haares unter der Dornenkrone, einer ergreifenden und außergewöhnlichen Verbindung.

3. Der Leidensunfähige wird leidensfähig

A. Wer hat gelitten?

Man kann sich fragen, ob der Gott, von dem die Bibel kündet, dass er sich mitunter eifersüchtig und jähzornig zeigen kann, und den sie ohne Zurückhaltung in anthropomorphen Begriffen beschreibt, leiden kann. Infolge der Hellenisierung des Christentums entlehnte die christliche Theologie, um die Gottheit zu denken, der griechischen Philosophie die charakteristischen Konzepte des Göttlichen, vorrangig jenes der *apatheia:* Gott wird für leidensunfähig erklärt, er könne nicht leiden – so dass die Vorstellung einer Verletzung Gottes – nebenbei gesagt – nahezu undenkbar ist. Wenn man auch unschwer annehmen kann, dass Gott in denen, die er liebt, verletzlich ist, so besteht doch kein Grund zu denken, dass Gott „als er selbst" verwundbar wäre, da seine Transzendenz und Ewigkeit ihn gänzlich unantastbar machen. Aber von dem Moment an, da Gott Mensch, wahrhaftig Mensch geworden ist, kann er sich dem nicht mehr entziehen: Der Mensch gewordene Gott ist Hunger und Durst, Erschöpfung, den Gefühlen im Allgemeinen sowie dem Schmerz ausgesetzt. Man konnte sogar behaupten, zumal in Zeiten, in denen der christliche Glaube gleichbedeutend mit einem kargen Leben war, dass Jesus nie gelacht hat[305], was zunächst unwahrscheinlich erscheint und zum Nachdenken führt (Lacht das vollkommen glückliche und „vollendete" Wesen noch?). Aber niemand konnte verneinen, dass Jesus geweint hat, denn davon berichten die Evangelien; Jesus weinte nach der Nachricht vom Tod seines Freundes Lazarus, als er zu dem Ort kam, wo sie ihn bestattet hatten (Joh 11,35). Die Züge des Menschseins Jesu (die *anthropina,* wie Athanasius von Alexandria sagte: Hunger haben und zweifeln, weinen, nach Lazarus' Verbleib fragen müssen: Joh 11,34) haben im Übrigen eine wesentliche Rolle in den christologischen Debatten des 4. Jh.s gespielt. Was sein Dem-Leiden-Ausgesetztsein betrifft, so steht dieses ebenfalls außer Frage, nicht nur weil es eine unvermeidliche Implikation der *conditio humana* ist, sondern weil Jesus als das inkarnierte Wort erkannt ist, das eigens aus Liebe gekommen ist, um durch sein Leiden die Menschheit zu erlösen.

Dennoch ist nicht alles geklärt. Wer leidet in Jesus Christus, „dem wahren Gott und wahren Menschen", wird man fragen – wer, der Gott oder der Mensch? Ist es nur die menschliche oder auch die göttliche Natur oder ist es die Person aufgrund der hypostatischen Union, d.h. aufgrund der Vereinigung der beiden Naturen, der göttlichen und der menschlichen, in Jesus Christus? Man kann sich denken, dass der Anthropopathismus, also die Bekräftigung, dass der Mensch Christus gelitten habe, nie theologische Schwierigkeiten aufgeworfen hat. Im Gegensatz dazu musste der Theopaschismus, die Bejahung des „Leidens Gottes", der für ebenso gerechtfertigt und angemessen wie der Maria verliehene Titel „Mutter Gottes" gehalten wurde, um seine Durchsetzung kämpfen, indem er sich vom Patripassianismus abgrenzte, d.h. von der Unterstellung, dass der Vater selbst gelitten habe[306] oder, anders ausgedrückt, dass das Leiden Christi am Kreuz durch die Circuminsession der göttlichen Personen (ihre vollkommene Interpenetratio, ihre gegenseitige Inhabitation) den Vater nicht unberührt gelassen haben kann und sozusagen auf ihn sowie die Person des Heiligen Geistes zurückgefallen ist.[307] Man macht sich fast Vorwürfe, einen aufgrund seiner Abstraktion gleichermaßen kurzen wie trockenen Überblick zu geben. Zugleich aber ist ein solcher Abriss unerlässlich, um die theologische, ja spekulative Tragweite gewisser Darstellungen zu verstehen.

B. Vom triumphierenden zum leidenden Gekreuzigten

Mehr noch als die Beschneidung[308] war die Kreuzigung der bildliche Ort par excellence, an dem sich die Überlegungen der Theologen und der Maler zum Leiden Christi, ja zur Passion im Allgemeinen, trafen, angefangen beim Gebet am Ölberg bis hin zur

Kreuzabnahme. Dazu gehörte unter anderem auch die Dornenkrönung – ein ergreifendes Beispiel, das Jesus mit geröteten Augen zeigt, ersann Fra Angelico – und Christus an der Martersäule, eine Szene, die Antonello da Messina großformatig ins Bild setzte (Louvre).[309]

Die ersten Darstellungen der Kreuzigung traten vier Jahrhunderte nach dem Ereignis selbst in Erscheinung. Sie alle zeigen Christus ohne jegliche Anzeichen seiner Marter. Er hält seinen Kopf aufrecht und seine Augen sind geöffnet, er scheint unerreichbar für das Leiden zu sein. Als Beispiele seien die Elfenbeintafel aus London, das Relief aus Zypressenholz der Tür von Santa Sabina in Rom und die Kreuzigung des *Rabbula-Evangeliars* genannt. Doch konnte die christliche Kunst zweifellos nicht dabei bleiben, ohne sich dem Vorwurf des „Doketismus" auszusetzen, der Doktrin des „bloßen Scheins" (von *dokein,* scheinen) – die Doketisten und in der Folge gewisse Monophysiten beteuerten, dass Christus nicht wirklich am Kreuz gestorben sei. In dem Bestreben, Jesus, den Propheten Gottes, vor diesem schändlichen Tod am Kreuz zu bewahren, vertritt der Koran in demselben Sinne in vier Suren die Auffassung, dass ein anderer an Jesu statt gestorben sei, der ihn *in extremis* ersetzt habe.[310]

In der überaus reichen Geschichte der Kreuz- und Kreuzigungsbilder sind die wirklich von Schmerz charakterisierten Kreuzigungsdarstellungen vor dem 13. Jh. in der Tat selten. Im Gegensatz zur Theologie, die seit dem hl. Paulus allein das Kreuz Christi in den Mittelpunkt der Schriften, des Denkens und der Predigt stellte, scheint die Kunst eine fast unüberwindliche Scheu empfunden zu haben, das Bild eines leidenden Gottes zu schaffen – sozusagen ein bildliches Oxymoron. Es bedurfte mehrerer Jahrhunderte, um dieses Zögern aufzugeben, sowie, als unerlässliche Voraussetzung, der Abschaffung der Marter unter Theodosius. Doch vielleicht ist das jahrhundertelange Fehlen der Leidensspuren auf Gesicht und Körper des Gekreuzigten auch anders zu deuten: nicht als Folge eines Ausweichens oder Verweigerns, sondern vielmehr als Ausdruck einer bewussten Wahl, indem die Bejahung und Betonung des Sieges Jesu Christi über den Tod der Heraufbeschwörung des Leidens vorgezogen wurde. Sicherlich meinten die romanischen Künstler und ihre Ratgeber (um diese Epoche und dieses Beispiel zu nennen), dass die Darstellung eines leidenden Gekreuzigten das verschleiert hätte, was ihrer Meinung nach das Kreuz Christi paradoxerweise darstellen sollte, nämlich die leuchtende und völlige Gelassenheit dessen, der so weit gegangen war, sich selbst aus Liebe hinzugeben.

Der Gekreuzigte in der um 1230 entstandenen *Bible moralisée von Toledo* triumphiert noch. Für die Folgezeit kann man die Anzeichen einer zunehmenden Akzeptanz des Leidens des Mensch gewordenen Gottes seitens der Maler und Bildhauer nachvollziehen: den mit der Dornenkrone geschmückten Kopf, der sich zur rechten Schulter neigt, die Hände, die sich um die Nägel krampfen, das Blut, das rinnt und gerinnt, die Gesichtszüge, die sich tief eingraben, den Brustkorb, der hervortritt, die Spuren der Bleistücke der Geißelung auf dem entblößten Körper und so weiter. Zwischen dem 8. Jh. (*Sakramentar von Gellona:* die erste Darstellung des Blutes, das aus der offenen Seite strömt) und dem Anfang des 14. Jh.s ersannen die Künstler diese Motive, probierten sie aus, erweiterten und vervollkommneten sie, bis beispielsweise im Jahr 1307 im Mittelrheingebiet die Figur des leidenden Gekreuzigten entstand, die in der Kathedrale von Perpignan als *Dévot Christ* verehrt wird, oder um 1460 in Avignon die *Pietà* (Bildhinweis 3), die sich heute im Louvre befindet. Und dabei sollte es nicht bleiben. Der vorläufige Gipfel in der Darstellung eines vom Leiden gepeinigten menschlichen Körpers wurde in den Kreuzigungsbildern Grünewalds erreicht, insbesondere auf dem *Isenheimer Altar* in Colmar und noch eindringlicher bei der Kreuzigungsdarstellung in Karlsruhe; den Höhepunkt der Melancholie erreichten gewisse Werke, die berechtigterweise den Titel *debilitatio Christi*[311] tragen (und deren Melancholie offenkundig von Verzweiflung geprägt ist), eine andere Bezeichnung für „Christus im Elend“; Darstellungen, die ihn wenige Momente, bevor er ans Kreuz geschlagen wird, zutiefst melancholisch, sogar gänzlich niedergeschlagen zeigen.

C. Das Kreuz Christi und die Liebe des Vaters

Im oberen Teil eines um 1400 gemalten und in Siena verwahrten Tafelbildes hat Taddeo di Bartolo einen Gekreuzigten vor eine christomorphe Gottesgestalt platziert, allerdings nicht mehr zwischen deren Knie wie bei einem Gnadenstuhl, sondern in kleinerem Maßstab vor deren Brust.[312] Hat man hierin Gottvater zu erkennen, der über das Kreuz seines Sohnes meditiert, oder Christus, der über sein zukünftiges Opfer nachsinnt? Es ist erlaubt zu zögern. Im Übrigen eignet sich das Werk für eine noch weiter gefasste Interpretation. Man könnte meinen, der Gedanke an das Opfer des Sohnes sei ins Herz des Vaters eingeritzt und werde von der gesamten Trinität getragen, denn die Taube des Heiligen Geistes bildet auf diesem Gemälde das Bindeglied zwischen dem Vater und dem Sohn am Kreuz.

Ein ähnlicher Gedankengang drückt sich in einem bereits um 1370 von Nicoletto Semitecolo gemalten Tafelbild[313] aus, das eine beeindruckende Ruhe sowie eine konzentrierte Aufmerksamkeit in Verbindung mit unwiderruflicher Entschlossenheit ausstrahlt. Der Gekreuzigte hat lange, gewellte rote Haare und einen angegrauten Bart, seine Augen sind geöffnet, während sein entblößter Oberkörper die Wunde an seiner Seite sehen lässt. Nun wurde ihm diese erst durch die Lanze des Soldaten zugefügt, nachdem sein Tod festgestellt worden war (Joh 19,33). Das Bild zeigt demzufolge also einen Christus, den man als tot-lebendig bezeichnen könnte, der den Gegensatz zwischen Leben und Tod hinter sich gelassen hat. Gottvater ist hier als prunkvoll gekleideter, weißhaariger Greis von äußerster Würde dargestellt, wobei der Betrachter zum Zeugen des Leidens Gottes wird. Die Einheit von Vater und Sohn ist so eng, dass der Sohn in den Händen des Vaters gekreuzigt scheint, ihrer beider Gestus der ausgebreiteten Arme versinnbildlicht ihre gemeinsame Liebe und das Geschenk des Lebens, das sie gemeinsam machen. Der Wille des Sohnes, der sich für die Erlösung der Menschheit opfert, unterscheidet sich nicht von dem des Vaters, dem er so vollkommen gehorcht, dass beiden nur mehr ein einziger Wille zu eigen ist.

Es ist bemerkenswert, dass eine ähnliche Eingebung fünfeinhalb Jahrhunderte später, im Jahre 1932, den Dominikaner Marie-Alain Couturier, ohne dass eine unmittelbare Beeinflussung bekannt wäre, dazu veranlasst hat, für das Oratorium des Ordensmeisters eine Wandmalerei auszuführen, die sich heute im Kloster Santa Sabina auf dem Aventin in Rom befindet, wo sich der in den Händen des Vaters zurückgelassene Gekreuzigte zu diesem hinwendet, um mit ihm zu sprechen und sich ihm anzuvertrauen … Man kann noch mehrere andere Künstler der jüngeren Zeit nennen, die dasselbe Motiv gewählt haben, wie beispielsweise Remigio Soler[314] und Jean-Georges Cornélius, ein „Primitivist des 20. Jahrhunderts“, der in Vergessenheit geraten war, aber in unseren Tagen wieder zu Ansehen gelangt.[315]

Das um 1412 von Niccolò di Naldo da Norcia (s. o. III, 2, A) gemalte *Credo* im Museo dell'opera del Duomo in Siena[316] weist eine Inschrift mit folgendem Wortlaut auf: *„Deum de deo / lumen de lumine / deum verum de Deo vero* („Gott von Gott, Licht vom Licht, wahrer Gott vom wahren Gott“); „die Wesenseinheit von Gottvater und Gottsohn wird durch die vertikale Ausrichtung der beiden Gestalten hervorgehoben. [Der Vater, der eine Krone trägt, überragt den Sohn.] Sie sind von einer Mandorla aus Licht (die teilweise beschädigt ist) und zehn rotschimmernden Cherubim umgeben. Goldene Strahlen als Symbol des spirituellen Lichtes Gottes und seiner Herrlichkeit hüllen die Gestalt des Sohnes ein. Die Haltung der Hände des Vaters [erhoben und über dem Sohn angeordnet] könnte als Segensgestus oder als Bestätigung der Sohnschaft Christi gedeutet werden. [Diese Geste erinnert auch an die, die die Priester über dem Haupt des zu Ordinierenden während der Priesterweihe vollziehen.] Die geöffneten Hände des Sohnes bedeuten, neben der Geste der Demut und dem damit verknüpften [wie die Arme] nach unten gerichteten Blick die Annahme der übertragenen Mission.“[317] Dieses eigentümliche Bild könnte als Entsendung des Sohnes auf seine Mission angesehen werden, gäbe es nicht bereits eine Darstellung dieser Entsendung, die im vorangegangenen Kapitel aufgezeigt worden ist und die mit der seines Herabsteigens verschmilzt. Die Gewichtung des hier betrachteten Gemäldes ist eine andere und vermittelt eine beredte Vorstellung von der Anwesenheit des Vaters beim Tun des Sohnes. Der Vater „steht hinter ihm", würden wir sagen. Die Malerei scheint diese Metapher *ad litteram* zu übertragen.[318]

D. Ein Leiden des Vaters?

Wie bereits erwähnt, hat die Kunst der Maler und Bildhauer sehr zögerlich den inkarnierten Unsichtbaren leidend dargestellt, während die Theologie dieses Thema, wie es scheint, seit dem heiligen Paulus gefördert hat. Doch durch einen eigenartigen Ausschlag des Pendels ist die Kunst bei der Auslotung des Leidens des Inkarnierten viel weiter gegangen als die Theologie und hat nicht nur die Spuren des Leidens auf dem erschöpften Körper Jesu unter die Lupe genommen (das hat die Mystik ebenfalls getan, z.B. durch die Kontemplation der Wunden), sondern sich darüber hinaus auch die Auswirkungen auf den Vater vorgestellt. Dabei ist sie das Wagnis eingegangen, so etwas wie die Trauer des Vaters darzustellen, eine Niedergeschlagenheit, eine Betroffenheit, die keine Theologie und keine Spiritualität jemals auch nur als theoretischen Ansatz zu formulieren gewagt hat.[319] Die Darstellung des Inkarnierten durch die Malerei hat jedenfalls auf die Gestalt des Vaters zurückgewirkt. Das wird mitunter in den Werken vom Typus des Gnadenstuhls angedeutet, auf Grund des eher hieratischen und unveränderlichen Darstellungsschemas dieser Bildgruppe allerdings nur flüchtig.[320] Demgegenüber gingen die Maler und Bildhauer in den Werken vom Typus der Compassio des Vaters, von der „Not Gottes" (der Vater drückt den Körper des vom Kreuz abgenommenen Christus an sich),[321] ein viel größeres Risiko ein. Dieser Überblick wirft die bislang selten berücksichtigte Frage nach den morphologischen Kriterien für eine Abgrenzung zwischen Ernst und Trauer auf. Muss man den Vater auf Malouels *Tondo* im Louvre[322] als ernst bezeichnen oder ist er nicht eher niedergeschlagen? Sollte man die Entscheidung jedem selbst überlassen, je nach subjektiver Empfindung? Wie dem auch sei, auf Robert Campins Diptychon in Sankt Petersburg sowie in seiner Grisaille im Frankfurter Städel Museum[323] scheint der Vater niedergeschmettert zu sein, in der erschütternden Miniatur des *Rohan-Stundenbuches,* wo er sich über den Leichnam seines Sohnes beugt, regelrecht am Boden zerstört[324]; auf Bernt Notkes Altarretabel im St.-Annen-Museum in Lübeck pathetisch und um Fassung ringend, in Colijn de Coters *Trinität* im Louvre (Bildhinweis 4) untröstlich, und ein wenig benommen und zutiefst betrübt in Rubens' Gemälde in Antwerpen. Eine der ausdrucksstärksten Darstellungen ist die Skulpturengruppe von Écouen[325], wo Gottvater sich abwendet, vielleicht aus Angst, weinend gesehen zu werden. Dieses Motiv findet sich schon ein Jahrhundert früher, um 1515–1520, auf einem polychromen Holzaltar Jörg Lederers in Latsch (Südtirol). Gottvater weinend, verletzt? Der Ewige? Der Leidensunfähige? In diesem Punkt ist die Kunst den ersten formalen Diskursen, die die Theologie im 20. Jh. zum Leiden Gottes gewagt hat, um mehr als sechs Jahrhunderte zuvorgekommen.[326]

Dass die Gestalt Gottes für die Empfindungen des Mitgefühls zugänglich wurde, entspricht einer noch nie dagewesenen Idee in der westlichen Kunst, für die es im Übrigen strenggenommen keine explizite Textquelle gab, die als Inspiration hätte dienen können. Gewiss, die Vorstellung, Gottvater mit dem toten Christus in Verbindung zu bringen, ist in der durch die Passion inspirierten Mystik gut belegt: man könnte entsprechende Texte anführen. Allerdings geht keiner von ihnen so weit, von einer Betrübnis des Vaters zu sprechen. Und sollte man doch einen solchen Text finden, so müsste man sich fragen, ob einem einzelnen Text ein derartiger Widerhall in der Kunst zugeschrieben werden könnte.

E. Ein Leiden der Trinität?

Die Bezeichnung „leidende Trinität", die heutzutage geläufig geworden ist und bereits von einem Forscher wie Louis Grodecki[327] verwendet wurde, ist zwar vielsagend, aber ungeeignet. Theologisch gesehen ist die Vorstellung, dass die Trinität leidet, ebenso unvertretbar wie die eines Leidens des Vaters. Aus ikonographischer Sicht erkennt man so gut wie nie das Leiden in den Gesichtszügen der drei Personen der Trinität, wenngleich es auf einigen Trifrons-Darstellungen durch die Dornenkrone über den drei Gesichtern angedeutet zu werden scheint.[328] Wie es die ostkirchliche Theologie formuliert, „ist es nur einer aus der Dreifaltigkeit, der gelitten hat", so wie es nur „einer aus der Trinität ist, der Mensch geworden ist". Statt die Verwendung eines umstrittenen Begriffes beizubehalten, schlagen wir vor, die ikonographischen Typen weiter zu untergliedern, indem wir zwischen dem Gnadenstuhl und der Compassio des Vaters unterscheiden und von der Compassio der Trinität sprechen, wenn der Vater den vom Kreuz abgenommenen Christus hält und dabei durch den Heiligen Geist in Gestalt eines Menschen unterstützt wird.

Diese seltene Variante der Compassio wird in der Regel mit dem von Robert Campin geschaffenen Vorbild verknüpft, das den lebend-toten Christus zeigt, der aktiv seine Wunde in der Seite zur Schau stellt. Möglicherweise wurde diese Bildformel von Jan van Eyck geschaffen. Sie findet sich im Trinitäts-Zyklus im *Stundenbuch der Katharina von Kleve*[329] und wurde unter anderem von Petrus Christus gestaltet. Der Heilige Geist ist als Mann oder als Engel mit Vollbart dargestellt und trägt eine Albe mit einer über der Brust gekreuzten Priesterstola[330]: Ein solches Bild, wie es beispielsweise um 1470–1475[331] in einem Stundenbuch aus Tournai begegnet, wird man sicherlich für zu wagemutig befunden haben. Es ist nicht mehr als ein Dutzend solcher Beispiele bekannt, die wiederum mehrheitlich aus dem 15. Jh. stammen.

4. Gott, zum Geschlecht gezwungen?

A. Der männliche Christus: Das Schweigen der Theologie

Die Götter der antiken Welt hatten ein Sexualleben, sie heirateten und pflanzten sich fort wie menschliche Paare. Der Gott hingegen, der sich Israel geoffenbart und sich schließlich durchgesetzt hat, indem er nach und nach jede Spur des Polytheismus verdrängte, dieser Gott steht über dem Geschlecht. Er ist es, der in der Folgezeit uneingeschränkt über die Vorstellungswelt und die christliche sakrale Kunst geherrscht hat. Jahrhundertelang behandelten monotheistisch denkende Theologen Gott wie ein Wesen, das jenseits des Unterschieds der Geschlechter ist. Der biblische Gott kann sowohl maskuline Aspekte als auch andere, die typisch weiblich sind, umfassen (Er hat, unter anderem, „einen Schoß der Barmherzigkeit", und dieser Begriff deutet im Hebräischen auf die weibliche Anatomie hin.[332]); dass Gott weder grundsätzlich männlich noch weiblich, weder androgyn noch hermaphroditisch ist, stellt kein Hindernis dar. Es gibt weder in Gott noch in den Beziehungen zwischen den göttlichen Personen irgendeine Spur von Sexualität. Die Reflexion der biblischen Theologie in den vergangenen anderthalb Jahrhunderten und *a fortiori* die feministische Theologie sowie die Spekulationen der Religionshistoriker über die archäologischen Spuren, die belegen könnten, dass der Gott Israels anfangs von einer Paredra (einer Aschera) begleitet wurde, sind als faszinierende Vorstöße der Religionswissenschaften zu verstehen, betreffen aber die Inspiration der christlichen Kunst der Vergangenheit so gut wie gar nicht. Wenn Kunsthistoriker sich biblische, liturgische und theologische Kenntnisse aneignen sollen, können sie ruhig die Entwicklung der Exegese seit Richard Simon (1638–1712) und insbesondere seit Julius Wellhausen (1844–1918) vernachlässigen …

Von dem Moment an, da Gott Mensch wurde, war er hingegen zum Geschlecht, wenn nicht gar zur Sexualität gezwungen. Um den menschlichen Zustand einzunehmen, musste er zwangsläufig des einen oder anderen Geschlechts sein, eine dritte Möglichkeit gibt es nicht. Tatsächlich war der inkarnierte Gott männlich, nicht weiblich. Warum war es notwendig oder angebracht, dass Gott bei seiner Inkarnation eher ein Mann und nicht eine Frau wurde? Die Theologie hat zu diesem Thema offensichtlich meistens geschwiegen, so erstaunlich dies auch scheinen mag. Gewiss kommt ihr die Geschichtswissenschaft zu Hilfe, indem sie die Denkweise und die Strukturen der patriarchalischen Macht jener Epoche, in der sich die Inkarnation ereignete, anführt. Damit schließt sich der Kreis. Man könnte ergänzen, dass die Erwartung des Messias, die in den Augen der Christen durch Jesus erfüllt werden sollte, ohnehin einen männlichen Messias erahnen ließ und dass die Würfel bereits lange zuvor gefallen waren. Die Kulturen des Vorderen Orients schlossen *a priori* die Übertragung der Rolle eines Messias an eine Person weiblichen Geschlechts aus. Da die Schuld bei Eva lag, war ein Messias als „neue Eva“ undenkbar, wohingegen ein Messias als „neuer Adam“ nachvollziehbar war.

Man könnte einige mittelalterliche Theologen anführen, deren Überlegungen frei und deren Spekulation abenteuerlich genug waren, um als Einwand gegen das Gesagte zu gelten. Da wäre Petrus Lombardus (ca. 1100–1160), der in seinen *Sentenzen* geschickt die Frage nach der Eventualität einer Inkarnation des Wortes Gottes als Frau gestellt hat und ungeniert die Vor- und Nachteile einer solchen Lösung erörtert, ja sogar der Eventualität einer Geburt außerhalb des Geschlechts Adams.[333] Die tatsächliche Tragweite seiner Kühnheit scheint zunächst dadurch gemildert, dass er diese Hypothese lediglich im Rahmen eines intellektuellen Spiels in Betracht zieht, mit dem er die von den Scholastikern angewandte Fragetechnik vorwegnahm. Seine Argumentation ist allerdings insofern nicht ohne Tiefsinn, als er sinnigerweise annimmt, dass es alles in allem vorzuziehen war, dass der Erlöser männlichen Geschlechts von einer Frau geboren wird, um auf diese Weise das Heil beider Geschlechter zu erwirken. Das wäre im anderen Fall, wenn er als Frau von einer Frau geboren worden wäre, mit Sicherheit nicht möglich gewesen.

Die Männlichkeit Jesu scheint niemals angezweifelt worden zu sein. Die Erwähnung seiner Beschneidung (Lk 2,21) zerstreute ohnehin jegliche Unsicherheit zu diesem Thema. Zumindest der Gott der Philosophen sowie der Gott der Theologen und der Gläubigen lassen keinerlei Raum für irgendwelche Spekulationen über das Geschlecht Christi. Für den Gott der Maler lässt sich das allerdings nicht sagen. Die Untersuchung der zwei Szenen aus dem Leben Christi in der Kunst, in denen er als Erwachsener mehr oder weniger nackt dargestellt ist, nämlich seiner Taufe und seiner Kreuzigung, führt zu erstaunlichen Beobachtungen – die Bilder berufen sich auf die Erfahrung und fordern dazu auf, anders als auf konzeptuelle Weise zu denken.

B. Der Täufling im Jordan

In der Taufszene war es bis zum 6. Jh. einschließlich keine Seltenheit, dass Jesus vollkommen nackt im Jordan dargestellt wurde. Sein Glied ist – wenngleich diskret und somit in Übereinstimmung mit den damals geltenden Normen für die Darstellung anderer Personen wie Daniel in der Löwengrube (Dan 14,31–42) oder Jona, der von dem Wal ausgespien wird (Jona 2,11) – deutlich sichtbar, sei es, weil das Wasser des Jordan ihm nur bis zu den Knöcheln reicht, sei es, weil der „glockenförmig“ aufgetürmte Jordan durchsichtig ist. Entsprechende Szenen finden sich beispielsweise auf der Rückenlehne der Maximianskathedra und auf dem Mailänder Diptychon[334] sowie in den Mosaiken Ravennas und zwar sowohl im Baptisterium der Orthodoxen als auch im Baptisterium der Arianer (s.o. Abb. 25), ungeachtet der unterschiedlichen Lebensalter Christi und der stilistischen Unterschiede der beiden Ensembles (Diese beiden letztgenannten Beispiele sind zugegebenermaßen unzuverlässig, da die Mosaiken stark restauriert wurden.).

Dieser Täufling mit deutlich sichtbarem Geschlecht sollte aber verschwinden, zum Teil dadurch bedingt, dass die abendländische Kunst christlicher Inspiration zunehmend die vollständige Nacktheit untersagte, aber nur zum Teil. Es gibt zwei Möglichkeiten. Zum einen wurde die Darstellung des Geschlechts Christi absichtlich zensiert oder man umging sie durch verschiedene Kniffe (das Wasser des Jordan verliert seine Durchsichtigkeit; Christus steigt voll bekleidet in den Jordan oder doch wenigstens mit einem undurchsichtigen *Perizonium*, wenn nicht sogar mit einer langen Tunika bekleidet; Christus stellt ein Bein vor, so als ginge er im Flussbett, sodass die Unsichtbarkeit seines Geschlechts plausibel wird, ohne dass man an seiner Existenz zweifeln könnte oder sie bestätigen müsste; Christus wird in einer Dreiviertel-Rückenansicht oder sogar von hinten gezeigt, wie in einigen italienischen Miniaturen, etc.). In diesem Punkt die Spiritualisierung des menschlichen Körpers im Hinblick auf die ewige Glückseligkeit vorwegnehmend, gab man zum anderen zu verstehen, dass Christus bereits einen Unterkörper ohne Glied hatte oder allenfalls mit einem Geschlecht versehen war, das auf eine „Andeutung" reduziert und somit sehr viel eleganter und deutlich diskreter war. Er wurde somit von diesem zugleich lächerlichen und für den Geschmack dieser Epoche anzüglichen Anhängsel befreit, das so gar nicht zu „dem Schönsten von allen Menschen" passte (Ps 45,3). Die Taufe von Giovanni di Paolo (Bildhinweis 11) bezeugt deutlich diese zweite Tendenz in der Malerei, die darin besteht, dem Betrachter dank eines durchsichtigen Lendenschurzes zu vermitteln, dass das Geschlecht Christi auf eine Kleinigkeit reduziert war … Im Himmlischen Jerusalem hat das Geschlecht keine Zukunft, das hat Christus angekündigt, denn dort werde es „weder Mann noch Frau" geben und die Auserwählten werden dort „wie Engel sein" (Lk 20,27–36; Mk 12,18–27). Der Körper des Gottes der Maler sollte dies vorwegnehmen …

C. Der Gekreuzigte am Kreuz

Die andere Szene, die Veranlassung dazu gab, den erwachsenen Christus so gut wie nackt zu malen, war die Kreuzigung; angesichts ihrer größeren Häufigkeit in der Kunst und der herausragenden Rolle des Kruzifix in Gebet und Liturgie war sie noch schneller unter die Kontrolle der gesellschaftlichen Anstandsnormen geraten als die Taufe. Gregor von Tours (um 539–um 594) berichtet in Kapitel XXII seines Werkes *De gloria martyrum,* dass ein Priester der Kirche Saint-Genès in Narbonne um das Jahr 593 eine Vision gehabt habe, in deren Verlauf Christus selbst ihm erschienen sei und sich darüber beklagt habe, dass er nackt auf einem Gemälde oder Mosaik *(pictura)* der Kirche dargestellt sei, und unter Drohungen gefordert habe, dass man ihn bekleide.[335] Davon zeugen noch die zwischen dem 6. Jh. (Kreuzigung des *Rabbula Evangeliars*) und dem 12. Jh. (polychrome Kruzifixe im Roussillon und in Katalonien) häufigen Darstellungen des mit einem *colobium* (d.h. mit einer ärmellosen, bis zu den Knöcheln herabreichenden Tunika,[336] wie beim *Volto Santo*) bekleideten Gekreuzigten. Die Künstler und ihre Auftraggeber wussten zweifellos, dass die Strafe der Kreuzigung an vollständig nackten Verurteilten vollzogen worden war. Aber aus Rücksicht auf das Schamgefühl der Gläubigen war ein für allemal beschlossen worden, die Kruzifixe in den Kirchen mit einem konventionellen *perizonium* zu bedecken, mit Ausnahme zweier Zeitspannen: zunächst derjenigen von etwa 1500 bis 1560, das heißt, von der Renaissance bis zum Konzil von Trient, das dieser ersten „freizügigeren" Phase ein Ende setzte, und dann derjenigen seit den 1880er Jahren bis heute, in denen die harten, ja sogar grausamen Kreuzigungsdarstellungen so häufig vorkommen wie nie zuvor. Während dieser beiden Perioden wurde Christus mitunter vollständig nackt und mit deutlich sichtbarem Geschlecht dargestellt, aber immer auf diskrete Weise, wie bei der um 1495 geschaffenen Skulptur des nackten Gekreuzigten, die der junge Michelangelo für die Kirche Santo Spirito in Florenz geschaffen hatte und die sich heute in der Casa Buonarroti befindet.[337]

Und ansonsten? Nachdem das minimalistische Höschen *(subligaculum)* der ersten Kreuzigungsdarstellungen durch das *perizonium* ersetzt worden war, und dann das undurchsichtige *perizonium* durch ein durchsichtiges, setzte eine merkwürdige Entwicklung ein, wie sie in ähnlicher Weise bei den Taufdarstellungen am

Werke war: Je durchsichtiger die Leibwäsche wurde, desto weniger war das Geschlecht Christi am Kreuz zu erkennen, so als ob die virtuose (exquisite) Zartheit des Gewebes als Mittel gewählt wurde, um diskret aber beredt anzudeuten, dass Christus des virilen Attributs entbehrte oder nur mit dem winzigen Geschlecht eines ganz kleinen Jungen ausgestattet war. Wie ist das zu erklären? In Ermangelung eines Textes, der diese Entwicklung belegt, haben manche Forscher vorgeschlagen – es sei noch einmal gesagt –, darin die Folge einer ästhetischen Missbilligung und einer gewissen kollektiven Verabscheuung der Form des männlichen Geschlechtsorgans zu sehen, von dem man Christus verschonen wollte. Erst in der Renaissance und nur vorübergehend kam es zu einer kompensierenden Reaktion. Um die vollständige Menschheit und infolgedessen die Männlichkeit Christi erneut zu bekräftigen, bediente man sich zweier Mittel: Des gespannten *perizonium* und der Zurschaustellung der *pudenda Christi* (der Sexualorgane) in solchen Werken, die den Gekreuzigten vollständig nackt zeigen. Die erste Lösung war die bei weitem geläufigste, weil tolerierteste, selbst dann, wenn sie ein riesiges, erigiertes Geschlecht andeutete, wie Leo Steinberg in dem von ihm zusammengetragenen Verzeichnis zu beweisen sucht, ohne jedoch in diesem Punkt zu überzeugen.[338] Die Gegenreformation sollte dem ein Ende bereiten, so wie sie der Zunahme der Aktdarstellungen im Namen des viel gerühmten Anstands einen Riegel vorschieben sollte. Der Maler Daniele da Volterra brachte vier Jahre seines Lebens damit zu, Michelangelos nackte Gestalten des *Jüngsten Gerichts* in der Sixtinischen Kapelle mit Tüchern und Unterhosen zu bekleiden, was ihm den Beinamen *Il braghettone* einbrachte. Was die Darstellungen des nackten Gekreuzigten betrifft, so wurden sie aufgegeben. Ihr sporadisches Wiederauftauchen, beispielsweise durch ein Kruzifix Benvenuto Cellinis, löste jedes Mal einen Skandal aus.

Zusammenfassung

So eklektisch und bruchstückhaft der in diesem vierten Kapitel absolvierte Gang durch die Archive der Bilder des Mensch gewordenen Gottes auch sein mag, er sollte ausreichen, um von der Stichhaltigkeit der von Pierre Francastel formulierten Unterscheidung zwischen „diskursivem Denken“ und „figurativem Denken“ (das ist sein Vokabular) zu überzeugen.[339] Tatsächlich zeugen beispielsweise die Darstellungen vom Typus der Compassio des Vaters von einer „figürlichen Theologie“, die nicht schlicht und einfach als Pendant der „diskursiven Theologie“, der Konzilsdekrete und gelehrten theologischen Traktate zu verstehen ist. Das ist unserer Ansicht nach auch bei Fragen wie der nach der Physis Jesu, nach einem möglichen Leiden des Vaters, nach der Virilität des Mensch-Gottes und nach der Vorwegnahme der Abwesenheit der Sexualität in einer eschatologischen Zukunft der Fall, oder auch, wie wir sehen werden, bei der Frage nach dem Platz der stigmatisierten Menschheit Christi in der *Visio beatifica* (s. u. V). All diese Fragen sind derartig verwirrend, dass die theologische Tradition es oftmals vorgezogen hat, sie verschämt zu übergehen.

Doch täusche man sich nicht: Wörtliches und figuratives Denken unterscheiden sich in ihrem Vorgehen, dürfen jedoch nicht als Gegensätze aufgefasst werden, und sei es als noch so geringe. Wir möchten im Gegenteil andeuten, dass beide Denkformen durch einen noch regeren Austausch, als sie ihn seit der Moderne gekannt haben, nur gewinnen können. Zweifellos haben wir fortan die Mittel, um besser als früher zu erkennen, dass die Kunstwerke, in denen Gott dargestellt wird, von Gedanken durchdrungen sind. Die einen sind der Liturgie oder der Patristik, der mystischen Literatur oder scholastischen Traktaten entlehnt, und stammen daher tatsächlich aus der Bibel, aus der Liturgie oder aus der Patristik, aus der Mystik oder aus scholastischen Traktaten. Die anderen hingegen können nicht auf näher bestimmbare Quellen zurückgeführt werden und sind somit gewissermaßen Waisen. Nicht, dass das Studium der Kunstgeschichte dazu verleitet, an eine spontane Zeugung zu glauben. Doch die Glanzlichter des figurativen Denkens entstehen ohne Erzeuger, wenn die kollektive Empfindung innerhalb eines Milieus, einer Region, einer gegebenen Epoche sich in einer Meinung, einem Glauben oder einer Überzeugung kristallisieren, die so stark ist, dass sie die Künstler zu einer neuen Art der Malerei oder Bildhauerei, oder zu einem bis dahin nicht dagewesenen Motiv, zu einer kühnen Geste oder zu einem ungewohnten Gesichtsausdruck Gottes inspiriert, ja solche sogar diktiert. Das ganze Interesse besteht darin, Theologie und Kunst miteinander zu verbinden. Es ist mitnichten so, dass sie sich gegenseitig ignorieren oder dass sich von der Kunst sagen ließe, sie sei auf die untergeordnete Stellung der *ancilla theologiae* (einer „Magd der Theologie") eingeschränkt worden. Vielmehr entdeckt man im vorliegenden Fall, dass die Magd der Herrin ihre Überlegenheit beweisen oder ihr zumindest ein neckisches Geschenk machen kann, ein ironisches „Quäntchen" an hervorragenden Fragestellungen, mit denen sich die Herrin nicht befasst hat, weil sie dazu keine Lust hatte und/oder weil sie nicht von der Dringlichkeit, sich mit ihnen auseinanderzusetzen, überzeugt war.

V.
Der Gott der Herrlichkeit
Das Unsichtbare sichtbar machen

Dem christologischen Dogma, also der Lehre, die die Person Christi betrifft und auf die sich, nach Jahrhunderten der Debatten und Kontroversen, die Mehrzahl der christlichen Kirchen einigte, zufolge ist die Inkarnation kein vorübergehendes Hilfsmittel nach der Art eines Gerüstes, das dazu bestimmt ist, nach vollendeter Arbeit wieder abgebaut zu werden, ohne dauerhafte Wirkung auf die Person des ewigen Wortes. Im Gegenteil, die Theologen erläutern, dass die Vereinigung der göttlichen und der menschlichen Natur in Jesus Christus, die zu seinen Lebzeiten zwar konstant war, auch wenn sie sich nur bei der Verklärung glanzvoll gezeigt hat, bei seinem Tod am Kreuz weder zerbrochen noch unterbrochen wurde, sondern das göttliche Wort vielmehr mit dem toten Menschen vereint blieb und ihm dadurch das siegreiche Handeln während seines Abstiegs in die Unterwelt am Karsamstag und die Auferstehung am dritten Tag, am Ostersonntag, ermöglichte. Dem christlichen Glauben gemäß begründet also die Vereinigung der Naturen nicht nur die universelle Heilsmacht Christi, sondern sie besitzt auch den Wert eines unauflöslichen Bundes. Was die Himmelfahrt betrifft, so ist sie keineswegs gleichbedeutend mit dem Ablegen der vom Sohn angenommenen Menschheit bei seiner Rückkehr zum Vater. War die Kunst nun imstande, diesen zentralen und zugleich geheimnisvollen Aspekt der Lehre zu vermitteln? Diese Fragestellung führt zunächst dazu zu untersuchen, wie bei der Darstellung seiner Verklärung (1, A) verfahren wurde, um auszudrücken, dass in „[Christus] allein wirklich die ganze Fülle Gottes wohnt“ (Kol 2,9), wodurch sein Sieg über den Tod bereits angekündigt wird. Was die Auferstehung betrifft, so mussten sich die Künstler zwischen mehreren Möglichkeiten entscheiden (1, B, C, D). Stets der Reihenfolge im *Credo* folgend, werden wir untersuchen, auf welche Weise die Künstler die Himmelfahrt Christi (2, A), sein Sitzen zur Rechten des Vaters (2, B) sowie die Aussendung des Heiligen Geistes, die von dort aus geschehen ist, wie er es seinen Jüngern versprochen hatte, gestaltet haben. In einem dritten Teil werden nacheinander solche Kunstwerke vorgestellt, in denen Christus bald als Anwalt oder Fürsprecher (3, A), bald als Richter der Menschen (3, B) auftritt. Schließlich sollen in einem vierten Teil einige Werke angesprochen werden, die darstellen, wie die Auserwählten zur Herrlichkeit Gottes und zur endgültigen Seligkeit gelangen. Dabei wird auf die Frage hingewiesen, was sie dort zu sehen bekommen, oder es werden vielmehr einige der Antworten aufgezeigt, die die künstlerische Tradition darauf gefunden hat (4).

Unser Leitfaden im Labyrinth der Darstellungen des Inkarnierten bleibt in diesem letzten Kapitel, wie bereits in den vorherigen, die Standortbestimmung und die Darlegung des „Unerwarteten, das zum Nachdenken anregt“, anders ausgedrückt: jene spezifischen Züge des Gottesbildes der Maler und Bildhauer, die sich nicht aus dem Studium der Heiligen Schrift oder aus der christlichen Lehre ableiten lassen, von denen jedoch einige aus den Apokryphen stammen.

1. Der Sieger über den Tod

Das Ereignis der Verklärung (A) wurde traditionell als Beweis der Göttlichkeit Christi und als Prophezeiung, ja nahezu als vorweggenommener Beweis seiner Auferstehung (B, C, D) und sogar seiner zweiten Parusie verstanden (s. u. 3, B), so beispielsweise von Hilarius (um 315–um 367) im Westen und von Chrysostomos (um 349–407) im Osten.

A. Verklärt

Wie Krishna üblicherweise im Mahâbhârata in seiner „milden Gestalt" erscheint und die Enthüllung seiner „schrecklichen Gestalt" seinen Anhängern vorbehält (beispielsweise Arjuna im *Bhagavad Gîtâ*[340]), so verbarg sich die Göttlichkeit Jesu hinter seiner Menschheit und offenbarte sich seinen Zeitgenossen nicht sichtbar, mit Ausnahme von drei seiner Jünger bei der Verklärung *(metamorphosis)*. Dieses Ereignis ist durch die synoptischen Evangelien und im 2. Petrusbrief überliefert.[341] Das Ereignis findet kurz nach dem Bekenntnis Petri in Cäsarea Philippi (Mt 16,13ff.) statt. Die beiden an die Zwölf gerichteten Fragen „Für wen halten die Leute den Menschensohn?" und „Für wen haltet ihr mich?" könnten durchaus schon seine Antwort nicht nur auf die von Gott eingegebene Erklärung Petri beinhalten, sondern auch auf die Verklärung selbst, die auf flüchtige Weise die Identität Jesu enthüllte und die Rückkehr des Sohnes „in die Herrlichkeit des Vaters" (Mt 16,28) vorwegnahm. Sie wurde auf Anhieb als die der eigentlichen Parusie vorangehende „kleine Parusie" sowie als Ankündigung der Auferstehung interpretiert. Jesus wurde also vor Petrus, Jakobus und Johannes in Herrlichkeit transfiguriert (Lk 9,32; *doxa* im Griechischen; *maiestas* im Lateinischen), die ihn mit Mose und

Elija im Gespräch sahen. Sein Gesicht und seine Kleidung strahlten Licht aus. Literarisches Vorbild für die Verwandlung des Antlitzes Jesu ist die Verwandlung des Gesichtes des Mose, als er vom Berg Sinai herabkam (Ex 34,29): „die Haut seines Gesichtes strahlte Licht aus" – Mose war der erste Mensch, der durch die Schau der Herrlichkeit Gottes „transfiguriert wurde". Der Abglanz von Gottes Herrlichkeit ist in seinem Fall allerdings flüchtiger und akzidenteller Natur, während die Verklärung Christi die Offenbarung eines wesentlichen Aspektes seines Seins ist und in diesem Sinne eine wahrhaftige Theophanie.

Das Apsismosaik der Kirche des im Jahre 527 von Kaiser Justinian gegründeten Katharinenklosters auf dem Sinai (Bildhinweis 14) wurde von syrischen Künstlern vor seinem Tod, gegen 565/566,[342] ausgeführt. Es entging den ikonoklastischen Zerstörungen durch den Umstand, dass sich das Kloster auf islamischem Gebiet befand und so zum Aufbewahrungsort des größten Teils der aus der Zeit vor dem Jahr 1000 stammenden Ikonen wurde.

Der Goldgrund dominiert. Christus hebt sich von einer eiförmigen, ihn umschließenden Mandorla ab, in der man konzentrische, zunehmend dunkler werdende Zonen erkennt. Soll man in dieser farblichen Abstufung den Einfluss des Pseudo Dionysius Areopagita, des Verfassers des um 500 entstandenen *Corpus areopagiticum,* erkennen, demzufolge das „überwesentliche" Licht der Gottheit dermaßen die Fähigkeit des menschlichen Sehorgans übersteigt, dass es ihm dunkel erscheint? Das Gewand des Verklärten ist, übereinstimmend mit den synoptischen Texten, nach wie vor weiß, allerdings mit violetten Schatten und einem goldenen Band, die es säumen. Von der Mandorla gehen acht silberne Strahlen aus, möglicherweise der Widerhall eines Hymnus zum Verklärungsfest: „Aus deinem Leibe sind die Strahlen deiner Gottheit auf die Propheten und die Apostel hinausgegangen."[343] Was bedeuten diese acht Strahlen? In dem apokryphen Sendschreiben *Gespräche Jesu mit seinen Jüngern nach der Auferstehung,* einem Text aus dem 2. Jh., erklärt der Auferstandene: „Wahrlich, ich sage euch: Ich werde wie die Sonne aufgehen, mein Glanz wird sieben Mal stärker als die Sonne strahlen." Es besteht also eine enge Beziehung zwischen der Ikonographie der Verklärung und derjenigen der Sonne.[344] Der Vergleich zwischen dem Verklärten (oder Auferstandenem) und der Sonne wurde vom 3. Jh. an von den Kirchenvätern (Origenes, Ephraem, Ambrosius, Augustinus) entwickelt.[345]

Das Ikonenmosaik im Louvre[346] (Abb. 28) orientiert sich eindeutig an der Apsis im Katharinenkloster.

Die Mandorla ist dieses Mal schmaler. Der Bildaufbau folgt einer strengen Symmetrie: Die ungefähr gleichaltrigen Mose und Elija sind in gleicher Körperhaltung dargestellt. Während die beiden Propheten mit den Füßen auf dem Boden stehen, schwebt Christus wie im Katharinenkloster. Und der Hintergrund der Mandorla mit drei deutlich voneinander abgegrenzten Zonen von gleicher Breite wird zur Mitte hin dunkler, wiederum wie im Katharinenkloster. Johannes verneigt sich unterhalb des Herrn in tiefem Kniefall (in „Proskynese"). Links hat Petrus ein Knie bis zum Boden gebeugt und erhebt die Hand zum Zeichen, dass er das Wort ergreifen möchte. Dieses Ikonenmosaik ist beispielhaft für die kanonische Ikonographie der Verklärung,[347] die im Orient bis heute beibehalten werden sollte.

In Zelle 6 des Klosters San Marco in Florenz malte Fra Angelico eine Verklärung (Bildhinweis 15).[348] Christus, „großartig und statuarisch", steht hier weiß gekleidet fest auf einer Felsplattform und ist von einer eiförmigen Mandorla umgeben, die an jene des Katharinenklosters auf dem Sinai erinnert: Im gesamten ikonographischen Bestand der Verklärung sind diese die beiden einzigen Mandorlen in Eiform, und angesichts dessen darf man sich fragen, ob Fra Angelico ein Skizzenbuch mit dem Vorbild vom Sinai vor Augen hatte. Wie dem auch sei, sein verklärter Christus erinnert kaum an denjenigen der byzantinischen Mosaiken oder Miniaturen. Er hat die Arme in einer entschlossenen Geste horizontal ausgestreckt, in der man eine Ankündigung der Kreuzigung lesen kann und die außerdem die Idee transportiert, dass Christus in der Lage ist, das Universum zu erfüllen und es in sich zusammenzufassen. Es handelt sich letztlich um eine Gebärde der Aufnahme und des Schutzes der drei unten dargestellten Jünger, deren Kör-

Abb. 28: Mosaikikone, Louvre, Paris

perhaltung ihre Verblüffung und ihren Schrecken ausdrückt; von Mose und Elija sieht man lediglich ihre von Nimben umrahmten Köpfe. An den seitlichen Rändern erkennt man in Profilansicht, mit gefalteten Händen, die Jungfrau links und den heiligen Dominikus rechts, die selbstverständlich die Verbundenheit dieser Heiligen mit Christus repräsentieren und die Imitatio Christi symbolisieren, zu der sie die Betrachter auffordern.[349] Die Ergänzung der Szene um diese beiden „anachronistischen“ Figuren ist ebenfalls eine ikonographische Neuerung, wenn man einmal davon absieht, dass in Ravenna der hl. Apollinaris in die Darstellung der Verklärung im Apsismosaik der Kirche, die seinen Namen trägt, einbezogen worden ist.[350]

Insgesamt betrachtet, stimmt der Verklärte der Maler und Bildhauer häufig mit dem der Evangelisten überein, er wurde jedoch in der abendländischen Kunst etwas vernachlässigt aufgrund der späten Aufnahme des Festes in den liturgischen Kalender des lateinischen Westens.[351] Die Darstellungen unterscheiden sich in mehrfacher Hinsicht, insbesondere durch solche Gesten, die den Sinngehalt der Episode vermitteln, durch Motive, die Christus zu einer Sonne werden lassen, von der Strahlen in alle Richtung ausgehen, und schließlich durch sein Schweben – bei Raphael erweckt der Verklärte den Eindruck, als bahne sich bereits seine Himmelfahrt an.

B. Du trittst auf Löwen und Drachen

Die Evangelien berichten, dass der auferstandene Christus, bevor er in den Himmel auffuhr, von einigen seiner Jünger gesehen und berührt wurde, von Maria Magdalena bis zu den Elf im Beisein der Jungfrau. „Ihnen hat er nach seinem Leiden durch viele Beweise gezeigt, dass er lebt; vierzig Tage hindurch ist er ihnen erschienen und hat vom Reich Gottes gesprochen“ (Apg 1,3). Dem Neuen Testament zufolge gab es also Augenzeugen für den Auferstandenen, für die Auferstehung selbst dagegen keinen einzigen. Niemand hat sich je gerühmt, dabei gewesen zu sein.

Um dieses fundamentale Ereignis des christlichen Glaubens dennoch darzustellen („Der Herr ist auferstanden!“ Das ist das Kerygma, der Kern der apostolischen Verkündigung.), bediente man sich in den bildenden Künsten, in Ermangelung eines Besseren, solcher Darstellungsformen, die die „schlicht und einfach" gegebenen „dogmatischen Fakten" um ein unterschiedliches Maß an narrativen, teilweise der Mythologie entstammenden Elementen ergänzten, ohne dadurch den Vorgang auch nur im Geringsten zu präzisieren. Man könnte auch sagen, dass eine mehr oder weniger romanhafte Vision an die Stelle fehlender Berichte trat. Innerhalb der komplexen Historie dieses Themas lassen sich, abgesehen von den oben erwähnten Darstellungen des über den Tod triumphierenden Gekreuzigten (s. o. IV, 3, B), drei grundsätzliche Vorgehensweisen unterscheiden: die symbolische Darstellung (1, B), die Darstellung des erlösenden Wirkens des Auferstandenen bei seinem Abstieg in die Unterwelt (1, C) oder die Darstellung, die ihn beim Verlassen des Grabes zeigt (1, D).

Die erste dieser drei von den Künstlern in Betracht gezogenen Optionen zur Verdeutlichung des Sieges Christi über den Tod besteht darin, eine jener biblischen Metaphern hervorzuheben, die die christliche Tradition gerne als eine Prophezeiung gelesen hat.

Im *Stuttgarter Psalter* aus karolingischer Zeit (9. Jh.) tritt ein jugendlicher Gott-Christus mit im Winde flatternder purpurner Tunika, ein offenes Buch haltend, bekleidet mit einem Kettenhemd und versehen mit Nimbus und Helm, einen Löwen mit heraushängender Zunge nieder und stößt seine Lanze in den offenen Rachen einer Feuer speienden Schlange.[352] Seine Heldentat wird von Gott gut geheißen, wie die aus dem Himmel ragende *dextera Dei* bezeugt. Vorläufer dieser Buchmalerei ist ein Mosaik aus Sant' Apollinare Nuovo in Ravenna.[353] Es ist die buchstäbliche Übertragung des Psalmverses „Du trittst auf Löwen und Drachen" (Ps 91,13), der in lateinischer Fassung *(conculcabis leonem et draconem)* in schöner Unzialschrift unmittelbar über dem Bild steht. Die Darstellung greift die antike Herrscherikonographie der *calcatio* (den Fuß auf die besiegten Feinde setzen[354]) auf: Es handelt sich um den offenkundigen Fall einer Entlehnung aus der Herrscherikonographie.

Diese Darstellung erinnert an die peinliche Lage Satans zu Füßen des Herrn in der *Winchester Quinität* (s. o. II, 2, B; s. o.

Abb. 13). Sie weist auch Ähnlichkeiten mit dem in der Offenbarung des Johannes erwähnten Kampf (Offb 12,7–10) gegen den Drachen auf sowie mit einem als Protoevangelium bezeichneten Vers aus dem Buch Genesis, wo Gott von einer Frau spricht, die den Kopf der Schlange zertreten wird („Feindschaft setze ich zwischen dich und die Frau, zwischen deinen Nachwuchs und ihren Nachwuchs. Er trifft dich am Kopf und du triffst ihn an der Ferse." Gen 3,15). Diesem Vers war in der Exegese, in der Theologie und in der Kunstgeschichte eine immense Wirkung beschieden, jedoch nicht ohne ein wenig nachzuhelfen: „Die griechische Übersetzung [der Septuaginta] leitet den letzten Satz mit einem männlichen Pronomen ein und schreibt somit diesen Sieg nicht dem Geschlecht der Frau im Allgemeinen, sondern einem der Söhne der Frau zu: So kommt die messianische, bereits in der antiken jüdischen Tradition vorhandene Interpretation zustande, die dann durch zahlreiche Kirchenväter aufgegriffen und expliziert wurde. Mit dem Messias wird auf seine Mutter verwiesen, und die mariologische Auslegung der lateinischen Übersetzung *ipsa conteret* wurde für die Kirche verbindlich."[355] „Für viele Theologen der Katholischen Reform ist die Schlange unter den Füßen der Jungfrau nicht nur der Geist des Bösen, sondern auch die Häresie.[356] Dergestalt ist die Interpretation des Petrus Canisius, der ein Wort des hl. Bernhard zitiert: ‚Indem sie den Kopf der Schlange zertrat, hat sie, sie ganz allein, alle Verderbtheit der Häresien zertreten.'"[357]

Die Protestanten fochten diese Lesart an, die Maria zu große Bedeutung beimaß: Man müsse *ipse* statt *ipsa* lesen, wodurch Christus, und nicht die Jungfrau, die Schlange zertrete. Seit einer Studie Emile Mâles kennt man den Kompromiss, zu dem manche Künstler gelangten, indem sie Jesus darstellten, der seinen Fuß auf den seiner Mutter setzt, mit dem sie den Kopf des Reptils zertritt. So ist es in Caravaggios *Madonna dei Palafrenieri* in Rom (Galleria Borghese) zu sehen, die für einen der Altäre in St. Peter vorgesehen war, laut Bellori aber abgelehnt wurde, „weil die Szene in zu bodenständiger Art dargestellt ist".[358] Tatsächlich beklagten die Kanoniker, dass keinerlei religiöse Regung erkennbar sei. „Es kam ihnen zweifellos so vor, als sähen sie eine Bäuerin, die versucht, eine Viper zu töten, die sich in die Scheune verirrt hat."[359] Der Kreativität der Maler gelingt es mitunter, die kirchlichen Zensoren derart zu verunsichern, dass sie Fehlurteile fällen.

C. Abstieg in die Unterwelt

Eine zweite mögliche Herangehensweise an die Auferstehung besteht in der Veranschaulichung ihrer Folgen, wie sie andeutungsweise im 1. Petrusbrief („Dem Fleisch nach wurde er getötet, dem Geist nach lebendig gemacht. So ist er auch zu den Geistern gegangen, die im Gefängnis waren, und hat ihnen gepredigt." 1 Petr 3,18–19), in ausführlicherer Form in einer Reihe apokrypher Schriften und schließlich in patristischen Texten beschrieben werden, nämlich des Abstiegs Christi in die Unterwelt, seiner Predigt vor den Gefangenen im Reich der Toten und seiner Tat der Befreiung der Erzväter. Dieser Abstieg in die Hölle, genauer: in den „Limbus der Erzväter" *(limbus patrum),* das heißt zu den auf ihre Erlösung wartenden Gerechten (des Alten Bundes), wird im liturgischen Kalender der Kirche am Karsamstag „zelebriert". Er bezeichnet die Vollendung des Herabsteigens des Wortes bis an die äußerste Grenze seiner Erniedrigung. Indem das inkarnierte Wort selbst am Kreuz starb, entging es nicht dem menschlichen Schicksal, in dem Sinne, dass seine Seele von seinem Körper getrennt wurde. Doch der Abstieg des Wortes mit seiner Seele wurde von ihm nicht erduldet, sondern er war eine willentliche Handlung im Hinblick auf das Heilswerk. Dadurch wurde die hypostatische Union nicht aufgelöst, und das Wort verließ Jesus von Nazaret nicht, wie Johannes von Damaskus erklärt: „Wenn er also wie ein Mensch gestorben ist und seine heilige Seele von dem unbefleckten Leibe sich getrennt hat, so ward doch die Gottheit von beiden, der Seele und dem Leibe nämlich, nicht getrennt. Deshalb erschien er in der Hölle nicht als Gefangener, sondern als Sieger, als Befreier der dort Gefangenen ..."[360]

Im Osten wird die Auferstehung seit dem 8. Jh. also durch das sieghafte Handeln der in die Unterwelt hinabgestiegenen Seele

Christi, die ihre Kraft aus der andauernden Union mit dem Wort Gottes schöpft, dargestellt, und dort wird ausschließlich diese Ikonographie des Mysteriums toleriert: Aus diesem Grunde steht nur dieser Szene die Bezeichnung *Anastasis* (Auferstehung, Auferweckung) zu. Sie zeigt ausnahmslos den auferstandenen Christus, der ein Schriftband oder die Siegesstandarte hält und von einer in hellem Licht erstrahlenden Mandorla umfangen ist, die mit der sie umgebenden Dunkelheit kontrastiert, als Sieger über die Hölle und Befreier der Toten, der entschiedenen Schrittes auf Adam und Eva zugeht, sie ergreift und der Dunkelheit des Hades entreißt, wobei er auf dessen zerbrochene Pforten unter seinen Füßen tritt (häufig sieht man zu seinen Füßen Schlüssel, Türangeln und nunmehr nutzlose Ketten verstreut), während die Dämonen sich verstecken, fliehen, zertreten oder in Ketten gelegt werden. Diese Bildformel hat im Osten Werke von bewundernswerter szenischer und dramaturgischer Qualität hervorgebracht, wie etwa das Apsisgemälde in der Kirche des Heiligen Erlösers in Chora (Kariye Camii) in Istanbul (Bildhinweis 16) aus dem frühen 14. Jh., das zweifellos die monumentalste Ausführung innerhalb dieser Bildgruppe darstellt. Der Auferstandene ist hier mit unübertroffenem Eifer am Werke. Vor dem nachtdunklen Hintergrund in seiner mit Sternen übersäten Mandorla erstrahlend, scheint er unwiderstehlich und zieht Adam und Eva gleichzeitig aus ihren Gräbern, in Anwesenheit der Gerechten des Alten Bundes, ihrer Propheten und Könige.[361]

Auch im Abendland gab es seit der Karolingerzeit zahlreiche Darstellungen der Höllenfahrt (Rom, Santa Prasseda, Kapelle des hl. Zeno; Kirche in Müstair;[362] *Stuttgarter Psalter:* Dort öffnet der Auferstandene die Pforten des Hades mit einem gewaltigen Fußtritt![363]). Von einer ganzen Reihe oftmals ergreifender Werke sollen einige, ein wenig zufällig ausgewählte im Folgenden genannt werden: die erstaunliche Zeichnung des *Cotton Psalters* (Winchester, 1050[364]) mit ihrem kolossalen Christus, der sich tief zu der Schar der Gefangenen hinabbeugt; das diesem Thema gewidmete Feld des *Parement (Altartuch) de Narbonne;*[365] ein englisches Alabasterrelief im Louvre (OA 201; Abb. 29).

Abb. 29: Alabasterrelief, Louvre, Paris

Fra Angelicos Fresko in Zelle 31 des Klosters San Marco in Florenz[366]; die Miniatur der *de Predis Handschrift* (die andeutet, dass der gute Schächer sein Kreuz wie einen Rammbock benutzt hat, um die Tore der Hölle aufzubrechen); der aus der Werkstatt Schongauers stammende Dominikaner-Altar in Colmar (Unterlinden-Museum) sowie verschiedene Werke Dürers, darunter die *„Große Passion"* und die *„Kleine Passion"*[367]; oder, aus jüngerer Zeit, die monumentale Leinwand Joachim Skovgaards in der Nationalgalerie in Kopenhagen (Bildhinweis 17), in der die Betonung auf der Wiedersehensfreude liegt, die der unendlichen Wartezeit ein Ende setzt, und wo Eva – hier bestätigt die Ausnahme die Regel – in vorderster Reihe kniet.

D. Verlassen des Grabes

Es gibt eine dritte Lösung, die schließlich in der abendländischen Kunst seit dem 13. Jh. bevorzugt wurde, ohne dabei die vorherigen vollständig zu vernachlässigen. Der Betrachter wird nun zum unmittelbaren Zeugen der Auferstehung, die sich als neue Bilderfindung präsentiert: als Verlassen des Grabes, während die von den Hohepriestern und Pharisäern mit Zustimmung des Pilatus (Mt 27,62–66) als Grabwache geschickte Miliz entweder döst oder geblendet zu Boden gestürzt ist. Diese auf mehr oder weniger spektakuläre Weise gestalteten Werke sollten nicht von oben herab beurteilt und zwangsläufig als theatralisch abgetan werden. Sie sind Ausdruck des Bestrebens, den Glauben der Kirche auf eindrucksvolle Weise zu verkünden, und ihre Überzeugungskraft wurde zweifellos geschätzt. Jedes einzelne Werk musste zu einer Flut möglicher Fragen Stellung beziehen – das ist die Pflicht des Künstlers. Hatte die Auferstehung nachts stattgefunden, oder war es bereits Tag? Hatte der Auferstandene den noch an Ort und Stelle befindlichen Deckel seines „Sarkophags"[368] auf wundersame Weise überwunden (wovon in den Evangelien zugegebenermaßen nicht die Rede ist), und wie gelangte er durch die geschlossenen Türen zu den Jüngern (Joh 20,19)? Oder ging der Auferstehung eine Explosion voran – warum nicht? –, die eine Bresche in das Grab riss oder den Deckel anhob oder den Stein vor der Öffnung wegrollte? Sollte man Christus darstellen, wie er triumphierend auf dem Grabdeckel steht oder wie er aus dem Grab steigt?[369] War er völlig nackt (So stellte ihn El Greco um 1595–1598 in einer Statuette von 45 cm Höhe dar, Toledo, Hospital Tavera), spärlich oder gänzlich bekleidet, als er dem Grab entstieg? Halfen ihm ein oder mehrere Engel dabei, sich aus dem Grab zu befreien? Die abendländischen Künstler waren in diesem Fall in ihrer Entscheidung frei, und die konkreten Antworten, die sie auf diese Fragen fanden, waren sehr unterschiedlich. Bewusst oder unbewusst entschieden sich viele Renaissancekünstler für die Darstellung eines Christus, der in der Haltung eines Bändigers des Todes seinen eigenen Sarkophag niederschmettert.

Die Darstellung auf der Mitteltafel des um 1490 entstandenen *Auferstehungstriptychons* Memlings (auf den Seitenflügeln ist links das Martyrium des hl. Sebastian und rechts eine Himmelfahrt Christi dargestellt)[370] (Bildhinweis 18) mag zurückhaltender, der Auferstandene weniger kriegerisch und vornehmer sein, dennoch ist auch sie der zunehmenden dramatischen Inszenierung des Ereignisses verpflichtet, das zu einem Theatercoup wird. Viel bemerkenswerter ist die olympische Ruhe, die dieser Auferstandene ausstrahlt (Wie Panofsky feststellte, malte Memling unablässig „eine idyllische Landschaft, wo das Wetter fortwährend schön ist“[371]). Wo sind die Spuren der zwei Tage zuvor erlittenen Marter und Traumata? Hier finden sich keine. Gewiss, seit Augustinus vertreten einige Theologen die Ansicht, dass die Spuren der Marter und sogar Verstümmelungen an den Körpern der Auferstandenen verschwänden, was die hagiographischen Texte auf ihre Art bestätigen. Das am Horizont erkennbare Golgotha, auf das der Auferstandene bei Memling mit dem Finger zu deuten scheint, wirkt weit entfernt. Eine neue Seite ist aufgeschlagen. Hat der Auferstandene der Maler also den Gekreuzigten hinter sich gelassen? Weit gefehlt. Oft trägt er seine Wunden zur Schau, und sei es nur, damit man ihn ohne große Mühe erkennen kann.

2. Aufgefahren in den Himmel, sitzend zur Rechten Gottes

A. Himmelfahrt

Die Umstände der Himmelfahrt sind kaum weniger geheimnisvoll als die der Auferstehung. Sie werden lediglich an drei unklaren Stellen des Neuen Testaments erwähnt: „[...] wurde er in den Himmel aufgenommen und setzte sich zur Rechten Gottes" (Mk 16,19); „Und während er sie segnete, verließ er sie und wurde zum Himmel emporgehoben" (Lk 24,51); „Als er das gesagt hatte, wurde er vor ihren Augen emporgehoben, und eine Wolke nahm ihn auf und entzog ihn ihren Blicken" (Apg, 1,9). Wie bei dem zuvor angesprochenen Sujet hatten die abendländischen Künstler auch bei diesem freie Hand und erfanden verschiedene Bildformeln. Manche begnügten sich damit, Christi Fußspuren auf den Felsen zu malen oder auch nur die Füße des wie ein *Deus ex machina* in die Kulissen nach oben entschwindenden Christus, womit sie das eigentliche Problem umgingen und die Himmelfahrt einem Verschwinden gleichsetzten[372]: So handhabten es der Schöpfer des Elfenbeintriptychons aus dem 14. Jh. (Louvre, OA 2599) und Memling im rechten Flügel seines *Auferstehungstriptychons;* gleiches gilt auch für die Darstellung *Christus in Emmaus* nach dem Segnen des Brotes.[373] Die anderen Bildlösungen schwanken zwischen einer als „aktiv" zu bezeichnenden Himmelfahrt („er verließ sie": Der Vorgang ist dargestellt, als schicke Christus sich an, forschen Schrittes den Himmel zu erklimmen[374]) und einer „passiven Himmelfahrt" („er wurde in den Himmel aufgenommen" und „er wurde zum Himmel emporgehoben": Dementsprechend wird Christus an der Hand in den Himmel gezogen[375] oder, in einer Mandorla sitzend, von vier Engeln in die Höhe getragen ...), wie auf dem Elfenbeintriptychon aus dem 11. Jh. im Louvre (OA 6340), oder aber man kombinierte diese

Lösungen, so dass einige Darstellungen unter gewissen Gesichtspunkten als aktiv und unter anderen als passiv bezeichnet werden können, wie auf der genannten Elfenbeintafel, die beide charakteristischen Gebärden aufweist – die ausgestreckte Hand und das zum Hinaufsteigen angezogene Knie. Dennoch setzte sich schließlich die passive Ausformung der Himmelfahrt durch (beispielsweise bei Rembrandt).

Eine ungewöhnliche Darstellung der Himmelfahrt ist im *Rohan-Stundenbuch* (Paris, BnF, lat 9471) auf fol. 217 (Abb. 30) gemalt worden.

Es handelt sich um eine Illustration, die als Gegenstück zur gegenüberliegenden Seite (fol. 216v) angelegt ist und jüdische Priester zeigt, die ein Brandopfer auf einem Altar darbringen. Die Bildinschrift erläutert den Sinn: „Was sie opfern und Gott annimmt, ist Jesus, der dem Vater bei der Himmelfahrt dargebracht wurde und den dieser annimmt." Somit wird die Himmelfahrt Christi mit einer Opfergabe der Apostel-Priester an Gottvater verglichen, die Christus selbst ist, eine Opfergabe, die Gott annehmen muss. Diese Gleichsetzung, die offensichtlich etwas an den Haaren herbeigezogen ist, könnte auf der zweifachen Bedeutung eines hebräischen Wortes, das zugleich Opfer und Erhöhung meint, beruhen oder auf die Erwähnung der Himmelfahrt in der Anamnese des Eucharistischen Hochgebets zurückzuführen sein („Darum, gütiger Vater, feiern wir, deine Diener und dein heiliges Volk, das Gedächtnis deines Sohnes, unseres Herrn Jesus Christus. Wir verkünden sein heilbringendes Leiden, seine Auferstehung von den Toten und seine glorreiche Himmelfahrt."). Jedenfalls entspringt ihr eine fesselnde Darstellung der Inthronisation Christi in der Herrlichkeit des Vaters, der seinen Sohn, „der gerade in einer leuchtenden Mandorla hinaufgestiegen ist"[376], zärtlich bei der Hand zu sich nimmt; den in zwei Gruppen aufgeteilten, prächtig gewandeten Aposteln wird die Vision dieser Annahme der Opfergabe durch einen Gottvater mit langem weißem Haar zuteil.

Die göttliche Herrlichkeit im menschlichen Körper Christi, der schemenhaft die des Vaters offenbart, die/der ihn in all seinem Handeln unterstützt und ihm vollständig innewohnt: Das scheint

Abb. 30: Miniatur, Rohan-Stundenbuch, Bibliothèque Nationale de France, Paris

der Gegenstand eines 1523/24 entstandenen Altarbildes Lorenzo Lottos mit der Darstellung der *Dreifaltigkeit* (Bildhinweis 19) gewesen zu sein, das sich heute in der Sakristei von Sant'Alessandro della Croce in Bergamo befindet[377] und das zur Erhellung mit den eben genannten Werken in einer Gruppe zusammengefasst werden sollte. Es ist „eines der verwirrendsten und originellsten

Werke Lottos; sein außerordentlicher Anblick muss sich tief in die kollektive Vorstellungswelt der Bewohner Bergamos eingegraben haben, denn es existieren zahlreiche Kopien und seine Ikonographie ist vollkommen neuartig. Im Allgemeinen wurde die Trinität durch eine Vereinigung von Symbolen dargestellt […]. Hier wird Christus als Erlöser verbildlicht; er ist auferstanden und zeigt seine Wundmale […], während sich hinter ihm der Umriss eines diaphanen Gottvaters abzeichnet, eine reine Lichterscheinung. [Diese] bildet eine neue Lichtquelle, die die Wolken weiß umsäumt".[378] Es handelt sich zweifellos um den originellsten und kraftvollsten Versuch eines Künstlers im 16. Jh. zu veranschaulichen, dass der unsichtbare Vater sich durch den sichtbaren Sohn manifestiert. Die Absicht war jedoch richtiger, als das Ergebnis glücklich getroffen.

B. Inthronisation

Die vom Vater an den Sohn gerichtete Aufforderung, sich zu setzen („Setze dich mir zur Rechten und ich lege dir deine Feinde als Schemel unter die Füße." Ps 110,1), scheint zu implizieren, dass Christus „in dem Moment", da diese Worte gesprochen werden, noch nicht sitzt. Doch gilt diese durch und durch menschliche Denkweise hier noch? Die Phantasie der Künstler wurde durch solche Fragen aber keineswegs gelähmt. Tatsächlich kann man eine kleine Gruppe von Darstellungen zu diesem Thema ausmachen, die der „Bilder der Inthronisation". Sie kamen im 11. Jh. mit der *Roda-Bibel*[379] auf, hielten sich das 13. Jh. hindurch, verschwanden jedoch im 14. Jh. Möglicherweise führten die zahlreichen Zurechtweisungen durch die Theologen, die kontinuierlich wiederholten, dass Gottvater weder eine rechte noch eine linke Seite habe und man das Hinsetzen des Sohnes nicht wörtlich zu verstehen habe, zu ihrem Verschwinden.

Die Bilder der Inthronisation des Sohnes zeigen ihn noch aufrecht, sich dem gemeinsamen Thron nähernd, im Begriff, sich neben Gottvater zu setzen, der ihn begrüßt, wie im *Polirone Psal-*

ter[380]oder im *Huth Psalter*[381], oder ihn, wie im *Amesbury Psalter*[382], am Handgelenk greift. Im *York Psalter* sieht man Christus als Auferstandenen mit entblößtem Oberkörper das Kreuz tragen.[383] Angesichts dessen stellt sich die Frage, ob man nicht solche Darstellungen als Bilder der Inthronisation bezeichnen müsste, die Christus mit nacktem Oberkörper und bereits zur Rechten Gottes sitzend zeigen: Dieser Bildtypus findet sich im 13. Jh. – beispielsweise im *Evesham Psalter*[384] –, dann im 14. Jh., und er existierte bereits im 12. Jh. Es wäre aber falsch zu glauben, dass dieses Bildthema am Ende des Mittelalters gänzlich aus dem Repertoire der Künstler verschwunden wäre: In der Tat findet man es von Zeit zu Zeit bis in unsere Tage innerhalb des monumentalen Kirchenschmucks, beispielsweise im Gewölbe der Vierungskuppel der Kirche Saint-Roch in Paris, ausgeführt von Adolphe Roger.

C. Christus als Haupt der Kirche

Der in der Herrlichkeit Gottes dargestellte Christus über oder inmitten einer Pfingstversammlung charakterisiert eine kleine Gruppe von Werken, die sich über den Zeitraum vom Anfang des 11. Jh.s bis zum 14. Jh. verteilen,[385] zu denen auch eine Relieftafel aus vergoldetem Kupfer im Musée Cluny zählt, das im Rahmen der Ausstellung *Les premiers retables*[386] in Paris (2009) gezeigt wurde. Es stellt drei Deutungen zur Wahl: dass die Anwesenheit Christi die Zwölf erfüllt, so dass diese zur Keimzelle der Kirche werden, die auch sein Körper ist, oder dass Christus in seiner Herrlichkeit die Quelle des über sie ausgesandten Heiligen Geistes ist, wie die Verse des priesterlichen Gebetes Jesu im Johannesevangelium („Wenn aber der Beistand kommt, den ich euch vom Vater aus senden werde …“ Joh 15,26) und auch in der Apostelgeschichte („Nachdem er durch die rechte Hand Gottes erhöht worden war und vom Vater den verheißenen Heiligen Geist empfangen hatte, hat er ihn ausgegossen.“ Apg 2,33) denken lassen. Die zugrundeliegende Quelle könnte gleichwohl ein Text von Augustinus sein.[387] Wie dem auch sei, man kann diese Bilder in zwei

Untergruppen aufteilen, je nachdem, ob Christus sich inmitten der Apostel befindet, wobei er unmittelbar am Ereignis teilnimmt und den Heiligen Geist handeln lässt, oder ob er in einer Mandorla über dem Apostelkollegium und in einiger Entfernung von ihm segnend und belehrend zu sehen ist. Eine Miniatur im *Limoges-Sakramentar* (Abb. 31), das um das Jahr 1100[388] datiert wird, stellt die Gabe des Geistes als zwei Feuerkugeln dar, die aus zwei ihrerseits den Ohren des thronenden Christus entspringenden Schläuchen herauskommen und Feuerstrahlen über die Apostel ausgießen.

Wahrscheinlich liegt das Bildmotiv des Füllhorns dieser Gestaltung in Form eines Schlauches zugrunde, durch den Christus seine Gaben über die Seinen ausschüttet.[389] Gleichwohl kann man sich fragen, ob das von den Ohren Christi ausgehende Feuer nicht das Gehör Christi symbolisieren soll – seinen Gehorsam gegenüber dem Willen Gottvaters: Eben diesen würde er auf die Apostel übertragen und er würde sie befähigen, das Evangelium zu verkünden und sich verständlich zu machen. Möglicherweise grenzt diese Deutung jedoch an eine Überinterpretation.

Die Darstellung auf dem Tympanon des Mittelportals im Narthex der Basilika Sainte-Marie-Madeleine in Vézelay, das aus der Zeit um 1120–1130 stammt, wird mal als *Pfingstwunder*[390] bezeichnet, mal aufgrund der Anwesenheit Christi als *Himmelfahrt*[391] oder auch als *Missionsauftrag* beziehungsweise *Aussendung der Apostel durch Christus,* wie sie am Ende des Matthäusevangeliums (Mt 28,19–20) überliefert wird, wo Christus, kurz vor der Himmelfahrt, seine Apostel zur Mission aussendet.[392] Einige Wissenschaftler ziehen sich aus der Affäre, indem sie von einer Kombination dieser unterschiedlichen Themen sprechen,[393] wobei die einen wie die anderen dem Umfeld der Kreuzzüge mehr oder weniger große Bedeutung beimessen. Der Heilige Geist selbst ist zugegebenermaßen nicht dargestellt, es sei denn in indirekter Art und Weise als Windhauch, der die Gewandfalten bewegt, ja sogar das gesamte Tympanon durchweht.[394] Die Gabe des Heiligen Geistes hingegen wird von den großen, über den Rand der Mandorla hinausragenden Händen Christi gespendet, von denen

Abb. 31: Miniatur, Sakramentar aus Saint-Martial in Limoges, Bibliothèque Nationale de France, Paris

Strahlen hinabfallen (entsprechend einer Vision des Propheten Habakuk: „Er leuchtet wie das Licht der Sonne, Strahlen gehen aus von seinen Händen, in ihnen verbirgt sich seine Macht." Hab 3,4), so wie auch auf einer karolingischen Elfenbeintafel aus Narbonne, wo die Strahlen von den fünf Fingern der Hand ausgehen.[395] Christus ist in riesenhafter Größe dargestellt, doch seine Erhabenheit ist nicht in regloser Vollkommenheit auf sich bezogen; er selbst ist in Bewegung – sein Torso ist frontal ausgerichtet, während seine Beine im Profil zu sehen sind. Er ist das treffende Bild der Großzügigkeit in Person. Gott gibt sich und er gibt „mit vollen Händen".

Insgesamt scheint dieses Tympanon von der Vorstellung des sich ausbreitenden, einnehmenden Gottes beherrscht, der aus sich heraustritt, um das ganze Universum zu umarmen, indem er es mit dem Dienst der Kirche erfüllt. Durchdrungen von einer gewaltigen Erschütterung, stellt es zugleich die Gabe des Heiligen Geistes und die Aussendung der Apostel zu den Völkern dar (Daher rührt das Fehlen Marias, die nicht ausgesandt wurde und die in den Pfingstdarstellungen des 12. Jh.s noch selten vorkommt.). Die Verbindung dieser beiden Themen ist keine mittelalterliche Erfindung, sondern sie ist vom Schluss des Johannesevangeliums inspiriert: „Jesus sagte noch einmal zu ihnen: Friede sei mit euch! Wie mich der Vater gesandt hat, so sende ich euch. Nachdem er das gesagt hatte, hauchte er sie an und sprach zu ihnen: Empfangt den Heiligen Geist." (Joh 20,21–22). Eine Darstellung der *Bible moralisée* aus Toledo ist so weit gegangen, die Szene wortwörtlich umzusetzen, mit einem Christus in Profilansicht, der die Apostel anhaucht.[396] Ein einzelnes Bild aber signalisiert noch keine Allgemeingültigkeit.

Das Schema der physischen „Anwesenheit in", „hinter" oder „unter", wie es oben (IV, 3, C; V, 2, A) behandelt wurde, um das gegenseitige Innewohnen von Vater und Sohn auszudrücken, wurde gelegentlich von den Künstlern bemüht, um die Präsenz Christi in seiner Kirche zu veranschaulichen.

Im Intarsienzyklus in Siena illustrierte Domenico di Niccolò den Artikel des *Credo* „Ich glaube an die eine, heilige, katholische und apostolische Kirche“ durch einen Christus, vor dem die Kirche in Gestalt einer jungen Frau mit Tiara steht. Sie stehen auf einem Podium und überreichen mit gleicher Geste dem hl. Petrus die Schlüssel und dem hl. Paulus einen Kelch mit Patene.[397] Beide Apostel stehen auf Postamenten und sind mit ihren jeweiligen Attributen versehen. Sie erinnern an Statuen, und das aus gutem Grund: Sie sind die „Säulen“ der Kirche (Gal 2,9 und 1 Tim 3,15).

Diese Anordnung der beiden Hauptfiguren – Christus „hinter“ der Kirche, sozusagen an sie gelehnt, überragt sie um Haupteslänge und nimmt sie sozusagen in sich auf – ist mit Sicherheit einer ungefähr fünfzig Jahre früher entstandenen Wandmalerei verpflichtet, dem „Triumph der Kirche“ in Sant’Incoronata in Neapel, die wir wahrscheinlich Roberto di Oderisio, einem Schüler Giottos, verdanken.[398] Christus befindet sich unter einem Baldachin, während die Kirche mit einer kegelförmigen Tiara bekrönt ist und einen kaiserlichen Mantel trägt. „Er ist das Haupt des Leibes, der Leib aber ist die Kirche“ (Kol 1,18). Daher handelt sie in seinem Namen, *in persona Christi*. Die Kirche ist gleichsam sein fortbestehender Körper während der gesamten Zeit seiner Abwesenheit bis ans Ende der Zeiten und sogar darüber hinaus, denn sie ist sein Körper für immer – eine Fortsetzung der Inkarnation und des Pfingstereignisses.

3. Fürsprecher oder Richter?

A. Der Fürsprecher

Während die Vorstellung von der Fürsprache Christi bei Gottvater im Neuen Testament belegt ist, kam die einer Fürsprache durch Maria erst im 4. Jh. auf, zum Beispiel im Hymnus *Sub tuum praesidium*[399], und gewann in den folgenden Jahrhunderten in Verbindung mit den ihr verliehenen Titeln immer mehr an Bedeutung: Mittlerin, Königin der Barmherzigkeit (*mater misericordiae*, wie im *Salve regina* formuliert), Mutter aller Menschen *(mater omnium)*. Im 14. Jh. entwickelte sich die Vorstellung einer Fürbitte der Jungfrau bei der Trinität. Was Marias Fürsprache bei Christus betrifft, so ist auch sie eine alte Vorstellung, die in der christlichen Kunst Themen wie die Deesis inspiriert hat, die zahlreichen mittelalterlichen Bildkompositionen sowohl im Westen wie im Osten zugrunde liegt.[400] Die Idee einer gemeinsamen Fürsprache Christi und Marias vor Gottvater (die „kombinierte Interzession“ der Kunsthistoriker[401]) findet ihre erste literarische Formulierung im 12. Jh. durch Arnold von Chartres († nach 1156), einen Freund Bernhards von Clairvaux.[402] Dort wird eine „Heilstreppe“ *(scala salutis)* mit vier Stufen vorgestellt: Die Sünder bitten Maria, ihnen zu Hilfe zu kommen – erste Stufe; Maria zeigt Christus ihre entblößte Brust[403], womit eine antike Geste des Bittgesuches aufgegriffen wird, und bittet für die Sünder – zweite Stufe; Christus wendet sich daraufhin Gott, seinem Vater, zu, wobei er seine Wundmale zeigt und ihn damit zur Barmherzigkeit auffordert – dritte Stufe; schließlich bildet die Vergebung Gottvaters, die Tatsache, dass er seine Meinung noch ändert, als er sich schon anschickt zu strafen, die vierte und letzte Stufe. Ein Tafelgemälde Lorenzo Monacos (Bildhinweis 20) aus dem frühen 14. Jh., das lange Zeit Niccolò di Pietro zugeschrieben wurde und sich heute in New York[404] befindet, stellt diese vier Stufen der Heilstreppe detailliert dar. Dieser Bildtypus wurde von Luther aufs Schärfste kritisiert, weil er Maria eine exzessive Bedeutung beimaß, zum Nachteil der alleinigen Mittlerrolle Christi.[405]

In den *Meditationes vitae Christi* des Pseudo-Bonaventura öffnet der auferstandene Christus, gefolgt von den Patriarchen, die Tür des Paradieses und kniet vor seinem Vater nieder: „Mein Vater, sagt er, ich danke euch, weil ihr mir den Sieg geschenkt habt." Und sein Vater hilft ihm auf und fordert ihn auf, sich zu seiner Rechten zu setzen. Diese Szene wurde in Arnoul Grébans *Passionsspiel* aufgeführt, in dem das Zeigen der Wundmale nicht erwähnt wird, sondern nur Christi Hintreten vor Gott und sein Niederknien. Das Niederknien Christi (allein oder in Begleitung seiner hinter ihm stehenden Mutter) vor Gottvater ist ein Motiv, das seine eigene ikonographische Tradition besitzt. Es wurde ebenfalls angefochten, diesmal von den katholischen Theologen, die es als erniedrigend und Christi unwürdig bezeichneten: Man müsse Christus aufrecht bittend vor dem Vater darstellen.[406]

Das Bild einer „kombinierten Interzession" findet sich auf einem im Louvre befindlichen Blatt (Bildhinweis 21), das aus dem *Turiner Stundenbuch* stammt, einer der herrlichsten und erfindungsreichsten Handschriften des ausgehenden Mittelalters.[407] Gottvater als Greis mit Weltkugel und Zepter sitzt auf einem Thron, der so fein wie eine Goldschmiedearbeit ausgearbeitet ist. Christus, der die Wunde in seiner Seite zeigt, kniet auf der umgestürzten Geißelungssäule; das Tuch, das hinter ihm Engel halten, ist mit Blut befleckt, wahrscheinlich eine Anspielung auf das blutverschmierte Gewand Josephs, das die Brüder seinem Vater Jakob zurückbrachten (Gen 37,31–33); an seiner Seite entblößt die Mutter Gottes ihre rechte Brust, um so dem Vater in Erinnerung zu rufen, dass diese Brust seinen Sohn genährt hat, und um diesen zu unterstützen, der den Vater um Barmherzigkeit gegenüber der Menschheit bittet, im Namen der Verdienste, die seine Mutter durch die Gnade, die ihr durch die Mutterschaft zuteilwurde, und er selbst durch seine Passion erlangten. Diese monumental gestaltete Vision ist somit wie ein zweistimmiges Plädoyer vor dem Thron Gottvaters angelegt.

B. Der eschatologische Richter

Neben der ersten Herabkunft des Wortes zu seiner Inkarnation (s. o. III), in der die Christen seit Justin dem Märtyrer in der Mitte des 2. Jh.s[408] die „erste“ Parusie gesehen haben, lehrt die christliche Offenbarung, dass es eine zweite Herabkunft des Wortes geben wird, die nun aber so ruhmreich sein wird wie die erste demütig war.[409] Diese zweite Parusie, die oft verkürzt schlicht Parusie genannt wird, auf die Gefahr hin, darüber die erste zu vergessen, wird das Ende der Geschichte einläuten, die Auferstehung der Toten und das Jüngste Gericht. Von ihr wird in der Apostelgeschichte gesprochen als einer Umkehrung der Himmelfahrt: „Dieser Jesus, der von euch ging und in den Himmel aufgenommen wurde, wird ebenso wiederkommen, wie ihr ihn habt zum Himmel hingehen sehen“ (Apg 1,11). Sie wird ausführlicher beschrieben in den Evangelien, insbesondere im Matthäusevangelium, in dem man unter anderem liest, dass sie sich plötzlich ereignen wird („Denn wie der Blitz bis zum Westen hin leuchtet, wenn er im Osten aufflammt, so wird es bei der Ankunft des Menschensohnes sein.“ Mt 24,27; „Denn wie der Blitz von einem Ende des Himmels bis zum andern leuchtet, so wird der Menschensohn an seinem Tag erscheinen.“ Lk 17,24) und dass sie ein ganz und gar ruhmreiches Geschehnis sein wird: „Wenn der Menschensohn in seiner Herrlichkeit kommt und alle Engel mit ihm, dann wird er sich auf den Thron seiner Herrlichkeit setzen“ (Mt 25,31). Es wird das Vorspiel zum Jüngsten Gericht sein: „Und alle Völker werden vor ihm zusammengerufen werden und er wird sie voneinander scheiden [...]. Er wird die Schafe zu seiner Rechten versammeln, die Böcke aber zur Linken“ (Mt 25,32–33).

Es ist nicht immer einfach zu entscheiden, ob es sich bei gewissen Darstellungen der Maiestas Christi, zumal bei jenen der christlichen Antike, um Darstellungen der zweiten Parusie handelt oder nicht. Das Apsismosaik von Santa Pudenziana (s. o. Abb. 5) beispielsweise kann ohne weiteres als Bild der Parusie oder auch als Darstellung der Herrlichkeit des Erlösers interpretiert werden. Auch Darstellungen wie die auf dem Sarkophag des Junius Bassus

(s. o. Abb. 6) lassen sich nicht eindeutig in die Chronologie der biblischen Geschichte einfügen.

Da es über diese Ankündigung hinaus nichts gab, keinerlei vorausgehendes trinitarisches Konsilium, ist die zweite Herabkunft nie Gegenstand bildlicher Darstellungen, vergleichbar denen der ersten, gewesen. Die Künstler haben hier also keine Hilfestellung geleistet. Sie haben sich in diesem Falle damit begnügt, auf die Texte der synoptischen Evangelien zurückzugreifen, indem sie Christus auf dem Regenbogen sitzend darstellten („seinem Thron der Herrlichkeit"), dem sein Kreuz vorangeht („das Zeichen des Menschensohnes") und der von Engeln begleitet wird: Dies ist der traditionelle Bildtypus für Christus als Richter, so wie er im Zentrum der Mehrzahl der Darstellungen des Jüngsten Gerichts in der Kunst auftritt, etwa in der Darstellung Rogier van der Weydens in Beaune. Dieser Bildtypus versetzte Luther in Schrecken, der in ihm die Quintessenz eines Gerichts sah, an dessen Ausgang niemand Gnade finden konnte. Ansonsten wurde der Christus der zweiten Parusie, nachdem in der Kirche die Vorbehalte gegenüber der Aufnahme des Buches der Johannesoffenbarung ausgeräumt waren,[410] häufig dargestellt, wobei man den konkreten (insbesondere griechischen) und bildhaften Anregungen dieses Buches folgte, das vor dem 9. Jh. kaum illustriert wurde, sich im Hoch- und Spätmittelalter aber großer Beliebtheit erfreute.[411] In dieser Zeit tauchte er in den durch dieses Buch inspirierten Bilderzyklen auf: neben einem Christus, der feierlich sein Kreuz trägt[412], finden sich zahlreiche Gestalten Christi mit einem Schwert zwischen den Zähnen[413], mit einer Sense[414] oder einer Sichel,[415] manchmal zu Pferd,[416] eine Armbrust schwingend[417] oder einen Bogen spannend[418], oder majestätisch thronend, wobei von seinem Arm Pfeile aus der Mandorla geschleudert werden.[419] Hier lief die Gottesdarstellung der Künstler Gefahr, jene Gläubigen zu überraschen oder gar zu schockieren, die sich mangels ausreichender Bibelkenntnisse außerstande sahen, diese rachsüchtigen und unpassenden Gestalten mit dem Gott der Andacht in Einklang zu bringen, dessen Erscheinungsbild weniger extravagant, dafür umso beruhigender war … Doch hat die Johannesoffenbarung auch das vielleicht ergreifendste aller Bilder Gottes hervorgebracht: Gott, der die Tränen der Seligen trocknet – allerdings ein Thema, das in der Kunst kaum Widerhall fand, mit Ausnahme des *Hortus deliciarum,* wo zu sehen ist, wie Gott selbst die Tränen eines Seligen mit einem großen Taschentuch trocknet: *Er wird alle Tränen von ihren Augen abwischen* (Offb 21,4[420]).

4. Der Gott der visio beatifica

Der christlichen Doktrin zufolge werden die Seligen Gott in alle Ewigkeit schauen, so wie er ist, „von Angesicht zu Angesicht“ (1 Kor 13,12). Sie werden sich daran unendlich und auf immer erfreuen. Die zugleich anthropologische, theologische und metaphysische Frage nach der Art dieser Kontemplation, nach dem Leben in von Grund auf verwandelten und eigentlich nicht vorstellbaren Körpern (1 Kor 15), zählt offensichtlich zu den komplexesten Fragen und duldet keine vereinfachende Antwort – zumal sie Gegenstand lebhafter Diskussionen, insbesondere im Verlauf des 14. Jh.s, gewesen ist. Es handelt sich um eine jener in der Kirchengeschichte sehr seltenen Debatten, die so ernst und kontrovers geführt wurde, dass ein Papst, nämlich Benedikt XII., es im Jahre 1336 für notwendig befand, seinem gerade zwei Jahre zuvor verstorbenen Vorgänger Johannes XXII. öffentlich zu widersprechen. Es drehte sich dabei um eben die Frage, ob und von welchem Zeitpunkt an Gott in der Ewigkeit geschaut wird. Johannes XXII. hatte die Ansicht vertreten, dass Gott, so wie er ist, nicht geschaut werden kann, und dass das in jedem Fall erst nach dem Jüngsten Gericht, vermittels der *species* (der „sichtbaren Form“) Christi, geschehen würde. Benedikt XII. hingegen machte, gestützt auf Lehrmeinungen, geltend, dass Gott, so wie er ist, von den für würdig Befundenen bereits nach dem „individuellen Gericht“, das für jeden Verstorbenen nach seinem Tod stattfindet, geschaut werden wird, ohne dass diese auf das Jüngste Gericht warten müssten.[421] Im Jahre 1336 erklärte Benedikt XII. daher in der Tat in *Benedictus Deus,* dass sich die Seelen der Gerechten unmittelbar nach dem individuellen Gericht der seligmachenden Schau Gottes erfreuen, „von Angesicht zu Angesicht, ohne Vermittlung eines Geschöpfes, das sich als geschauter Gegenstand darböte; im Gegenteil, das göttliche Wesen zeigt sich ihnen unmittelbar unverhüllt, klar und offen".[422] Diese Lehre wurde von Eugen IV. in der Bulle *Laetentur coeli* (1439) bekräftigt: Die Seelen der ohne Sünde Verstorbenen oder im Purgatorium Gereinigten haben teil an der seligmachenden Schau: „Sie werden sogleich in den Himmel aufgenommen und schauen den dreifaltigen und einen Gott selbst in Klarheit so, wie er ist; aufgrund der Verschiedenheit der Verdienste jedoch der eine vollkommener als der andere."[423]

Die Künstler waren nicht befugt, mit Worten und Argumenten in diesen Streit einzugreifen. In der Tat haben sie, ohne es womöglich zu wollen, dennoch eine Rolle in dieser im Mittelalter äußerst kontrovers geführten Diskussion gespielt,[424] allerdings mit ihren eigenen Argumenten, indem sie alle, oder fast alle, sozusagen wie ein Mann, den Standpunkt Benedikts XII. und Eugens IV. übernahmen. Tatsächlich gefiel es ihnen, nicht nur die Architektur und die Schönheit des Himmlischen Jerusalem zu zeigen, sondern auch die Versammlung der Heiligen, vereint mit der der Engel, in der Mitte Gott, der endlich „von Angesicht zu Angesicht" gesehen wird (1 Kor 13,12). Die Mehrzahl der Darstellungen der letzten Seligkeit lassen diesbezüglich beim Betrachter keinerlei Zweifel aufkommen: Ob in Gruppen unterteilt (Patriarchen und Propheten, Apostel und Bekenner, Märtyrer, Jungfrauen usw.) oder in fröhlichem Miteinander, die Seligen sind oder sie scheinen sich in der Gegenwart Gottes selbst zu befinden und der unmittelbaren Schau endlich und für immer teilhaftig zu werden.[425]

Und da der Gott der christlichen Offenbarung dreifaltig ist, erwartet man logischerweise eine Dreifaltigkeitsdarstellung in diesem Bildtypus. Diese Erwartung wird nicht enttäuscht. Die Dreifaltigkeit sitzt gut sichtbar im Zentrum der meisten Kunstwerke, die die seligmachende Gottesschau *(visio beatifica Dei)* zum Thema haben. Das gilt vor allem für die Miniaturen, die im 15. Jh. die Handschriften des Werkes „Vom Gottesstaat" des hl. Augustinus illustrieren. Der von den Künstlern gewählte Typus der Trinität variiert jedoch, was uns abschließend zu weiteren Überlegungen veranlasst.

Einige der Dreifaltigkeitsgruppen, die im Mittelpunkt der Versammlungen der Seligen im Himmel angesiedelt sind, beinhalten das Motiv des gekreuzigten Christus, das in diesem Zusammenhang deplatziert scheint. Ist Christus nicht „ein für allemal" gestorben? „Wir wissen, dass Christus, von den Toten auferweckt, nicht mehr stirbt; der Tod hat keine Macht mehr über ihn" (Röm 6,9). Es ist also nicht zu begreifen, wieso die Seligen aufgefordert werden können, Christus am Kreuz für alle Zeit zu betrachten, was sie, da sie ja Heilige sind, bereits im Laufe ihres irdischen Lebens zur Genüge getan haben. Wenn also ein Maler eine Versammlung im Himmel zeigt, die einen Gnadenstuhl oder eine Compassio Gottvaters schaut, muss man daraus den Schluss ziehen, dass es sich keineswegs um ein Bild der glückseligen Ewigkeit handelt, beziehungsweise, dass Widersprüchlichkeit und Anachronismus der Unwissenheit des Künstlers geschuldet sind. Es sei denn, man zieht eine dritte Möglichkeit in Erwägung, die einer Verbindung zweier unterschiedlicher Zeitebenen, der Geschichte (Weltzeit) und der Ewigkeit, und eine gegenseitige Durchdringung beider Reiche, nämlich der streitenden Kirche *(ecclesia militans)* und der triumphierenden Kirche *(ecclesia triumphans)* … ein wenig in der Art, wie Augustinus empfahl, die Vermischung der beiden Staaten, dem Gottes und dem des Teufels, in der geschichtlichen Zeit (Weltzeit) anzuerkennen.[426] Nach gründlichem Abwägen neige ich, anders als Panofsky, dazu, dass die Zeit auf Dürers 1511 gemaltem *Landauer Altar* (Wien Kunsthistorisches Museum, Bildhinweis 5) nicht die Zeit nach dem Jüngsten Gericht ist und noch weniger die Ewigkeit, sondern vielmehr die Zeit des Gebetes der Kirche im Himmel („der triumphierenden Kirche") für die Kirche auf Erden („die streitende Kirche"), die notwendigerweise noch auf die Fürbitte und die Mediation des Opfers Christi angewiesen ist.[427]

Eine „leidende Trinität" wäre nicht wahrhaft seligmachend und könnte nicht den natürlichen Wunsch, Gott zu sehen, erfüllen. In dem Maße, da es die selige und von allen Handlungen *ad extra* unabhängige Trinität selbst ist, die die einzige und ausreichende Quelle jeglicher in der Ewigkeit bestehender Freude darstellt, sind, um bei Augustinus zu bleiben, leichte Vorbehalte gegenüber der allzu häufigen Verbindung zwischen der Gottesschau im Paradies und der Krönung der Jungfrau durch die Dreifaltigkeit erlaubt; schwerwiegendste Vorbehalte lassen sich *a fortiori* gegenüber der theologischen Richtigkeit von Bildern der glückseligen Ewigkeit vorbringen, die um eine „leidende Trinität“, einen Gnadenstuhl oder eine Compassio Gottvaters gruppiert sind. Im Mittelpunkt der Darstellungen der *visio beatifica* sollten nur solche Dreifaltigkeitsbilder stehen, in denen ein Christus am Kreuz oder ein vom Kreuz abgenommener, noch vom Leiden gezeichneter Christus nicht vorkommen. Er muss lebendig und in Herrlichkeit gezeigt werden. Tatsächlich waren es vor allem die Psalter-Trinität und die triandrische Trinität (s. o. I), die als Objekt der Gottesschau dargestellt wurden.[428]

Eines der liebenswertesten und überzeugendsten Beispiele der Darstellungen der *visio beatifica* ist wohl die Miniatur Jean Fouquets *Anbetung der Dreifaltigkeit* (Bildhinweis 22) im *Stundenbuch des Étienne Chevalier,* das sich heute in Chantilly befindet. Friede und Harmonie herrschen hier ohne Einschränkung. Die in den Himmel aufgenommenen Seligen stehen dicht gedrängt, ohne jegliche Unterteilung in Gruppen, im Halbdunkel einer Art riesigen Theatersaals, um die Szene zu schauen, die aus sich heraus erhellt wird, da sie vom Wesen her leuchtet: eine triandrische christomorphe Trinität, die ohne jegliche Steifheit auf dem Thron sitzt, schlicht gekleidet ist und einladend und freundlich wirkt. In der Bildmitte auf einem dreistufigen Podest angeordnet, ist sie deutlich von der seitlich auf einem zweistufigen Podest sitzenden Mutter Gottes abgesetzt: Die Marienverehrung ist gewahrt, ohne eine Spur von Idolatrie. Es handelt sich um eine Trinität, die von (den Bewohnern des) Himmelreichs betrachtet und angebetet wird, nicht um eine Quaternität. Man könnte dieses Bild als übermäßig familiär und der Theaterkunst verpflichtet bezeichnen, für die sich der Künstler bekanntlich begeisterte.[429] Doch da sollte man zweimal hinsehen. Denn worin bestehen die Nachteile? Abgesehen davon, dass es ein Wunderwerk der Monumentalität in kleinstem Format (16 cm × 10 cm) ist, vermittelt es einen Eindruck von beständigem Glück, von brüderlichem und rücksichtsvollem Miteinander.

Schlussbetrachtung

In diesem Kapitel, wie in den vorherigen, haben wir uns auf die spezifische Arbeit der Maler und Bildhauer konzentriert, wobei wir uns gefragt haben, inwieweit „ihre“ Vorstellung der einzelnen Etappen im Leben des Mensch gewordenen Gottes den Schriften des Neuen Testaments und den christologischen Ausführungen der Theologen etwas Neues hinzugefügt haben, infolge der besonderen Art und Weise der Künstler, diese Etappen aufzufassen und sie zu visualisieren, und deshalb sich selbst dazu zu verpflichten, wenn man so sagen darf, Antworten auf jene Fragen zu finden, die die räumliche oder dreidimensionale Gestaltung der Inhalte von Evangelientexten oder von Artikeln des *Credo* zwangsläufig hervorruft. Kurzum, es handelt sich um die Gegenüberstellung zweier „Gottesbilder“, die uns gefesselt hat, oder besser gesagt, um zwei Arten, sich zu diesem Thema auszudrücken, nämlich die der Worte (der Aussage) und die der Formen (der „Bilder“), und als Konsequenz um die zwei deutlich unterschiedenen Register des „diskursiven Denkens“ der theologischen Traktate und des „figurativen Denkens“ der Kunstwerke (s. o. IV, Zusammenfassung), wobei die spirituellen Werke und die Visionen der Mystiker eine Brücke zwischen den beiden Welten schlagen.

Worin besteht nun letzten Endes das figurative Denken? Vor allem darin, einen Zugang zu ideellen Realitäten zu schaffen und ihnen ein Maß an Realität zu verleihen – eine „Bildwelt der Wahrheit“ („imaginaire de vérité“: André Malraux) zu liefern. Wie das? Durch die Auswahl und Modellierung von Motiven und Figuren, durch ihre Anordnung im symbolischen Raum einer begrenzten Fläche oder eines Volumens: Das erfordert unter anderem die Arbeit des Platzierens, des Gliederns und Hierarchisierens, der Verteilung von Rollen und der Gestaltung von Szenen. Einen stehenden Christus hinter der personifizierten Kirche zu platzieren, ist eine Bilderfindung, die im Handumdrehen suggeriert, dass Christus in seiner Kirche gegenwärtig ist, dass er durch sie handelt und lehrt und dass sie sein „ihm verbundenes Werkzeug“ ist, ganz so wie, Thomas von Aquin zufolge, die Menschheit Christi das „eigene und verbundene Werkzeug“ seiner Gottheit ist. Kurzum, die Richtigkeit der Bilderfindung besteht darin, erfolgreich zu vermitteln, dass Christus „hinter ihr“ steht, so wie der Vater „hinter Christus“ und wie die Trinität als Ganzes „hinter“ dem Opfer Christi am Kreuz steht; gleichzeitig wird damit das paulinische Thema der Kirche als Leib Christi heraufbeschworen (vgl. 1 Kor 12,27) sowie die traditionelle christliche Auslegung des Hohenliedes als Liebeslied Christi und der Kirche. Die Historiker, die sich mit dem von einem heiligen Text oder von einer Lehre inspirierten religiösen Bild beschäftigen, machen häufig die Feststellung: Anfangs besteht figuratives Denken in vielen Fällen darin, die räumlichen Angaben und das semantische wie rhetorische Potential einer bestimmten Vorlage auszuschöpfen und daraus das Kompositionsschema zu entwickeln: „hinter“ (wir haben diesbezügliche Beispiele gesehen), „über“, „in“, „neben“, „unter“, „im Schoße von“ usw. „Im Anfang war das Wort, und das Wort war bei Gott“ (Joh 1,1): „bei“ – mehr bedarf es nicht, um den Pinsel oder den Meißel in Gang zu setzen.

Diese letzte Überlegung erlaubt, auf das Verhältnis zwischen figurativem Denken und diskursivem Denken zurückzukommen und zu einer allgemeinen Schlussbetrachtung überzuleiten. Das Gottesbild der Maler und Bildhauer lässt sich weder auf ein Echo noch auf eine Reflexion noch auf ein visuelles Äquivalent der Gottesvorstellung der Seelsorger und Theologen reduzieren – wenngleich es stets dem Zeitgeist und dem „Erwartungshorizont“ (Hans Robert Jauss) der jeweiligen Epoche verpflichtet bleibt[430] – noch auf eine „Übersetzung“ in Linien und Farben des Bildes jenes Gottes, den die Bibel verkündet, indem sie erzählt, wie er während der Schöpfung des Universums und in der Heilsgeschichte am Werk ist, noch auf eine peinlich genaue Wiedergabe des *Credo* oder des Dogmas, in der man Punkt für Punkt die Lehren der Kirchenväter, der Konzilien, der Scholastiker und Autoritäten wiederfinden könnte, so als ob es zwischen dem Gott der Künstler und dem des Dogmas eine umkehrbar eindeutige Abbildung gäbe. Zugegebenermaßen ist diese Darlegung in dem Maße vereinfacht, als es nicht „ein“ oder „das“ zeitlose Dogma gibt, sondern Dogmen und aufeinanderfolgende Formen von Dogmen sowie in regelmäßigen Abständen neue Dogmen.

Wie dem auch sei, eine systematisch „konkordistische“ Vorstellung von den Beziehungen zwischen den einzelnen Registern der Reflexionsleistung einer Gesellschaft oder einer Kultur ist anfechtbar, da sie oft von den Fakten Lügen gestraft wird. Gewiss, es mag zunächst plausibel erscheinen und beinahe beruhigend wirken, eine tiefe, organische oder systematische Einheit der Kultur eines Zivilisationsraumes zu postulieren, und insbesondere zwischen den verschiedenen Ausdrucksweisen, die durch denselben religiösen Glauben stimuliert sind: Man möchte nur zu gerne an einen dem „globalen sozialen Tatbestand“ inhärenten „globalen kulturellen Tatbestand“ glauben. Indessen ist dieses Postulat nicht bewiesen, noch bewahrheitet es sich zwangsläufig, es ist lediglich eine offensichtlich allzu leicht als evident hingestellte Hypothese. Sie verschleiert beispielsweise die Tatsache, dass Wörter und Formen nicht auf dieselbe Weise funktionieren. Es mag so etwas wie Harmonie zwischen ihnen geben, sogar eine Komplementarität, aber es gibt niemals eine Äquivalenz. Das Axiom der Äquivalenz ist im Übrigen ein wenig bequem, insofern es den Wunsch verrät, ohne Anstrengung von einem Register in ein anderes wechseln zu können. Es ist fast so, als forderte man, sich mühelos zwischen der Welt des Wortes und der Welt der darstellenden Künste, sogar darüber hinaus in die Welt der Töne bewegen zu können. Wenn dem aber so wäre, würde es genügen zu verstehen, was in der einen Sprache „gesagt wird“, um im Voraus zu wissen, was in den anderen gesagt wird. Doch wer würde zu behaupten wagen, dass die Werke Gersons, des hl. Antoninus von Florenz oder des Nikolaus von Kues in vollkommener Übereinstimmung mit der Musik und Malerei ihrer Zeit stehen? Oder dass Monteverdis Vorstellung von Gott jener von Rubens entspreche; oder dass das Gottesbild Johann Sebastian Bachs dasjenige von Giambattista Tiepolo oder von Alfonso de Liguori wiedergebe?

Soll man darauf bestehen? Das wäre ein Trugbild. Das Gottesbild der Theologen umfasst eine überaus dichte Welt der Gedanken und Diskurse, die letztlich in der Spekulation sehr viel freier ist, als man glaubt. Das Gottesbild der Künstler aber besitzt seine eigene Dichte und Fülle, die keineswegs geringer ist, insofern es weder durch ein „Altes Testament" der Kunst, im Sinne von etwas Vorgegebenem, neu zu Interpretierendem, programmiert oder normiert, noch durch irgendeine zentralisierte Autorität überwacht wurde – die Künstler und ihre Auftraggeber wählen keinen Papst und pflegen sich auch nicht auf Konzilien zu versammeln. Jedenfalls werden wir nicht zu behaupten wagen, dass die Welt der mesopotamischen, ägyptischen oder griechischen Götter der Gottesdarstellung der christlichen Künstler in ähnlicher Weise gedient hat, wie das Alte Testament das Neue Testament genährt hat, das in ihm einen konstanten Bezugspunkt hatte, wenngleich es von beiden Seiten eine Vielzahl formaler Anleihen (Endymion für Jona, Herkules für Samson, der *adventus* für den Einzug in Jerusalem), dynamischer Neuinterpretationen und Schöpfungen neuer Szenen gab, die eine bislang unbekannte Geschichte illustrieren und zu einer neuen Ikonographie zwingen, sei sie auch noch so gering. Der wesentliche Unterschied im vorliegenden Fall besteht darin, dass die christliche Bibel ein einziges Buch bildet, das von den beiden „Testamenten" ausgeht, was auf die Gottesdarstellungen der Maler und Bildhauer nicht zutrifft. Nicht, dass Zitate dort selten wären. Doch fehlen zwischen dem Repertoire der hellenistischen Kunst und dem der christlichen Kunst beispielsweise dieser auserwählte Bezug und diese enge Verknüpfung, die in der Bibel die genealogische Kontinuität von Altem und Neuem Testament sichert, oder jener Pfropfen, um es mit dem hl. Paulus zu sagen (Röm 11,23–24).

Kurzum, der Gott der Maler ist nicht der „Klon" des Gottes der Christen, der Theologen oder der Philosophen, nicht seine kolorierte Dublette zu einem rein dekorativen Zweck, im Grunde überflüssig oder von ausschließlich pädagogischem Nutzen für die schlichten Gläubigen, die des Theologisierens nicht fähig sind. Der Gott der Maler ist anders. Er nährt nicht nur das Gefühl, sondern regt auch zum Denken an. Er ist zugleich Derselbe und ein Anderer. Ja, er fügt dem Gott des *Credo* Farben und Formen hinzu, aber nicht nur, sondern auch Haltungen, ein Aussehen, ein Gepräge (einen Typus, etymologisch gesehen), die Fähigkeit, sich in den Raum einzufügen, um sich noch besser den Gemütern einzuprägen. Und vor allem aber trägt er zu einem Gefühl der Nähe, der Gegenwärtigkeit bei, denn er verleiht ihm ein Gesicht, einen Blick. Der Gott des *Credo* und der Theologie betrifft potentiell die ganze Menschheit, doch er blickt niemanden an, da er keine Augen hat. Theologen und Mystiker sprechen von der Vision des Gesichtes Gottes, ohne die Macht zu besitzen, diesem Gesicht eine sichtbare Form zu verleihen. Diese Fähigkeit – es ist fast trivial, es auszusprechen – ist der Kunst der Maler und Bildhauer eigen. Das Besondere „ihres" Gottes wird aus dieser Sicht durch den *Pantokrator* (Bildhinweis 1) des Katharinenklosters auf dem Sinai treffend repräsentiert – denn es ist wahr, dass das Christentum „eine Religion der Gesichter" ist (Olivier Clément). Doch das Gottesbild der Maler und Bildhauer beschränkt sich nicht darauf, es bereichert den Gott des *Credo* um Modifizierungen, sogar um Korrektive, es stellt ihn in Frage und wirft Probleme auf, die die Theologie nicht vorhergesehen hatte. Es verleiht dem Gott des Glaubens ein zusätzliches Gewicht, sogar eine gewisse Schwere, es gibt ihm eine wahrhaft menschliche Tiefe, wenn man das so sagen darf. Dies geschieht nicht ohne ein gutes Maß an Anmut, Charme, Verführung. Die Menschheit Gottes machte die gute Seite des Gottes der Maler und Bildhauer aus, auch wenn sie in einer exzessiven Vermenschlichung erniedrigt wurde. Es bedurfte seiner im Grunde nicht, weder um zu glauben noch um zu lernen, was man glauben und anbeten soll, Gregor dem Großen zum Trotz. Sein Wert besteht im Übrigen nicht darin, irgendeiner Sache zu dienen: Die Kunst kennzeichnet eine „Zweckmäßigkeit ohne Zweck" (Kant). Doch trug er dazu bei, das *Credo* glaubhaft und liebenswert zu machen ... Gott für all jene erträglicher zu machen, die nicht Heilige und nicht Theologen sind: für die breite Masse.

Anmerkungen

Einleitung

[1] F. Bœspflug, *Dieu et ses images. Une histoire de l'Éternel dans l'art*, Paris 2008; (eine neue Ausgabe unter demselben Titel ist 2011 erschienen, die 2012 ins Italienische übersetzt und unter dem Titel *Le immagini di Dio* veröffentlicht worden ist).

[2] Xenophanes, *Fragment 15*, zitiert in: Clemens von Alexandria, *Stromateis*, V, XIV, 109 (zitiert nach BKV); A. Motte, *Xénophane de Colophon et la naissance d'une théologie nouvelle*, in: M. Mazoyer, O.Casabone (Hrsg.), *Studia anatolica et varia. Mélanges offerts à René Lebrun*, Paris 2004, Bd. II, S. 151–194: 176.

[3] B. Studer, *„Incarnation"*, in: *Dictionnaire encyclopédique du christianisme ancien*, Paris 1990, Bd. I. Dieser theologische Begriff findet sich weder in der Bibel noch im *Credo*. „In Anlehnung an die Schriften des Johannes (Joh 1,14; 1 Joh 4,2) hat die patristische Theologie das Konzept der Inkarnation entwickelt. Das Nomen *sarkôsis*, obwohl bereits von Irenäus verwendet (*Gegen die Häresien [Adversus haereses]*, III,18,3 [Fontes Christiani, Band 8.4], Freiburg i. Br. 1995; *Contre les hérésies. Dénonciation et réfutation de la gnose au nom trompeur*, übers. von A. Rousseau, Paris 1984, S. 361, 367f.) [...] verbreitete sich erst im Laufe der zweiten Hälfte des 4. Jh.s im Rahmen der apollinarischen Kontroverse." Novatian allerdings verwendet *incarnatus* vom 3. Jh. an.

[4] DH Nr. 125f. (Nicäa I), Nr. 301f. (Chalcedon).

[5] In *De civitate Dei* zitiert Augustinus Varro (116–27 v. Chr.), der mit einer gewissen Sehnsucht erklärt, „die alten Römer hätten über hundertundsiebzig Jahre lang die Götter ohne Bildnisse verehrt (*sine simulacro coluisse). W*äre es dabei geblieben", fügt Varro lakonisch hinzu, „so wäre die Verehrung der Götter eine reinere gewesen". Augustinus von Hippo, *De civitate Dei,* IV, 31,2 (zitiert nach BKV).

[6] Die Ausstellung der Sammlung Khalili im Institut du monde arabe (*Arts et l'islam. Chefs-d'œuvre de la collection Khalili*, Paris, Institut du monde arabe, 6. Oktober 2009 – 14. März 2010) widerlegt auf unanfechtbare Weise den Ruf der Bilderfeindlichkeit des Islam. Was das Judentum betrifft, so muss man sich daran erinnern, dass zur Zeit des ersten Tempels dekorative Bilder dargestellt wurden (die Cherubim der Arche, die Rinder des „bronzenen Meeres", eines Beckens für rituelle Waschungen); das postbiblische Judentum schwankte je nach Epoche und Örtlichkeit zwischen strengen Auslegun-

gen des Bilderverbots und einer freizügigeren Auslegung, die das dekorative Bild zuließ oder sogar förderte.

[7] Man kann gewiss eine Parallele zwischen der Herabkunft des Wortes (im Christentum) und der Herabkunft des Buches (im Islam: *insal*) ziehen. Letztere hat aber im Vergleich zur ersten keine Bilder hervorgerufen.

[8] Wir verwenden diesen Begriff aus Bequemlichkeit, wobei wir die zu diesem Thema beispielsweise von R. Brague, *Du Dieu des chrétiens et d'un ou deux autres,* Paris 2008, S. 13–47 und 77–113 formulierten Vorbehalte teilen.

Kapitel I. Der Mensch gewordene Gott. Vom verbotenen Bild zum Bild eines „menschlichen, allzu menschlichen Gottes"

[9] Das betrifft lediglich zwei Jahrzehnte gegenüber den dreitausend Jahren Religionsgeschichte im alten Ägypten; J. Assmann, *Moses, der Ägypter,* München 1998, Kap. II,1.

[10] Vernant, *Figures, idoles, masques.*

[11] Zu den massebot (Plural von massebah, wörtlich: „aufgerichteter Stein") vgl. A. Negev, Sh. Gibson (Dir.), *Dictionnaire archéologique de la Bible,* Paris 2006, S. 347.

[12] F. Bœspflug, *Faut-il bannir l'usage de la notion d'idole?,* in: R. Dekoninck, M. Watthee-Delmotte (Hrsg.), *L'Idole dans l'imaginaire occidental,* Paris 2005, S. 23–34.

[13] O. Keel, Chr. Uehlinger, *Göttinnen, Götter und Gottessymbole,* Freiburg i. Br. 1992.

[14] A. Schenker, *L'institution des dieux et des religions. L'unicité du Dieu de la Bible,* in: Fr. Mies (Hrsg.), *Bible et sciences des religions. Judaïsme, christianisme et islam,* Namur – Brüssel 2005, S. 17–40 (37–39: „YHWH est fondateur du culte des images des dieux chez les nations selon Dt 4,15–20").

[15] N. D. Mettinger, *No Graven Image? Israelite Aniconism in its Near Eastern Context,* Stockholm 1995.

[16] Ex 20,4–5; Chr. Dohmen: *Das Bilderverbot. Seine Entstehung und seine Entwicklung im Alten Testament.* 2. durchgesehene und um ein Nachwort erweiterte Auflage, Frankfurt a. M. 1987; ders., *Studien zu Bildverbot und Bildtheologie des Alten Testaments* (Stuttgarter Biblische Aufsatzbände 51), Stuttgart 2012.

[17] Vernant, *Figures, idoles, masques.*

[18] W. Barnes Tatum, *The LXX Version of the second Commandment (Ex: 20,3–6, LXX=Deut. 5, 7–10): Polemic against Idols, not Images,* in: Journal for the Study of Judaism 17, 1986, S. 116–118.

[19] A. Besançon, *L'Image interdite. Une histoire intellectuelle de l'iconoclasme,* Paris 1994, S. 116–118.

[20] D. Jarassé, *Existe-t-il un art juif?,* Paris 2006.

[21] K. Weitzmann, H. L. Kessler, *The Frescoes of the Dura Synagogue and Christian Art,* Washington 1990, S. 132ff.

[22] Fragment eines Ambos der Kathedrale von Salerno, aus Elfenbein, um 1084, 10,9 cm × 22,1 cm, Paris, Museum des Louvre, OA 4052. Das Symbol der *dextera Dei* erscheint in der christlichen Kunst seit ihren Anfängen bis zur Renaissance. Danach verschwindet es.

[23] G. Dahan (Dir.), *Le Brûlement du Talmud à Paris, 1242–1244,* Paris 1999.

[24] E. S. Salman (*The Forbidden Image in Jewish Art,* in: Journal of Jewish Art 8, 1981, S. 42–57) erwähnt zwei ähnliche Beispiele um 1700.

[25] *Chagall connu et inconnu,* Ausstellungskatalog, Paris 2003, S. 263.

[26] Die Ausnahme, die diese Regel bestätigt, findet sich bei Chagall; er greift in der Darstellung der Schöpfung des Menschen auf einen bärtigen Engel zurück, der unwiderstehlich an den Gottvater der abendländischen Kunst erinnert: *Schöpfungsfenster,* Nordfenster des Frauenmünster in Zürich. Abb. in R. Sommer, *Marc Chagall als Maler der Bibel,* Wuppertal – Zürich 1995, S. 111; *Gott erschafft den Menschen,* Gouache auf Papier, 1930, Nizza, Musée national Message biblique Marc Chagall, in: *Chagall entre ciel et terre,* Ausstellungskatalog, Martigny 2007, Fig. 121; *Die Erschaffung des Menschen,* Druckgrafik, 1931–34, in: *Chagall connu et inconnu,* Ausstellungskatalog, Paris, April–Juni 2003, S. 87; *Der Regenbogen als Zeichen des Bundes zwischen Gott und der Erde,* Gouache 1931, Nizza, Musée national Message biblique Marc Chagall.

[27] G. Monnot, *Dieu et ses noms en islam,* in: Fr. Lenoir, Y. Tardan-Masquelier (Dir.), *Encyclopédie des religions,* Paris 1997, Bd. II, S. 1487–1489. Zum Gottesepitheton „Fels" siehe Kommentar zu Sure 112 von R. Paret, Der Koran, Kommentar und Konkordanz, Stuttgart 1980.

[28] Besançon, *L'Image interdite,* S. 115.

[29] Die fränkischen Theologen (Alkuin, Theodulf) legten Wert darauf, die Behauptung der Ikonodulen zu widerlegen, denen zufolge den Aposteln eine positive Rolle bei der Verehrung der Bilder zugekommen sei: „Que les apôtres n'ont eu nulle part institué par des exemples ou par des paroles l'adoration des images, comme le jacassent ces gens-là" (*Livres carolins,* II, 25, zitiert nach D. Menozzi, *Les Images. L'Ѐglise et les arts visuels,* Paris 1991, S. 105); A. Freeman (mit A. Meyvaert) (Hrsg.), *Opus Caroli regis contra synodum (Libri carolini)* (Monumenta Germaniae historica, Leges, 4, Concilia, Bd. II, Suppl.1), Hannover 1998, S. 282: *„Quod nusquam ab apostolis exemplis aut verbis, ut illi garriunt, imagines adorare institutum sit."*

[30] F. Bœspflug, *La seconde voix. Valeurs et limites du service rendu par l'image à la prédication,* in: Cristianesimo nella storia, Bd. XIV, 3, Oktober 1993, S. 647–672.

[31] Eusebius von Cäsarea, *Kirchengeschichte,* VII, 18.

[32] J.-M. Spieser, *The Representation of Christ in the Apses of Early Christian Churches,* in: Gesta 37,1, 1998, S. 63–73.

[33] Grabkammer Leos. Es handelt sich um die „früheste Darstellung eines Pantokrator-Christus" (H. Belting, *Bild und Kult. Eine Geschichte des Bildes vor dem Zeitalter der Kunst,* München 1990, S. 104; J.-G. Deckers, A. Weiland, *Die Katakombe „Commodilla". Repertorium der Malereien* (Roma sotterranea cristiana 10), Vatikanstadt 1994, S. 199–201; C. Proverbio, *Le pitture del cubicolo di leone nella catacomba di Commodilla,* in: M. Andaloro (Hrsg.), *L'orizzonte tardoantico. Le nuove immagii* (La pittura medievale a Roma, 312–1431, Corpus, 1), Tournai 2006, S. 168–174.

[34] J.-G. Deckers, H. R. Seeliger, G. Mietke (*Die Katakombe „Santi Mercellino e Pietro" Repertorium der Malereien* [Roma sotterranea cristiana 10, Nr. 3], Vatikanstadt – Münster 1987, S. 199–201) halten das Bild für *„frühtheodosianisch";* B. Mazzel, *Le pitture della volta nel cubicolo „dei santi" della catacomba dei santi Marcellino e Pietro,* in: Andaloro, *L'orizzonte tardoantico,* S. 188–190.

[35] V. Fiocchi Bicolai, F. Bisconti, D. Mazzoleni, *Roms christliche Katakomben. Geschichte, Bilderwelt, Inschriften,* Regensburg 2000.

[36] Besançon (*L'image interdite,* S. 156) betont den visionären Aspekt dieses Freskos; F. Bœspflug, *„Ich sehe den Himmel offen" (Apg 7,56). Zur Darstellung der Steinigung des Hl. Stephanus und seiner Vision in der mittelalterlichen Kunst (9.–16. Jh.),* in: Revue des sciences religieuses, 66,3–4, 1992, S. 263–295; wiederabgedruckt in ders., *Les Théophanies bibliques dans l'art d'Occident et d'Orient,* Genf 2012, S. 387–431.

[37] J. M. Spieser (*Autour de la „Traditio Legis",* Thessaloniki 2004, S. 21f.) verweist auf diese Inschrift, die er als Abkürzung von *Jordanes* interpretiert.

[38] J.-M. Tézé, *Theophanies du Christ,* Paris 1988, S. 29 und 43ff.

[39] M. Andaloro, *Il mosaico absidiale di Santa Pudenziana,* in: Andaloro, *L'orizzonte tardoantico,* S. 114–124.

[40] M. G. Muzj, *Un maître pour l'art chretien, André Grabar. Iconographie et théophanie,* Paris 2005, S. 210.

[41] P. Maraval, *Lieux saints et pèlerinages d'Orient: histoire et géographie, des origines à la conquete arabe,* Paris 1985, S. 254. Man erkennt auch die polygonale Auferstehungskirche mit der in Pilgerführern beschriebenen Öffnung im Dach.

[42] Irenäus von Lyon, *Gegen die Häresien [Adversus haereses],* III,11,7–8.

[43] „Das Bild der antiarianischen Zeit war die Majestas Domini" (R. Sörries, *Die Bilder der Orthodoxen im Kampf gegen den Arianismus. Eine Apologie der orthodoxen Christologie und Trinitätslehre gegenüber der arianischen Häresie, dargestellt an den ravennatischen Mosaiken und Bildern des 6. Jahrhunderts,* Frankfurt a. M. 1983, S. 300).

[44] A.-O. Poilpré, *Maiestas Domini. Une image de l'Église en Occident (5.–9. Jh.),* Paris 2005, S. 71. Dem Autor zufolge erlaubt das Mosaik die Feststellung, dass im 5. Jh. zuerst in Rom und später in Ravenna eine Ikonographie der Maiestas Domini Gestalt annimmt, bei der der Tetramorph Christus umgibt.

[45] A. Effenberger, *Bemerkungen zum antiarianischen Programm des Mosaiks von San Michele in Affricisco,* in: Forschungen und Berichte, 16, 1974, S. 245–254; Bœspflug, *Dieu et ses images,* S. 94f.

[46] DH, Nr.125.

[47] Christus, Michael, Gabriel: Ihre drei Initialen (XMG) sollten eine trinitarische Bedeutung erhalten (Sörries, *Die Bilder der Orthodoxen,* S. 235f.). Ihre Zahlensymbole, 643, ist die Summe der Buchstaben *hè agia trias theos* („die heilige Trinität Gott").

[48] Besançon, *L'image interdite,* S. 158.

[49] M.-H. Tutschowscaya, *Le Christ et l'abbé Ména,* Paris 1998, S. 32–35; *Portraits de l'Égypte romaine,* Ausstellungskatalog, Paris 1998; Chr. Bailly, *L'Apostrophe muette: essais sur les portraits de Fayoum,* Paris 1998.

[50] Tézé, *Théophanies du Christ,* S. 136–138.

[51] H. Belting, *Bild und Kult. Eine Geschichte des Bildes vor dem Zeitalter der Kunst,* München 1990, S. 153.

[52] G. Dagron, *L'iconoclasme et l'établissement de l'orthodoxie (726–847),* in: *Histoire du christianisme, Bd. III,* Paris 1993, S. 93–165.

[53] Basilius von Cäsarea, *Sur le Saint-Esprit,* übers. v. B. Pruche (Sources chrétiennes 17), Paris 1945, § 45, S. 194; Neue Ausg. Sources chrétiennes 17 bis, Paris 2002, S. 407.

[54] DH, Nr. 4202: „Die [...] innerste Wahrheit aber leuchtet uns in Christus auf, der zugleich Mittler und die Fülle der ganzen Offenbarung ist."

[55] Irenäus von Lyon, *Gegen die Häresien [Adversus haereses],* IV, 6,6.

[56] F. Bœspflug, *Dieu-trinité dans l'art jusqu'à la fin du VIIIe siècle,* in: Le Monde de la Bible, 110, April 1998, S. 79–87.

[57] Origenes, *Gegen Celsus (Contra Celsum),* VI, 69.

[58] Vers 59, London, British Library, Ms. Add. 49598, fol. 70; Bœspflug, *Dieu et ses images,* S. 153f.

[59] B. Raw (*Trinity and Incarnation in Anglo-Saxon Thought,* Cambridge 1997, S. 2) spricht vom Samstag.

[60] Der hl. Aethelwold († 984) ist der Autor einer Regel für die englischen Benediktiner, die die Messe der Dreifaltigkeit *(Benedicta sit)* für alle Sonntage ohne besondere Feste vorschreibt (P. Browe, *Zur Geschichte der Dreifaltigkeitsmesse,* in: Archiv für Literaturwissenschaft, I, 1950, S. 65–81: 65f.). Der erste Sonntag nach Pfingsten sollte dann zum Dreifaltigkeits-Sonntag werden.

[61] Eine weitere *Maiestas Domini*-Darstellung an anderer Stelle im Buch, auf fol. 91, zu Ehren des hl. Ethelred, hat als Bezugstext: *Omnipotens unus et aeternus Deus*; Fr. Wormald, *The Benedictionnal of St. Ethelwold,* London 1959, S. 24, Taf. 5.

[62] E. Panofsky, *Once more „The Friedsam Annunciation" and the Problem of the Ghent Altarpiece!,* in: The Art Bulletin, 20, 1938, S. 419–442: 433, wieder aufgegriffen und übersetzt in *Peinture et devotion Europe du Nord,* Paris 1997, S. 47–71: 64.

[63] Im Hinblick auf den Sohn Gottes formuliert das Konzil: enanthrôpèsanta, fast wörtlich: er hat sich „vermenschlicht", er ist menschlich geworden, auf eine nicht statische, sondern dynamische Art und Weise.

[64] Thomas von Aquin beispielsweise spricht von der Inkarnation als *humanatio,* wörtlich „Menschwerden", im aktiven Sinne, in der *Summa theologiae,* III, q. 2, a. 8, ad 2^m: *„incarnatio et humanatio"*, mit direktem Verweis auf Nicäa I und Konstantinopel I (er hat Fleisch angenommen und ist Mensch geworden).

[65] Zu diesem evaluativen, wenn nicht gar normativen Ansatz vgl. F. Bœspflug, *Dieu le père en vieillard dans l'art occidental. Histoire d'une dérive vers l'insignifiance,* in: Communio, XXIII,6–XXIV,1, November 1998 – Februar 1999, S. 165–178; ders., *Trinität. Dreifaltigkeitsbilder im späten Mittelalter,* Paderborn 2001, Schluss.

[66] Bœspflug, *Dieu et ses images,* S. 186.

[67] Ebd., S. 161–163.

[68] Ebd., S. 176–187.

[69] Miniatur, *Sakramentar von Saint-Martin von Tours,* um 1177–1187, Tours, Bibliothèque municipale, Ms. 193, fol. 159; Bœspflug, *Dieu et ses images,* S. 181; W. Braunfels, *Die heilige Dreifaltigkeit,* Düsseldorf 1954, Abb. 34 und 35, Taf. 23.

[70] Miniatur, *Psalter von Canterbury,* um 1210, Paris, Bibliothèque nationale de France, lat. 770, fol. 142.

[71] Tafelgemälde, 1454; Bœspflug, *Dieu et ses images,* S. 274f.; ders., *„Es darf kein Unterschied bestehen zwischen Vater und Sohn." Zum Christomorphismus der Gottesdarstellung in der Renaissance,* in: A. Girard, D. Le Blévec (Hrsg.), *Les chartreux et l'art (XIVe–XVIIIe siècle),* Paris 1989, S. 325–345.

[72] Miniatur, *Breviarium Meyer Van den Bergh,* fol. 100; H. Nieudorf, B Dekeyzer, *Breviarium Mayer van den Bergh. Alle Miniaturen,* Antwerpen 1997, S. 36.

[73] Bœspflug, *Dieu et ses images,* S. 420.

[74] Ebd., S. 184.

[75] Berlin, Staatsbibliothek, Ms. Theol.lat. 2° 379, fol. 200; Bœspflug, *Dieu et ses images,* S. 208.

[76] Miniatur, *Stundenbuch von Rohan,* um 1420, Paris, Bibliothèque nationale de France, lat. 9471, fol. 210; M. Meiss, M. Thomas, *Les Heures de Rohan,* Paris 1973, Taf. 93.

[77] Monsignore Jean Soanen, Bischof von Senez, zitiert in R. Tavenaux, *Le Catholicisme dans la France classique, 1610–1715,* Paris 1980, Bd. 2, S. 452 (ein, zugegeben, jansenistischer Bischof); M. Ménard, *Une histoire des mentalités religieuses. Mille retables de l'ancien diocèse du Mans,* Paris 1980, bes. S. 248 Anm. 186.

[78] F. Bœspflug, *Dieu dans l'art. „Sollicitudini Nostrae" de Benoît XIV (1745) et l'affaire Crescence de Kaufbeuren,* Paris 1984.

[79] J. Hallebeek, *Papal Prohibitions Midway between Rigor and Laxity. On the Issue of Depicting the Holy Trinity,* in: W. von Asselt, P. van Geest, D. Müller, Th. Salemink (Hrsg.), *Iconoclasm and Iconoclash. Struggle for Religious Identity,* Leiden – Boston 2007, S. 353–383.
[80] P. Thoby, *Le crucifix dans l'art, des origines au concile de Trente. Étude iconographique,* Nantes 1959, Taf. XVI, Nr. 35; man vergleiche die Kruzifixe des 12. Jh.s, die häufig dieses Attribut aufweisen, in Epinal (Nr. 143), Paris (Nr. 147, 148: Louvre; Nr. 154: Cluny), Angers (Nr. 149), New York (Nr. 153), Oviedo (Nr. 159), Amiens (Nr. 164), Barc (Eure) (Nr. 171), Münster (Nr. 175).
[81] Malerei, 164 cm × 212 cm, um 1490, Antwerpen, Musées royaux des beaux-arts; G. Schiller, *Ikonographie der christlichen Kunst,* Gütersloh ^{2}1986, Bd. III, Abb. 721 und S. 248.
[82] F. Bœspflug, *Dieu en pape. Une singularité de l'art religieux de la fin du Moyen Âge,* in: Revue mabillon, N.S., Bd. 2 (= Bd. 63), 1991, S. 167–205; A. Paravicini Bagliani, *Boniface VIII, un pape hérétique?,* Paris 2003, S. 243; einem päpstlichen Zeremoniell des 16. Jh.s zufolge, das eine ältere Interpretation aufgreift und dem neuen Papst die Tiara auferlegt, musste der älteste Kardinaldiakon zu ihm sagen: „Nimm die mit drei Kronen geschmückte Tiara und wisse, dass du der Vater der Prinzen und Könige bist, der Herrscher des Universums, der Stellvertreter unseres Erlösers Jesus Christus auf Erden"; somit, schließt der Autor, „würden die drei Kronen [...] die Universalität der päpstlichen Macht symbolisieren, das *dominium* über die Welt (die Überlegenheit über die Könige und den Kaiser) sowie die priesterliche Souveränität."
[83] Paris, musée du Louvre, RF 2022; F. Bœspflug, E. König, *Les Très Belles heures,* Paris 1998, S. 103.

Kapitel II. Der einzige Sohn im Schoße des Vaters. Wenn Gott beratschlagt

[84] A. Solignac, *Naissance divine (mystique de la),* in: *Dictionnaire de spiritualité,* Paris 1982, Bd. XI, Sp. 24–34; Isaak von Stella, *Sermon 42, Sermon pour le jour de l'Annonciation, 16* (Patrologia latina 194, 1832 AB) bzw. (Sources chrétiennes 339), Paris 1987, S. 51; Johannes Tauler, *Sermon I pour la fête de Noël,* in: S. Eck, *Initiation à Jean Tauler,* Paris 1994, S. 181–188: 181f. Die Tradition, welche die drei Geburten mit den drei Weihnachtsmessen (um Mitternacht, am Morgen und am Tag) verband, entstand zu Beginn des 13. Jh.s, besonders bei Innozenz III. (*Dictionnaire de spiritualité,* Bd. XI, Sp. 29).
[85] H. Rahner, *Die Gottesgeburt Christi aus dem Herzen der Kirche und der Gläubigen,* in: Zeitschrift für katholische Theologie, 59, 1935, S. 338–418; wieder aufgegriffen in *Symbole der Kirche. Die Ekklesiologie der Väter,* Salzburg 1964, S. 11–87.

[86] Wenn die Unterscheidung zwischen Bildern der Inkarnation (die häufig gemalte Metaphern sind) und Darstellungen des Mensch gewordenen Gottes (die eher Metonymien sind) auch klar scheint, so ist doch die Grenze zwischen ihnen nicht immer exakt zu ziehen. Es gibt ein Mittelding, das Chiffren, „Typen" oder verhüllten Ankündigungen gleicht, die etwas vom Inkarnierten zeigen, aber gleichzeitig auch etwas über den Modus der Inkarnation aussagen. Dabei handelt es sich in erster Linie um Symbole wie das Einhorn, die Leiter, den Baum des Lebens, den brennenden Dornbusch, den Thron Salomos oder die Wurzel Jesse, ohne von den zahlreichen symbolischen Titeln zu reden (Sitz der Weisheit, Elfenbeinturm, Hortus conclusus etc.), die der Jungfrau beispielsweise in den Litaneien verliehen werden.

[87] W. Kasper, *Der Gott Jesu Christi,* Mainz 1982, S. 337ff.

[88] Die Ewigkeit der Geburt des Wortes ist ein Dogma im strengen Sinne, wie es die im *Credo* des ersten Konzils von Nicäa angefügten Anathemata zu verstehen geben: „Jene, die sagen ‚Es gab eine Zeit, als er nicht war' und ‚Bevor er gezeugt wurde, war er nicht' und ‚Er ist aus nichts geworden' […], diese belegt die katholische Kirche mit dem Anathema" (DH 126).

[89] Gregor von Nazianz, *Discours,* 29,8 (Sources chrétiennes 250), Paris 1978, S. 193.

[90] F. Bœspflug, Y. Zaluska, *Le prologue de l'évangile selon saint Jean dans l'art médiéval (9.–13. Jh.). Das Bild als Kommentar,* in: *Folia historiae artium, Bd. 8–9,* [Krakau] 2002–2003, S. 11–45.

[91] F. Bœspflug, Y. Zaluska, *Le dogme trinitaire et l'essor de son iconographie en Occident de l'époque carolingienne au IVᵉ concile du Latran (1215),* in: Cahiers de civilisation médiévale, XXXVII, 1994, S.181–240 (S. 198, Anm. 93).

[92] London, British Library, Ms. Harley 603, fol. 1; K. van der Horst, W. Noel, W. C. M. Wüstefeld (Hrsg.), *The Utrecht Psalter in Medieval Art. Picturing the Psalm of David,* London 1996, Kat. Nr. 28, S. 234; E. H. Kantorowicz, *The Quinity of Winchester,* in: The Art Bulletin, 29, 1947, S. 73–85: 84; reproduziert in ders., *Selected Studies,* M. Cheriavky, R. E. Giesey (Hrsg.), New York 1965, S. 75–105.

[93] A. Malraux, *Le Musée imaginaire de la sculpture mondiale, Bd. III: Le monde chrétien,* Paris 1954, S. 67.

[94] F. Bœspflug, *Dieu en mère? Féminité et maternité de la figure de Dieu le Père dans l'art médiéval d'Occident (XIᵉ–XVᵉ siècle),* in: Revue des sciences religieuses, 83, I, 2009, S. 23–49.

[95] Die Trinität erscheint auf der ersten Seite des Psalters, die in der Vorlage (Utrecht Psalter) leer geblieben war; Bœspflug, Zaluska, *Le dogme trinitaire,* S. 198f.; B. Raw, *Trinity and Incarnation in Anglo-Saxon Art and Thought,* Cambridge 1997, S. 107, Abb. XV; Bœspflug, *Dieu en mère?,* S. 25–28.

[96] R. Hasler, *Zu zwei Darstellungen aus der ältesten Kopie des Utrecht-Psalters,* in: Zeitschrift für Kunstgeschichte, 44, 1981, S. 317–339: 326.

[97] E. Sendler, *Les Icônes byzantines de la Mère de Dieu,* Paris 1992, S. 317–339: 326.

[98] New York, Pierpont Morgan Library, Cod. 791, fol. 4v; Bœspflug, *Dieu et ses images,* S. 211.

[99] J. Wirth, *L'emprunt des propriétés du nom par l'image médiévale,* in: Études et lettres, juillet–décembre 1994, S. 61–92: 75; J. Baschet, *„In sinu patris". L'iconographie trinitaire dans l'Espagne du XIIe siècle,* in: P. Boucheron, J. Chiffoleau (Hrsg.), *Religion et société urbaine au Moyen Âge. Ètudes offertes à jean-Louis Bizet,* Paris 2000, S. 531–549: 536.

[100] J. Baschet, *Le Sein du père. Abraham et la paternité dans l'Occident médiéval,* Paris 2000.

[101] M. Lionnet, *Les peintures murales en Hongrie à la fin du Moyen Âge (ca. 1300 – ca. 1475). La transmission des traditions iconographiques et les formes originales de leur appropriation locale sur deux thèmes majeurs: la Mère de Dieu et le Jugement dernier,* Dissertation (Leitung: Colette Deremble), Paris X Nanterre, 2005.

[102] Miniatur, *Rohan-Stundenbuch,* um 1420, Paris, Bibliothèque nationale de France, fr. 9471, fol. 210; die andere Paternitas dieser Handschrift verziert das *Stundengebet des Heiligen Geistes,* fol. 143v, und ist über dem Pfingstwunder angeordnet: Meiss, Thomas, *Les Heures de Rohan,* Taf. 58.

[103] Paris, Bibliothèque nationale de France, fr. 9471, fol. 210; Meiss, Thomas, *Les Heures de Rohan,* Taf. 79.

[104] F. Bœspflug, *La Trinité à l'heure de la mort. Sur les motifs trinitaires en contexte funéraire à la fin du Moyen Âge (m. XIVe–déb. XVIe siècle),* in: Ph. Faure (Hrsg.), *La protection spirituelle au Moyen Âge* (Cahiers de recherches médiévales [XIIIe–XVe siècle], 8, 2000), S. 87–106.

[105] Meiss, Thomas, *Les Heures de Rohan,* Taf. 79ff.

[106] G. Minnois, *Histoire de la vieillesse de l'Antiquité à la Renaissance,* Paris 1987; J. Delumeau (Hrsg.), *Histoire des pères et de la paternité,* Paris 1990.

[107] L. S. Retkovskïa, *O poïavlenii i razvitii kompzicii <Otetchestvo> V rousskom iskousstvie XIV–XVI viekov,* in: *Drevnerousskoie isskusstivo XV natchalo XVI viekov,* Moskau 1963, S. 235–262 (auf Russisch).

[108] B. Rothemond, *Handbuch der Ikonenkunst,* München ^{2}1966, S. 123.

[109] A. Saltykov, *Fragen der kirchlichen Kunst auf der Hundertkapitelsynode von 1551,* in: Zeitschrift für Ostkirchliche Kunst. Hermeneia, 7, 2–3, 1991, S. 71–92.

[110] L. Ouspensky, *La Théologie de l'icône dans l'Église orthodoxe,* Paris 1980, Kap. XII und XIV.

[111] Dieselben Verbote können in der ottomanischen Epoche in Byzanz nicht ausgesprochen worden sein. Die Paternitas erscheint beispielsweise in einer kleinen Ikone (31 cm × 25,5 cm) der Schule von Stroganow (Pinakothek in Perm); G. M. Toscano, *Il pensiero cristiano nell'arte,* Bergamo 1960, Bd. I, Abb. 458, S. 495 (Ikone der Schule von Stroganow aus dem 17. Jh.).

112 D. Rousseau, *L'Icône, splendeur de ton visage,* Paris 1982, S. 172.

113 Eine weitere monumentale, stark westlich geprägte Paternitas wurde aber von einem bekannten Künstler, Myasoedov, im 50m hohen Kuppelgewölbe der Kathedrale des Hl. Alexander Nevskij, deren Grundstein 1882 gelegt worden war, in Sofia in Bulgarien gemalt. Wir verdanken Jocelyne Muller die Kenntnis dieses Werkes. Siehe *Patriarchal Cathedral Stauropigial Memorial Church St. Alexander Nevski,* Unicart, o.A., in Russisch und Englisch.

114 Diese Formulierung ist mit Sicherheit augustinisch, aber das Prinzip ist im Orient ebenso explizit und gut belegt, besonders bei den kappadokischen Kirchenvätern (dem hl. Basilius und den beiden Gregor) vor Augustinus, und davor bereits bei Athanasius. Kurzum, die Gemeinsamkeit des Handelns der drei Personen der Trinität (eine einzige Handlung der drei Personen, was aber keineswegs eine Spezifizierung der Teilhabe jeder einzelnen Person an der gemeinsamen Handlung ausschließt) ist ein grundlegendes und gemeinsames Element der vornicänischen Lehre sowohl im Westen als auch im Osten. Man findet einige Beispiele (Athanasius, Basilius, Gregor von Nyssa und dann Augustinus) bei G. Emery, *La Trinité. Introduction théologique à la doctrine catholique sur Dieu Trinité,* Paris 2009, S. 104f.

115 G. Emery, *La Théologie trinitaire de saint Thomas d'Aquin,* Paris 2004, S. 369–398.

116 E. Mâle, *L'Art religieux de la fin du Moyen Âge en France. Étude sur l'iconographie du Moyen Âge et sur ses sources d'inspiration,* Paris 1908; Neuaufl. Paris 1998 (Kap. II: L'art et le théâtre religieux).

117 Es handelt sich um ein Traktat der mystischen Theologie, das von der Metapher der Vermählung der Seele mit der Trinität beherrscht wird, so wie sie durch Wilhelm von St. Thierry (Patrologia latina 134, 382) skizziert wurde; P. Kern, *Trinität, Maria, Inkarnation. Studien zur Thematik der deutschen Dichtung des späteren Mittelalters,* Berlin 1971, S. 81ff. Mechthild könnte die erste Mystikerin gewesen sein, die in deutscher Sprache geschrieben hat.

118 P. Amblard, *La vie de Jésus selon Guillaume de Digulleville, moine du XIVe siècle. Ouvrage réalisé à partir du manuscrit 1130 de la bibliothèque Sainte-Geneviève,* Paris 1999.

119 Ludolphus de Saxonia, *Vita Christi. Das Leben Jesu Christi,* übers. von S. Greiner, Einsiedeln 1994.

120 L. Kretzenbacher, *Lebendiges Volksschauspiel in Steiermark,* Wien 1951, S. 41–96; F. Bœspflug, *Dieu en images, Dieu en rôles. Positions théoriques et faits d'histoire,* in: J.-P. Bordier, A. Lascombes (Hrsg.), *Dieu et les dieux dans le théâtre de la Renaissance,* Turnhout 2006, S. 11–35.

121 „Seit jeher hat [Gott] das Wort und die Weisheit, den Sohn und den Geist bei sich. Durch sie und in ihnen hat er alle Dinge gemacht, aus freien Stücken und unabhängig, und an sie hat er sich gewandt, als er sagte: ‚Lasst uns Menschen machen als unser Abbild, uns ähnlich.' (Gen 1,26)" (Irenäus

von Lyon, *Gegen die Häresien [Adversus haereses]*, IV, 20,1; O. Demus, *Der Gurker „Ratschluss der Erlösung"*, in: Carinthia, I, 162, 1972, S. 55–64: 60.

122 Leo I., *Homilie über das Evangelium der Transfiguration, Sermo LI*, 6 (zitiert nach BKV).

123 Es wäre trotzdem angebracht, zwischen diversen Ratschlüssen zu unterscheiden, bei denen die Erschaffung der Welt, der Engel, des Menschen, und dann der Inkarnation und/oder der Erlösung beschlossen wurde; ohne eine sechste mögliche Übereinkunft zu zählen, die man „Ratschluss des Wiedertreffens" nennen könnte, da die drei sich nach der „Rückkehr Christi in Herrlichkeit" erneut unterhalten.

124 London, British Library, *Cotton Ms. Titus D XXVI–XXVII.* Die Benennung stammt wohl von E. Kantorowicz, *The Quinity of Winchester.* Bœspflug, Zaluska, *Le dogme trinitaire*, S. 214.

125 Raw, *Trinity and Incarnation*, S. 180–186; Van der Horst, Noel, Wüstefeld (Hrsg.), *The Utrecht Psalter in Medieval Art*, Kat. Nr. 36, S. 252f.

126 F. Close, *Le rôle de l'Église de Liège dans le développement du culte de la Trinité en Europe*, mémoire de licence en histoire, Lüttich 2000.

127 G. Schiller, *Ikonographie der christlichen Kunst*, Gütersloh ^{2}1981, Bd. I, S. 20.

128 Den Geschmack, den der mittelalterliche Geist an der Beschreibung der ewigen Verdammnis fand, kann man in der ein Jahrhundert später entstandenen *Bibel des Stephan Harding* (Dijon, Bibliothèque municipale, Ms. 15, fol. 56v und 41) betrachten; W. Cahn, *A Defense of the Trinity in the Citeaux Bible*, in: Marsyas, XI, 1962–1964, S. 58–62; Y. Zaluska, *L'Enluminure et le scriptorium de Cîteaux au XIIe siècle*, Citeaux 1989, S. 107–111, Abb. 1, 77.

129 Diese Jungfrau weist Ähnlichkeiten mit jener des Gloria im Utrecht Psalter auf; Demus (*Der Gurker Ratschluss*, S. 61f.) stützt sich auf diese Beobachtung, um die Bezeichnung dieser Darstellung als „Quinität" anzufechten und sie als Ratschluss zur Erlösung zu interpretieren.

130 G. Vesseyre, *Liste des manuscrits des trois Pèlerinages de Guillaume de Digulleville*, in: F. Duval, F. Pomel (Hrsg.), *Guillaume de Digulleville. Les pèlerinages allégoriques. Actes du colloque international de Cerisy la salle*, Presses universitaires de Rennes 2008, S. 427ff.

131 Laut É. Fréger in Duval, Pomel, *Guillaume de Digulleville*, S. 333, ist diese Handschrift eine Kopie von ms. 1130 der Bibliothèque Sainte Geneviève in Paris; der Umstand, dass die Szenen des Ratschlusses der Trinität hier detaillierter und zahlreicher sind, ist dabei kein Hindernis, wenn man sich auf die gesamte Serie von Miniaturen der Handschrift stützt. Sie sind abgebildet in P. Amblard, *La vie de Jésus selon Guillaume de Digulleville.*

132 Zu dieser unmittelbaren Vorgeschichte der Inkarnation des Wortes, wie der Verkündigung an Anna und Joachim, vgl. F. Bayle, F. Bœspflug, *Sainte Anne. Histoire et représentations*, Paris 2012.

[133] Institut de France, Ms. 9, 6 (der stehende Gottvater wendet sich an den thronenden Sohn, danach spricht der stehende Sohn zum sitzenden Vater), fol. 6v (die Barmherzigkeit wendet sich an die Trinität), fol. 7 (die thronende Trinität), fol. 8 (die Trinität beauftragt Gabriel mit seiner Mission; dann verneigt sich der Sohn vor dem thronenden Vater), die Miniatur von fol. 8v ist der Verkündigung an Maria vorbehalten.

[134] Brüssel, Bibliothèque royale de Belgique, Ms. 9001, fol. 19; J. van den Gheyn, *Catalogue de la Bibliothèque royale de Belgique,* Brüssel 1901, Bd. I, S. 39ff.

[135] „Videtur et illud maxime congruum, ut is specialiter filius fieret, qui filius erat, ne quid esset ambiguitatis in nomine“: *Sermo 2: De Annunciatione;* frz. Übersetzung in: *Saint Bernard et Notre-Dame. Étude d'âme, textes authentiques et traduction,* Abbaye des Sept-Fons 1953, S. 259.

[136] Laut Thomas von Aquin *hätte* sich jede Person inkarnieren *können,* es war aber in höchstem Maße passend und angemessen *(convenientissimum),* dass es der Sohn sei, der sich inkarniert (*Summa theologiae,* III, q. 3, a. 8); Bonaventura ist derselben Ansicht (Bonaventura, *Commentaria in IV Libros Sententiarum Magistri Petri Lombardi,* III, dist. 1, a. 1., q. 4: jede göttliche Person hätte sich inkarnieren können). Die Theologen des 13. Jh.s teilten diese Position, wie vorher bereits Petrus Lombardus im 12. Jh. (Petrus Lombardus, *Sententia,* 1, III, dist. 1, Kap. 2)

[137] J. Meyendorff, *L'iconographie de la Sagesse divine dans la tradition byzantine,* in: Cahiers archéologiques, X, 1959, S. 259–277: 266–269.

[138] Bernhard von Clairvaux, *In Annunciatione Domini, Sermo I,* in: *Bernardi Opera, Bd. V, Sermones II,* Rom 1968, S. 13–29; Patrologia latina 183, Sp. 383–390; um 1140.

[139] E. J. Mäder, *Der Streit der Töchter Gottes. Zur Geschichte eines allegorischen Motivs,* Bern – Frankfurt a. M. 1971; S. C. Chew, *The Virtues Reconciled; An Iconographical Study,* Toronto 1974; M. Fumagalli, *Le quattro sorelle, il re e il servo. Studio sull'allegoria medievale del Ps. 84,11,* Mailand 1981.

[140] F. Gorissen (*Das Stundenbuch der Katharina von Kleve. Analyse und Kommentar,* Berlin 1973, S. 395) meint, die mit lateinischen Spruchbändern versehenen Miniaturen hätten nicht die Inszenierungen der Mysterienspiele, die immer in der Volkssprache gespielt wurden, zum Vorbild gehabt.

[141] *Lux divinitatis,* Paris – Poitiers 1877, Bd. II, S. 139. Eine Ausgabe des lateinischen Textes ist in Vorbereitung unter der Leitung von B. J. Nemes, dem Verfasser einer Dissertation an der Universität Freiburg im Breisgau (2008) mit dem Titel *„Eya herre got, wer hat dis buoch gemachet?“ Textstatus und Autorschaft des „Fließenden Lichts der Gottheit“ Mechthilds von Magdeburg* (Leitung: Prof. Hans-Jochen Schiewer).

[142] *Lux divinitatis,* Bd. III, 9; J. Ancelet-Hustache, *Mechtilde de Magdebourg (1207–1282). Étude de psychologie religieuse,* Paris 1926, S. 159f. Der Autor weist darauf hin, dass Mechthild weder die Versuchung im Paradies oder

den Sündenfall noch die Vertreibung erwähnt ... Man kann auch feststellen, dass die Entsendung Gabriels nicht zur Debatte steht.

[143] Ancelet-Hustache, *Mechtilde de Magdebourg,* S. 163; Schiller, *Ikonographie,* Bd. I, S. 21f.

[144] New York, Pierpont Morgan Library und Metropolitan Museum (Abteilung Guennol); J. Plummer (Hrsg.), *Die Miniaturen aus dem Stundenbuch der Katharina von Kleve,* Berlin 1966, Bd. I, farbige Reproduktion; Bd. II; Gorissen, *Das Stundenbuch.*

[145] W. Lampen, *Jean Peckham, o.f.m., et son office de la Sainte Trinité,* in: La France franciscaine, II, 1928, S. 211–229; F. Cabrol, *Le culte de la Trinité,* in: Ephemerides liturgicae, 45, 1931, S. 270–278.

[146] Paris, Bibliothèque nationale de France, lat. 18014, fol. 183ff. des Jacquemart de Hesdin; F. Avril u. a., *Petites Heures de Jean, duc de Berry, Faksimile und Kommentar,* Luzern 1988–1989.

[147] Gorissen, *Das Stundenbuch,* S. 396.

[148] Am Anfang des Zyklus zeigt eine ganzseitige Miniatur (fol. 77v) eine „triandrische Trinität“ im Chor einer gotischen Kirche; zur Matutin (fol. 78) sieht man einen segnenden Gottvater auf dem Thron; zur Prim (fol. 80v) den segnenden Sohn; zur Terz (fol. 82) wiederum eine triandrische Trinität, die den Moment des Ratschlusses zeigt, da die Inkarnation des Wortes beschlossen wird; zur Sext (fol. 83v) die kniende zweite Person vor Gottvater bei der Annahme ihres Auftrags (Mission); zur Non (fol. 85), wie die Seele Christi auf die Erde kommt, als Darstellung der Inkarnation; zur Vesper (fol. 86v) das klassische Motiv des Gnadenstuhls, das dem Moment der Erlösung entspricht.

[149] New York, Pierpont Morgan Library (Abteilung Guennol), fol. 82; Gorissen, *Das Stundenbuch,* S. 400f.

[150] Paris, Bibliothèque nationale de France, fr. 50, fol. 197.

[151] Paris, Bibliothèque nationale de France, Ms. Ital. 115, fol. 4r. Zu dieser Handschrift siehe H. Flora, *The Paris „Meditations on the Life of Christ“: A Pisan Fourteenth-Century Manuscript,* in: Bollettino Storico Pisano, 72, 2003, S. 252–359; ders., *The Devout Belief of the Imagination: The Paris „Meditationes Vitae Christi“ and Female Franciscan Spirituality in Trecento Italy,* Turnhout 2009.

[152] Das ist die von Bernard Cosnet vorgetragene Erklärung. B. Cosnet, *L'imagerie morale italienne (ca. 1315 – ca. 1415): figurer et personnifier les vertus selon les ordres mendiants et le communes toscanes,* Maschinenschriftl. Dissertation Tours, Université François Rabelais, September 2011, Bd. 1, S. 16, Anm. 19.

[153] H. M. Thomas, *Giottos Ratschluss der Erlösung in der Arenakapelle von Padua,* in: Franziskanische Studien, 73, 1991, 1, S. 1–14.

[154] Nach Abschluss dieser Restaurierungskampagne hat die Anzahl der Untersuchungen zur Scrovegni Kapelle zugenommen. Im Hinblick auf die uns

hier beschäftigenden Themen erwähnen wir besonders G. Pisano, *I volti segreti di Giotto. Le rivelazioni della Cappella degli Scrovegni,* Mailand 2008.

155 Paris, Bibliothèque nationale de France, fr. 20096 (eine Handschrift von *La Grande vie de Jésus-Christ* von Ludolphe), fol. 17v (triandrische Trinität mit Erdkugel); Pariser Stundenbuch, um 1510, Bibliothèque de l'académie des Sciences, Ant. 76, fol. 12v (triandrische Trinität mit Buch).

156 *Stundenbuch,* Touraine, um 1473–1480; New York Pierpont Morgan Library, Ms. 73, fol. 7; V. A. Kolve, *The annunciation to Christine: Authorial Empowerment in The Book of the City of Ladies,* in: B. Cassidy, *Iconography et the Crossroads. Papers from the Coloquium sponsored by the Index of Christian Art, Princeton University, 22–24. März 1990,* Princeton 1993, S. 171–191, Abb. 12.

157 Paris, Bibliothèque Nationale de France, Ms. Fr. 244, fol. 107 (1480–1490); die französische Fassung stammt von Jean de Vignay, einem Johanniter von Saint-Jacques-du-Haut-Pas in Paris; Ch. Sterling, *La peinture médiévale à Paris, 1300–1500,* Paris 1987, Bd. II, Abb. 206, S. 220.

158 Y. Carré, *Le Baiser sur la bouche au Moyen Âge. Rites, symboles, mentalités à travers les textes et les images, XIe–Xe siècle,* Paris 1992, Abb. 42, 43 und S. 107, 165.

159 Mâle, *L'Art religieux de la fin du Moyen Âge en France,* S. 42f.

160 Die Göttlichkeit Christi hat niemals den himmlischen Thron verlassen; und es ist seine Menschheit, die den Thron nach der Himmelfahrt wieder erlangt. Auch als Mensch ist der Sohn, d. h. Jesus Christus, „am Herzen des Vaters" (Joh 1,18, ein Vers, der sich auf den Mensch gewordenen Sohn bezieht). Man muss daher die Formulierung, der Sohn habe „den Schoß des Vaters verlassen", vermeiden (im Übrigen sagt er selbst: „ich [bin] im Vater" Joh 14,10).

161 Zu den Bilderbibeln im Allgemeinen und der *Bibel von Toledo* vgl. F. Bœspflug, Y. Zaluska, *Bible moralisée,* in: P. Charron, J.-M. Guilloët (dir.), *Dictionnaire d'histoire de l'art du Moyen Âge occidental,* Paris 2009.

162 „Und niemand ist in den Himmel hinaufgestiegen außer dem, der vom Himmel herabgestiegen ist" (Joh 3,13). Weiter unten im selben Evangelium vergleicht er sich mit dem Manna: „Ich bin das lebendige Brot, das vom Himmel herabgekommen ist" (Joh 6,51).

163 Pierpont Morgan Library, Ms. 331, fol. 154v; Ch. R. Morey, *A Group of Gothic Ivories in the Walters Art Gallery,* in: The Art Bulletin, 18, 1936, S. 199–212, Abb. 13; T. Dobrzeniecki, *Medieval Sources of the Pietà,* in: Bulletin du Musée national de Varsovie, 8, 1967, S. 15-24: S. 11 (als Beispiel für den Einfluss des Vorbildes der Mutterschaft für das Modell der Paternitas und als Präfiguration des Kalvarienberges in der Ikonographie des ewigen *Logos*).

164 Der Umstand, dass das Kind nicht im Schoß gehalten wird, sondern dass es auf dem Oberschenkel sitzt, dem Knie näher als dem Becken, gilt seit Jahr-

hunderten zumindest im mediterranen Kulturkreis als eine eher väterliche denn mütterliche Geste.

[165] Ludolphus de Saxonia, *Vita Christi*, II, 63, 30: „*Hic adimpletur illud Isaïe: Cujus principatus super humerum ejus. Principatus enim Christi est crux ejus, propter quam, secundum Apostolus, Deus exaltavit eum. Et sicut signum dignitatis alii balteum, alii mitram portant, sic et dominus crucem*", zitiert in: Gorissen, *Das Stundenbuch*, S. 404.

[166] Eine weitere überraschende Darstellung desselben Typs und mit derselben Bedeutung ist die 1413–1414 bebilderte Initiale „O" („lux beata Trinitas") in einem Breviar, das in Paris in Gebrauch war und sich in der Bibliothèque municipale von Châteauroux befindet, Ms. 2, fol. 67; F. Bœspflug, *Die Gesichter Gottes*, in: J. Dalarun (Hrsg.), *Das leuchtende Mittelalter*, Darmstadt ^{2}2006, S. 276, Abb. 319.

[167] Carré, *Le baiser sur la bouche au Moyen Âge*, S. 192. Wenn der Herr sitzt, muss der Vasall sich hinknien.

[168] Gilles Emery weist richtigerweise darauf hin, dass die Idee eines himmlischen „Gehorsams" des Sohnes in seinem göttlichen Zustand (vor seiner Menschwerdung) nicht vor dem 19. Jh. bekannt war und dass sie besonders im 20. Jh. entwickelt wurde. Dafür gibt es einen einfachen Grund: Der traditionellen Lehre zufolge war der göttliche Wille des Sohnes numerisch mit dem des Vaters identisch, daher konnte er mit seinem göttlichen Willen schlecht „gehorchen". Diese moderne Theorie wird durch das Vergessen [des Konzils] von Chalcedon erklärt (vgl. Anm. 169).

[169] Aus dogmatischer Sicht drückt die Metapher des Niederkniens (wie jene der Verneigung) des Sohnes in seinem göttlichen Zustand keinen Gehorsam im eigentlichen Sinne aus. Vielmehr besagt sie, dass der Sohn, der dem Vater völlig gleichgestellt ist, vom Vater auf eine Mission geschickt wird. Er empfängt vom Vater, dessen Wille mit seinem übereinstimmt, den Auftrag, die Menschheit durch seine Fleischwerdung zu retten.

[170] Es ist aber Gegenstand einer Miniatur (um 1300) von Neri di Rimini in einem in Bologna verwahrten Chorbuch: Das Wort kniet, das Buch in der Hand, vor dem thronenden Vater, der es segnet und auch ein Buch hält und im Aussehen völlig mit der zweiten Person übereinstimmt: Bologna, Museo Civico; G. M. Toscano, *Il Pensiero cristiano nell'arte*, Bergamo 1960, Bd. III, Abb. 24.

[171] A. Châtelet, *Le retable du miroir du salut: quelques remarques sur sa composition*, in: Zeitschrift für schweizerische Archäologie und Kunstgeschichte, 44, 1987, 2, S. 105–116.

[172] P.-A. Mariaux, *L'habit fait l'artiste? Remarques sur le vêtement de travail (XIIe–XVe siècle)*, in: *Le corps et sa parure. The Body and its Adornment*, Florenz 2007, S. 207–218.

[173] Der Verlust der Farbe wird zu einer chromatischen Metapher der Kenosis; die Umkehrung dieses Vorgangs sieht man in Wim Wenders' *Der Himmel über Berlin*.

[174] Jes 22,22, zitiert in Offb 3,7; Schiller, *Ikonographie,* Bd. I, Abb. 16 (um 1445–1450).

[175] Abteilung Guennol, fol. 83v; ebd., Abb. 12; Plummer, *Die Miniaturen,* Abb. 36; Gorissen, *Das Stundenbuch,* S. 1053ff.

[176] So auch im *Lektionar der Sainte Chapelle de Bourges* (Bourges, Bibliothèque municipale, Ms. 34), das der Pseudo-Jacquemart de Hesdin zwischen 1404–1416 in Paris schuf; Gorissen, *Das Stundenbuch,* S. 402, nennt als Beispiel fol. 1v dieser Handschrift, reproduziert in: Bœspflug, *Visages de Dieu,* Abb. 36, S. 323.

[177] Ignatius von Loyola, *Exerzitien,* Nr. 102.

[178] M. Hébert, *Inventaire des gravures des écoles du Nord, 1440–1550* (Bibliothèque nationale de France, département des Estampes), Bd. II, Paris 1983, Nr. 2705 (1).

[179] *Entsendung des Sohnes mit Übergabe des Kreuzes,* Altargemälde, 1766, von B. Bergmüller, in der Klosterkirche der Dominikanerinnen in Landsberg am Lech (Schiller, *Ikonographie,* Bd. I, Abb. 14 und S. 23, betont, dass dieses Werk sich über die 20 Jahre zuvor von Benedikt XIV. geäußerten Bedenken gegenüber den Darstellungen des Heiligen Geistes als Mann hinwegsetzt – hier ist er geflügelt und weist dem Sohn mit seinem Zepter das Kreuz, während der Vater ihm die Dornenkrone aufsetzt; ganz unten sieht man Adam und Eva; über der Gruppe befindet sich ein doppeltes Dreieck); H. A. Oehler, *Großbayern und die Maler,* in: Zeitschrift für Hohenzollerische Geschichte, 29, 1993, S. 77–99 (S. 92f.: Fresko im Chor der Augustinerkirche Oberndorf in Bayern, 1756).

[180] „Der einzige Sohn Gottes, Jesus Christus, ist inkarniert worden durch ein gemeinsames Werk der gesamten Trinität (unigenitus Dei Filius Iesus Christus a tota Trinitate communiter incarnatus)“. Konstitution *Firmiter* über den katholischen Glauben; in: *Les Conciles œcumeniques, Bd. II, 1, De Nicée I à Latran V,* G. Alberigo (Hrsg.), Paris 1994, S. 494f.; Thomas von Aquin, *Summa theologiae,* I, q. 43.

[181] Robert von Melun: *„Incarnatio pertineat ad solum Filium, cum tamen operatio Trinitatis sit individua“*, etc. Siehe R. M. Martin, o.p., *Œuvres de Robert de Melun,* Bd. II, Louvain 1938, S. 26 (in den *Quaestiones de epistolis Pauli; de epistola ad Romanos*).

[182] A. Dupront, *Du sacré. Croisades et pèlerinages, images et langages,* Paris 1987.

Kapitel III. „Vom Himmel herabgestiegen". Das Epos der Inkarnation

183 Weiter unten im selben Evangelium vergleicht er sich mit dem Manna: „Ich bin das lebendige Brot, das vom Himmel herabgekommen ist" (Joh 6,51).

184 Der Himmel und nicht der göttliche Zustand, denn Jesus von Nazaret ist Mensch und Gott; aber er musste diesen Zustand ewiger Herrlichkeit verlassen, der das Privileg Gottes und all jener ist, die immer bei Gott wohnen.

185 Die Apokryphen haben nicht darauf verzichtet und das Herabsteigen Christi in räumliche Termini wie ein Durchqueren der Sphären im Auftrag Gottvaters übertragen; insbesondere die *Himmelfahrt des Jesajas.* A. Grillmeier, *Mit Ihm und in Ihm. Christologische Forschungen und Perspektiven,* Freiburg i. Br. ²1978, S. 41.

186 Diese Handschrift ist in mehreren Fassungen bekannt. Das Exemplar in der Bibliothèque nationale de France, das einer Klarissin des Klosters der Heiligen Clara in San Gimignano gewidmet ist, ist das älteste bekannte Exemplar im *volgare:* Paris, Ms. It. 115; auf fol. 10 (eine Verkündigung); I. Ragusa-Green, *Meditations of the Life of Christ (Paris, BN, Ms. It. 115),* Princeton 1961, Taf. 11.

187 Der Gott der Maler und Bildhauer kehrt hier zurück zur Mythologie und verleiht dem Schema des auf die Erde gekommenen himmlischen Retters eine neue Aktualität; Wim Wenders hat dies in seinem Film *Der Himmel über Berlin* aufgegriffen. Der Film wurde auf dem Festival in Cannes (1993) prämiert. Er bedient sich in bemerkenswerter Weise der Verbindung von gewagtem Herabsteigen und effizienter Rettung: F. Bœspflug, *La seconde voix. Valeurs et limites du service rendu par l'image à la prédication,* in: Cristianesimo nella storia, Bd. XIV, 3, 1993, S. 647–672 (666–668). Weitere fliegende Helden kommen in den Sinn, angefangen bei Peter Pan über Batman, Angel bei X-Men und Iron Man bis zu Superman …

188 Patrologia graeca 62, 765–768 (zitiert nach L. Gambero, *Mary and the Fathers of the Church. The Blessed Virgin Mary in Patristic Thought,* San Francisco 1999, S. 275–281; B. Outtier, *Deux homélies pseudo-chrysostomiennes pour la fête mariale du 15 août,* in: Apocrypha, 6, 1995, S. 165–178).

189 O. Demus, *Der Gurker Ratschluss der Erlösung,* in: Carinthia, I, 162, 1971, S. 60; T. Perez-Higuera, *La Nativité dans l'art médiéval,* Paris 1996, S. 29.

190 Rom, Vat. Gr. 1162, fol. 113v und Paris, Bibliothèque nationale de France, Gr. 1208, fol. 153v; A. Heimann, *Trinitas creator mundi,* in: Journal of the Warburg and Courtauld Institutes, II, 1939, 39, S. 42–54: 46. Von der ersten der beiden Handschriften, die wahrscheinlich das Vorbild für die zweite ist, ist ein Faksimile angefertigt worden: P. Canart, S. Dufrenne (Hrsg.), *Marienhomilien, Faksimileausgabe des Cod. Vat. Gr. 1162,* Stuttgart 1991. Diese Homilien, die das *Protoevangelium des Jakobus* kommentieren

und paraphrasieren (*Byzance. L'art byzantin dans les collections publiques françaises*, Ausstellungskatalog Musée du Louvre, 10992, Nr. 272, S. 361), scheinen der Ursprung des Topos der Entsendung Gabriels durch die Trinität zu sein: Farbige Reproduktion in Perez-Higuera, *La Nativité dans l'art médiéval*, S. 30.

191 Perez-Higuera (*La Nativité dans l'art médiéval*, S. 33) spricht zu Unrecht von einem erneut in trinitarischer Gestalt dargestellten Gott, wobei der Thron leer ist. Die drei Engel hinter dem Thron bilden keine Trinität.

192 Paris, Bibliothèque Sainte-Geneviève, Ms. 1130, fol. 166v (3. Drittel des 14. Jh.s).

193 F. Bœspflug, *Das Credo von Siena*, Freiburg i. Br. 1985, S. 22–25.

194 New York, Pierpont Morgan Library, Ms. 73, fol. 7; V. A. Kolve, *The Annunciation to Christine: Authorial Empowerment in The Book of the City of Ladies*, in: B. Cassidy, *Iconography at the Crossroads. Papers from the Colloquium Sponsored by the Index of Christian Art, Princeton University, 22–24. März 1990*, Princeton 1993, S. 171, 191, Abb. 42; A. Chastel, *L'Art français, Bd. II: Temps modernes*, Paris 1994, S. 82.

195 M. Tardieu, *Comme à travers un tuyau. Quelques remarques sur le mythe valentinien de la chair céleste du Christ*, in: B. Barc (Hrsg.), *Colloque international sur les textes de Nag Hammadi (Québec, août 1978)* (Bibliothèque copte de Nag Hammadi), Laval – London, S. 151–277.

196 *Himmelfahrt Jesajas*, 10; *Écrits apocryphes chrétiens*, F. Bovon, P. Geoltrain (Dir.), Bd. I, Paris 1997, S. 538f.

197 *Épîtres des apôtres*, 13; *Écrits apocryphes chrétiens*, Bd. I, S. 371f.

198 C. de Belloy, *La Visite de Dieu. Essai sur les missions divines d'après saint Thomas d'Aquin*, Paris 2006.

199 Toledo, Schatz der Kathedrale, Bd. II, fol. 73v, Bb.

200 *„Saliens iste Christus qui saliens saltum fecit de coelo in uterum virginis, de utero in presepe, de presepe in crucem, de cruce in sepulcrum, de sepulcro rediit in coelum; ipse est qui elevatus est super omnes montes et colles id est super sanctorum tam maiorem quam minorum altitudines"*. Die Kenntnis der Quelle dieser moralisierenden Erklärung verdanken wir Françoise Monfrin: Ambrosius von Mailand, *Expositio super Psalmum*, CVIII.

201 F. Bœspflug, *Autour de la traduction picturale du „Credo" dans l'Occident médiéval (XIIe–XVe siècle)*, in: P. de Clerck, E. Palazzo (Hrsg.), *Rituels, Mélanges Gy*, Paris 1990, S. 55–84.

202 Dieser Zyklus umfasst zurzeit neun der zwölf Bildtafeln, die den christologischen Teil des Zyklus gebildet haben müssen – die fehlenden drei sind nie wieder gefunden worden.

203 G. Schiller, *Ikonographie der christlichen Kunst*, Gütersloh 1976, Bd. IV,1, S. 139f. und Abb. 332–335. Die Verfasserin löst sich von dem Prinzip, wonach die Darstellung des christologischen Teils des Symbols von Nicäa-Konstantinopel zwölf Abschnitte umfassen müsse. Es handelt sich nicht um un-

antastbare Regel: Das *Credo* im Palazzo Pubblico von Siena umfasst dreizehn Bilder (von insgesamt 24 Bildern).

204 Chantilly, Musée Condé, Ms. 65, fol. 26v.

205 R. Cazelles, *Les Très Riches Heures du duc de Berry,* Tournai 2003, S. 76.

206 Miniatur, *Pèlerinages de Jésus-Christ,* Paris, Bibliothèque Sainte-Geneviève, Ms. 1130, fol. 166v; Amblard, *La Vie de Jésus selon Guillaume de Digulleville,* S. 48.

207 Abteilung Guennol, fol. 85; Plummer, *Die Miniaturen,* Abb. 37; Gorissen (*Das Stundenbuch,* S. 402–405) erklärt, kein weiteres Beispiel für dieses isolierte Motiv zu kennen, und verweist für die Vorbilder auf die Intarsie in Siena (S. 403).

208 Paris, Bibliothèque nationale de France, fr. 245, fol. 4; C. Sterling, *La peinture médiévale à Paris, 1300–1500,* Bd. II, Paris 1990, S. 220; F. Avril, *La Passion des manuscrits enluminés. Bibliophiles français, 1280–1580,* Paris 1991, Nr. 34, S. 89.

209 Die Kartusche auf halber Seitenhöhe besagt: „L'advènement de notre Seigneur est fait par quatre sepinanies [sicherlich handelt es sich um die vier Wochen des liturgischen Advent], à signfiéz qu'ils sont quatre advenences; en clav en mort en pensée et en jugement; et la dernière sepmame est a peine finée."

210 Wien, Österreichische Nationalbibliothek, Ms. 370, fol. 156; G Schmidt, *Christus auf der Himmelsteige,* in: Christliche Kunstblätter, 93, 1955, S. 132–137; Chr. Heck, *L'Échelle céleste dans l'art du Moyen Âge. Une image de la quête du ciel,* Paris 1997, Abb. 117.

211 Heck, *L'Échelle céleste,* S. 170f.

212 Maître de Jacques de Luxembourg, *Procès en paradis;* N. Reynaud, *Jean Fouquet, „Les Heures d'Étienne Chevalier",* Dijon 2006, S. 234.

213 Jean Wirth hat unsere Aufmerksamkeit auf die Treppe in der Verkündigungsszene des Giusto di Menabuoi im Baptisterium von Padua (Kuppel) gelenkt.

214 *Stundenbuch nach römischem Ritus,* Tournai – Den Haag 1440–1450; *Leuchtendes Mittelalter, Bd. III: Das goldene Zeitalter der burgundischen Buchmalerei, 1430–1560,* Kommentar von E. König, Ramsen 1991, Kat. Nr. 2, S. 51.

215 D. Gamboni, *Louis Rivier (1885–1963) et la peinture religieuse en Suisse romande,* Lausanne 1985, S. 138; F. , *Dieu et ses images*, S. 421.

216 Dieses letzte Detail könnte der *Krönung der Jungfrau* von Jean Fouquet im *Stundenbuch des Étienne Chevalier* entlehnt sein: Reynaud, *Jean Fouquet,* S. 108f.

217 D. M. Robb, *The Iconography of the Annunciation in the Fourteenth and Fifteenth Century,* in: The Art Bulletin, 18, 1936, S. 480–526 und 523–536; E. Guldan, *„Et Verbum caro factum est". Die Darstellung der Inkarnation Christi im Verkündigungsbild",* in: Römische Quartalschrift für christliche Altertumskunde und Kirchengeschichte 63 (3, 4), 1968, S. 145–169.

218 Nachdem er wiederholt das Futur verwendet hat, gebraucht Gabriel für einen Vergleich das Perfekt („Auch Elisabet, deine Verwandte, hat noch in ihrem Alter einen Sohn empfangen“ [Lk 1,36; *„et ecce Elisabeth cognata tua et ipsa concepit filium in senectute sua“*]).

219 O. Ricoux, *Les traditions anciennes sur la date de l'Annonciation,* in: G. Dorival, J.-P. Boyer, *La Nativité et le temps de Noël. Antiquité et Moyen Âge,* Aix-en-Provence 2003, S. 121–132: 128.

220 Ein reiches ikonographisches Verzeichnis findet man in G. M. Toscano, *Il pensiero,* Bd. I, S. 187–196 (La comparsa del verbo).

221 Die Darstellung Jesu in den Armen Marias vor seiner Geburt stammt möglicherweise aus Byzanz. Das älteste erhaltene Beispiel findet sich im Chludow-Psalter, vgl. Guldan, *„Et verbum caro factum est“*, S. 150.

222 Ikone, *Verkündigung,* 12. Jh., Moskau, Tretjakow Galerie; C. Mango, *The Chalkoprateia Annunciation and the Pre-eternal Logos,* in: *Deltion tès christianikès archaiologikès etaipeias,* Athen 1994, S. 165–170. Die Erwähnung, dass Maria zum Zeitpunkt der Verkündigung Purpurgarn spann (während sie vorher Scharlachgarn gesponnen hat) findet sich im *Protoevangelium des Jakobus;* Dorival, Boyer, *La Nativité et le temps de Noël,* S. 33f.; und im *Pseudo-Matthäus,* 9.

223 Schiller, *Ikonographie,* Bd. I, S. 55.

224 Berlin, Staatliche Museen [Maas oder Rhein], ca. 1100; Guldan, *„Et Verbum caro factum est“*, S. 149; Schiller, *Ikonographie,* Bd. I, Abb. 94 und S. 54.

225 Oxford, Keble College, C 49, fol. 64v; H. Swarzenski, *Die Lateinischen illuminierten Handschriften in den Ländern an Rhein, Main und Donau,* Berlin 1936, S. 112 und Taf. 354. Die Handschrift war wahrscheinlich eine dominikanische Legendensammlung deutscher Herkunft. Vgl. Ph. Faure, *Les images de la Vierge et leur symbolisme au Moyen Âge,* in: Connaissance des religions, 47–48, Juli–Dezember 1996, S. 38–61: 45.

226 Bd. I, fol. 21v d, 53v a, 87v b, 113v b, 176b; Bd. II, fol. 5v a, 12A, 293v a, 219v b; Bd. III, fol. 45v c, 164 c8. Das sind insgesamt mindestens 11 Mal: Bei dieser Zählweise ist man vor Auslassungen nicht gefeit.

227 Bd. I, fol. 21v d. Es ist überliefert, dass der Pharao Joseph in einen Mantel aus feinem Leinen *(byssinus)* kleiden ließ (Gen 41,42): Einige Juden legen den besagten Mantel um die Schultern des Favoriten, der außerdem ein Zepter aus den Händen des Pharao, der einem König gleicht, entgegennimmt. Der moralisierende Text lautet: „Der Pharao, der Joseph einkleiden lässt, steht für den Vater im Himmel, der Jesus Christus im jungfräulichen Schoß mit Fleisch ‚bekleidet‘.“Während Gabriel mit ihr spricht und dabei den Zeigefinger erhebt, scheint Maria das Kind aus Gottes Händen entgegenzunehmen. Das Kind, das groß ist, hat die Hände gefaltet.

228 Bd. I, fol. 176b. „unter ihnen kam auch der Satan, um vor den Herrn hinzutreten. [...] Der Herr sprach zum Satan: Hast du auf meinen Knecht Ijob geachtet? Seinesgleichen gibt es nicht auf der Erde [...] Noch immer

hält er fest an seiner Frömmigkeit, obwohl du mich gegen ihn aufgereizt hast, ihn ohne Grund zu verderben (Ijob 2,1–3). Der moralisierende Text: „Das bedeutet, dass Gott der Herr dem Teufel erlaubt, die Menschen zum Bösen anzustiften, und aus diesem Grunde ist es notwendig, dass er seinen Sohn Fleisch werden lässt, um die Menschheit zu erlösen." Die Verführung zur Sünde ist auf der linken Seite dargestellt: Die Schlange streckt Adam (und nicht Eva) den Apfel entgegen; er verbirgt bereits sein Geschlecht hinter einem Feigenblatt, so als habe er von der Frucht des Baumes *nach* und nicht *vor* dem Sündenfall gegessen. Die Rolle als Gesandter des Vaters hat die Ikonographie der rechten Szene bestimmt. Diesmal ist es nicht mehr Gabriel sondern Gottvater, der Maria das Kind übergibt. Maria, die vor Gabriel steht, nimmt das Kind bei den Schenkeln und hält es in die Höhe, während Gott als Brustbild sich aus den Wolken beugt und eine Geste des Schenkens und Verabschiedens macht.

229 Bd. II, fol.73v c. Das Medaillon interpretiert einen Vers des Hohenliedes („*similis est dilectus meus capree hinuloque ceruorum*": „Der Gazelle gleicht mein Geliebter, dem jungen Hirsch" [Hld 2,9]). „Der Fleisch gewordene Christus in seiner Demut wird mit der Ziege verglichen; und in der Vielzahl seiner Tugenden und seiner Wunder wird er mit dem Kitz verglichen". Dieses Mal wird das Kind aus den Händen Gabriels in die Hände Marias übergeben. Das Medaillon lässt die Tiermetaphern beiseite und setzt die beiden theologischen Themen um, die *assumptio carnis* durch die Verkündigung mit Kind und die „Vielzahl der Tugenden" durch die sieben Gaben des Heiligen Geistes.

230 Bd. III, fol. 3v B: Diese Darstellung macht aus der Verkündigung ein Ereignis mit trinitarischer Bedeutung, wie jene in Bd. I, fol. 21v d. Diese Ikonographie, von der wir keinen Vorläufer kennen, scheint das Thema der Inkarnation als ungeteiltes Werk der drei Personen der Trinität zu spiegeln.

231 Bd. III, fol. 164v. Hier sind wir im Buch der Offenbarung: „*Et venit agnus et accepit de dextera sedentis in throno librum*" (Offb 5,7: „Das Lamm trat heran und empfing das Buch aus der rechten Hand dessen, der auf dem Thron saß."). Der moralisierende Text, der etwas bei den Haaren herbeigezogen ist, lautet: „Das Lamm, das aus der Rechten des thronenden Herrn das Buch empfängt, bedeutet, dass der Sohn Gottes, der durch die Rechte designiert wird, Maria [sic] ist von reinem Fleische, und das wird symbolisiert durch das Lamm, das in Demut, Weisheit und durch das Fleisch den letzten Krieg gegen den Teufel führt." Die beiden Teile des Medaillons entsprechen den zwei Themen, nämlich der Vermählung mit dem Fleische und dem Kampf gegen Satan. Der Hinweis auf die Weisheit des Lammes hat sicherlich dazu geführt, das Kind zu bekleiden.

232 Die Untersuchung von E. Guldan bleibt nützlich, gelangt aber zu einer unvorsichtigen Assimilation der verschiedenen, erwähnten Motive. Im Übrigen übergeht sie die *Bible moralisée von Toledo.* Nunmehr muss man sich be-

ziehen auf: J. Baschet, *Âme et corps dans l'Occident médiéval: une dualité dynamique, entre pluralité et dualisme,* in: Archives de sciences sociales des religions, 112, 2000, S. 5–30.

[233] Schiller, *Ikonographie,* Bd. I, S. 55 und Abb. 99, 100.

[234] Schmuckinitiale, *Liber Viaticus,* ca. 1360, Prag, Nationalgalerie, Cod. XIII A 12, fol. 69v; Fr. Avril, *L'Enluminure à l'époque gothique, 1200–1400,* Paris 1979, S. 102.

[235] Mitarbeiter Cavallinis, *Verkündigung,* ca. 1300, Rom, S. Maria in Trastevere; Toscano, *Il pensiero,* Bd. I, Abb. 169; Timoteo della Vite (1469–1523), *Verkündigung,* Gubbio, Pinacoteca del Palazzo dei Consoli; ebd., Abb. 152 (mit irrtümlicher Bildunterschrift: *Apparizione di Cristo alla Maddalena – Christus erscheint Magdalena*).

[236] Pariser Schule, *Verkündigung,* 1390, Cleveland (USA), Museum of Art; ebd., Abb. 175.

[237] Bernardo Martorell, *Stundenbuch,* ca. 1430, Barcelona, Historisches Archiv; Avril, *L'Enluminure de l'époque gothique,* S. 135.

[238] Giovanni Santi (1435–1494), *Verkündigung,* Mailand, Pinacoteca di Brera; Toscano, *Il pensiero,* Bd. I, Abb. 173; Domenico Panetti (1460–1513), Ferrara, Pinacoteca; ebd., Abb. 172.

[239] Melchior Broederlam, *Verkündigung,* um 1400, Reggio Emilia, Galleria Parmeggiani; ebd., Abb. 171.

[240] Pedro Serra (1343–ca.1405), *Verkündigung,* Mailand, Pinacoteca di Brera; ebd., Abb. 177.

[241] Lorenzo Veneziano, *Verkündigung,* 1371, Venedig, Accademia; ebd., Abb. 176.

[242] Paris, Bibliothèque nationale de France, Ms. 376, fol. 168 (Die folgende Miniatur stellt Maria in einer leuchtenden Mandorla dar, sicherlich um anzudeuten, dass sie durch die Inkarnation gleichsam transfiguriert worden ist.); Paris, Institut de France, Ms. 9, fol. 10 (erste Miniatur; eine zweite auf demselben Blatt führt wieder zwei Engel am Boden ein); Paris, Bibliothèque Sainte-Geneviève, Ms. 1130, fol. 166v (Amblard, *La Vie de Jésus selon Guillaume de Digulleville,* S. 48).

[243] *De anima,* Kap. 23–24; *L'Enfant à naître, Tertullien, Grégoire, Augustin, Maxime, Cassiodore, ps.-Augustin,* intr., notes et guide thématique par M.-H. Congourdeau, Vorwort von D. D. Sicard, Paris 2000.

[244] M.-H.Congourdeau, *L'Embryon et son âme dans les sources grecques (6. Jh. v. Chr. – 5. Jh.),* Paris 2007.

[245] Augustinus wollte diese Übertragung als spirituelle Generation verstanden wissen: vgl. *Epistola,* 176 und 177; *Retractationes,* I, 1,13; II, 45–46.

[246] G. Emery weist darauf hin, dass Thomas von Aquin diese Verzögerung (40 Tage) nur ein Mal erwähnt, nämlich in seinem ersten synthetischen Werk, *Scriptum super Sententiis,* dist. 3, q. 5, a. 2. Darin gibt er an, es sei die Ansicht des Aristoteles (Aristoteles, *Historia animalium,* VII,3), während er

in seinen späteren Werken eine Verzögerung nennt, aber ohne ihre Dauer anzugeben. Im Übrigen erklärte man diese Dauer bei einem Jungen für kürzer als bei einem Mädchen ... Aber kein Theologe des Mittelalters hätte erlaubt, die Doktrin des *corpus informatum* als Grundlage für die Rechtfertigung einer Abtreibung heranzuziehen.

247 D. Arasse, *On n'y voit rien. Descriptions,* Paris 2000, S. 31ff. (Le regard de l'escargot); ders., *L'Annonciation italienne. Une histoire de la perspective,* Paris 1999, S. 88: „Diese verdreifachte Gestalt zwingt praktisch zu einer Verzeitlichung (Temporalisierung) der Inkarnation, die durch den Schritt des Engels im Fluge noch verstärkt wird" (der Gedanke ist nicht klar).

248 L. Réau zufolge ist der nackte Homunkulus die Umsetzung einer theologischen Doktrin: „Man glaubte, dass Jesus, anstatt im Uterus gebildet zu werden [...], von Gott aus dem Himmel *(emissus coelitus)* und vollkommen gestaltet im intakten Schoß der Jungfrau abgesetzt worden ist" (L. Réau, *Iconographie de l'art chrétien,* Paris 1956, Bd. II, 2, S. 190); M. Schapiro, *Style, artiste et société,* Paris 1982, S. 152 (im Hinblick auf den Merode Altar).

249 DH Nr. 794: „Wir glauben von Herzen und bekennen mit dem Mund, dass die Fleischwerdung der Gottheit nicht im Vater und nicht im Heiligen Geist geschehen ist, sondern nur im Sohne, so dass er, der in der Gottheit Sohn Gottes des Vaters, wahrer Gott aus dem Vater war, in der Menschheit Sohn desMenschen, wahrer Mensch aus der Mutter war; er hatte wahres Fleisch aus dem Schoße Mutter und eine vernunftbegabte menschliche Seele". (Innozenz III., *Professio fidei Valdensibus praescripta).*

250 M.-F. Forel, *Les embryons sacrés dans l'art occidental (XIVe–XVIe siècles),* in: R. Frydman, É. Papiernik, C. Crémière, J.-L. Fischer (Dir.), *Avant la naissance. 5000 ans d'images,* Ausstellungskatalog, Le Havre 2009, S. 72–81, führt ein schwerwiegendes Missverständnis ein, wenn nicht sogar eine Sinnwidrigkeit (Widersinn), indem er den konventionellen Terminus technicus „Homunkulus" durch den Begriff „Embryo" ersetzt. Der Widersinn wird durch die Aussage des Autors „es ist also der inkarnierte Körper Christi, der im Moment der Verkündigung aus den Händen Gottes herabkommt" (S. 75) komplettiert.

251 Diese Bezeichnung stammt aus der Feder von K. Schreiner, *Maria: Jungfrau, Mutter, Herrscherin,* München 1994, S. 42.

252 III^a, q. 6, a. 3: Für Thomas ist die Existenz der Seele vor der Vereinigung mit dem Körper wider die Natur, was er auch im Artikel 4, corpus, wiederholt; *Jésus le Christ chez saint Thomas d'Aquin,* übersetzt und kommentiert von J.-P. Torrell, Paris 2008, S. 85–88 (Text des hl. Thomas) und S. 116f. (Kommentar).

253 Schiller, *Ikonographie,* Bd. I, Abb. 105 und S. 56f.; J.-Cl. Schmitt, *Le corps des images. Essais sur la culture visuelle au Moyen Âge,* Paris 2002, S. 158.

254 Der einzige uns bekannte Vorgänger befindet sich in einer Miniatur, die den Anfang der vierten Vision im ersten Teil des *Scivias* (I, 4) der Hildegard

von Bingen (1098–1179) illustriert; A. Fürkötter, A. Carlevaris, *Hildegardis Scivias* (Corpus Christianorum. Continuatio Medievalis, XLIII), Turnhout 1978, Taf. 5, S. 60.

255 Das erinnert an einen anderen Schlauch, der auf gnostische Texte, insbesondere von Valentinus, zurückgeht, die in den ersten Jahrhunderten unserer Zeitrechnung verfasst wurden und von Irenäus von Lyon, Tertullian, Augustinus usw. zitiert oder in Erinnerung gerufen wurden. M. Tardieu, *„Comme à travers un tuyau“. Quelques remarques sur le mythe valentinien de la chair céleste du Christ,* in: B. Barc (Hrsg.), *Colloque international sur les textes de Nag Hammadi* (Québec 22.–25.8.1978), Québec 1981, S. 151–177. Diese doketische Theorie besagt, dass „Maria nicht neun Monate lang einen Körper von himmlischer Natur austragen kann; Jesus durchquert sie also nur, so wie Wasser, das durch einen Schlauch läuft, nichts von diesem aufnimmt“ (S. 153); P. R. Régamey, *Les Plus Beaux Textes sur la Vierge,* Paris 1944, S. 44; F. Remigereau, *Les Enfants faits par l'oreille,* Paris 1947.

256 Ohne sich dabei nach und nach transformieren zu müssen. Diese Hypothese wird durch Tardieu, *Comme à travers un tuyau,* S. 166 angedeutet.

257 Derselbe Vorgang des Einhauchens der Seele mittels eines Schlauches oder einer Röhre erscheint in der Miniatur einer Bilderbibel mit der Darstellung der Erschaffung der Seele Adams durch die Trinität und des Einhauchens durch den *Logos*: New York, Pierpont Morgan Library, Cod. 394, fol. 5v; Heimann, *Trinitas creator mundi,* S. 51 und Taf. 8 B.

258 Schiller, *Ikonographie,* Bd. I, S. 43; Perez-Higuera, *La Nativité dans l'art médiéval,* S. 52. Zur *conceptio per aurem* vgl. Tardieu, *Comme à travers un tuyau,* S. 151: „Die Empfängnis Jesu durch das Ohr gelangte durch Rabelais und Molière zu Erfolg“. Der Autor scheint – hinsichtlich der Verbreitung – die Empfängnis „durch das Ohr“ und „wie durch einen Schlauch“ einander entgegenzusetzen; in Basel und Würzburg gehen sie aber miteinander einher.

259 Alphons X., 1221–1284, König von Kastilien und León; *Cantigas de Santa Maria,* Gesang LX (zitiert in Perez-Higuera, *La Nativité dans l'art médiéval,* S. 23 und 27ff.).

260 Perez-Higuera, *La Nativité dans l'art médiéval,* S. 52.

261 Schreiner, *Maria: Jungfrau, Mutter, Herrscherin,* S. 40.

262 „Et entra dieu en marie par l'orehle, car par l'orehle entendit l'angele; et enssi que li sons de la vois entrat en l'orehle, ensi antrat avec la sainte Triniteit de Père, Fis et Saint-Esprit, car de chi fait ne soit riens ly membre natureit de la virge Marie, ne sa fleur virginal. Cascons doit savoir que enssi que ly soleal trespasse la voirière qui est saine et entier, et resplendilt sa clarteit oultre, et puis soy retrait sens le voir emperier ne rompir à passeir ; enssi soy mist dieu en corps de marie par l'orelhe où elle conchuit la parolle, et resplendit dedens li et espandit sa avertut et clarteit de la sainte Triniteit, sans violenche faire à virginiteit. Et ilh soy retrahist cest als enfanteir ; ilh is-

sit fours par l'orelhe où il astoit dedans entreis, virginteit demeurant sans rompre ni casser en nulle des parties" (Jean d'Outremeuse, I, 338, zitiert in Gorissen, *Das Stundenbuch,* S. 405f., in der Anm.).

263 Ricoux, *Les traditions anciennes sur la date de l'Annonciation,* S. 129, spricht von einer Empfängnis durch *das linke Ohr,* wie in der Marienkapelle in Würzburg.

264 Thomas von Aquin, *Summa theologiae,* III^{a} q. 6, a. 4, ad 1^{m}; q. 33, a. 1, c. (ebd., ad 2^{m}), (ebd., ad 3^{m}).

265 N. Laneyrie-Dagen, *Détails vus au Louvre,* Paris 2009, S. 32, äußert sich hinsichtlich Malouel: „Die Taube war zu Beginn der Geschichte Christi da: Im Moment der Verkündigung hat sie den inkarnierten Jesus gebracht, wie der Storch das Baby. Sie hat ihn durch Marias Ohr eingesetzt." Hier handelt es sich um einen doppelten Widerspruch, abgesehen von der Tatsache, dass das Motiv des Homunkulus keinen Bezug zum *Tondo* Malouels hat.

266 Paris, Bibliothèque de l'Arsenal, Ms. 5206, fol. 174; *Catalogue des manuscrits de la bibliothèque de l'Arsenal,* Paris 1889, Bd. V, S. 152ff.; Heimann, *Trinitas creator mundi,* S. 52; W. Braunfels, *Die Heilige Dreifaltigkeit,* Düsseldorf 1954, Abb. 17; J. Baschet, *La parenté partagée: engendrement charnel et infusion de l'âme (à propos d'une miniature de la fin du XVe siècle),* in: C. Casagrande, S. Vecchio (Hrsg.), *Anima e corpo nella cultura medievale,* Florenz 1999, S. 123–137.

267 Molanus, *Traité des saintes images,* II, 23, und III, 13, F. Bœspflug u.a. (Hrsg.), Paris 1996, S. 89 und S. 275f.; Molanus zufolge lehrten die Wiedertäufer im 16. Jh., dass der menschliche Körper Jesu „von der Substanz des Vaters ist" (S. 276). Die Verdammung der Verkündigungsdarstellung mit dem Homunkulus wurde am Ende des 16. Jh.s von Kardinal Paleotti bekräftigt, wie auch im 18. Jh. durch Abt Méry de la Canorgue, *La théologie des peintres,* Paris 1765, S. 25: „Man hat Gemälde gesehen, auf denen das Mysterium der Verkündigung und der Inkarnation in Gestalt eines kleinen Kindes dargestellt war, das aus einem Lichtstrahl hervorging, um in den Schoß der heiligen Jungfrau zu gelangen. Es ist gewiss, dass dies, buchstäblich gesehen, nicht nur einen Fehler, sondern sogar eine Häresie in sich birgt; denn Valentinus, der von der Kirche verurteilt wurde, behauptete, dass der Körper Jesu Christi vollständig gebildet vom Himmel und in den Bauch der heiligen Jungfrau herabgekommen war."

268 *Dekret für die Jakobiten;* DH Nr. 1338–1346.

269 Zur Geschichte dieser Verurteilung vgl. Guldan, *„Et Verbum caro factum est";* F. Bœspflug, *Die bildenden Künste und das Dogma. Einige Affären um Bilder zwischen dem 15. und 18. Jahrhundert,* in: Chr. Dohmen, T. Sternberg, *… kein Bildnis machen. Kunst und Theologie im Gespräch,* Würzburg 1987, S. 149–166. In diesem Aufsatz haben wir den Sinngehalt dieser Darstellung richtiggestellt, wobei die Präzisierung sich auf die Darlegungen von J. Wirth in: F. Dunand, J.-M. Spieser, J. Wirth (Dir.), *L'Image et la pro-*

duction du sacré, Paris 1991, S. 150 Bezug nimmt („Meines Wissens hat kein Historiker dieser ikonographischen Analyse widersprochen.").

270 Hugues de Saint-Cher, *Scriptum super sententiis,* zitiert in Guldan, *„Et Verbum caro factum est“*, S. 156, Anm. 39.

271 „Die Psyche ähnelt dem Körper; sie ist ein Körper in Miniaturform, ein Korpuskel; sie ist der Doppelgänger des lebendigen Körpers" (Vernant, *Figures, idoles, masques,* S. 29; ders., *Mythe et pensée chez les Grecs,* Paris 1990, S. 326f.). Diese Darstellung ist nicht den antiken Griechen eigen. Vgl. G. Frazer, *Tabou et périls de l'âme,* in: *Le Rameau d'or,* frz. Übers., Bd. I, Paris 1998, S. XIV: Manche Völker stellen sich die Seele als eine kleine Puppe, ein verkleinertes Modell des Menschen vor. Aber zumindest in der Antike hat sie im Allgemeinen Flügel …

272 Hermann Schadeberg, um 1410–1415, Leinwand auf Holz, 126 cm × 87 cm, Colmar, Unterlinden-Museum: *Strasbourg 1400. Un foyer d'art dans l'Europe gothique,* Straßburg 2008, Kat. Nr. 4 und S. 39 (Ph. Lorentz).

Kapitel IV. Immanuel, „Gott ist unter uns". Von der theologischen Abstraktion zur künstlerischen Freiheit

273 Die Ikonographie des Siddharta Gautama, genannt Buddha, die seit dem 1. Jh. unserer Zeitrechnung einen rapiden Aufschwung in der Kunst nahm, z. B. in Gandhara, ist relativ homogen aufgrund der Autorität, die sein Bild besaß (Ideal), das sich aus den 32 großen und den 80 kleinen Merkmalen zusammensetzt (vgl. die Liste in Ph. Cornu, *Dictionnaire encyclopédique du bouddhisme,* Paris 2001, S. 90f.), die sein Körper aufweisen musste, um als Buddha erkannt zu werden. Wie die *Jataka,* die legendenhaften Schriften zu seiner Kindheit überliefern, war ihr Vorhandensein von einem Eremiten im Himalaya festgestellt worden: Hände und Füße mit je einem Rad verziert, eine Haarlocke zwischen den Augenbrauen, die Stirn gewölbt, die Augen saphirblau usw.

274 J.-M. Spieser, *Invention du portrait du Christ,* in: A. Paravicini Bagliani, J.-M. Spieser, J. Wirth, *Le Portrait. La représentation de l'individu,* Florenz 2007, S. 57–76.

275 Um sich davon zu überzeugen, braucht man nur in G. Morello, G. Wolf, *Il volto di Cristo,* Ausstellungskatalog, Biblioteca Apostolica Vaticana, Mailand 2000, zu blättern.

276 H. Belting (*Das echte Bild. Bildfragen als Glaubensfragen,* München 2005) analysiert, wie die Begriff der Person *(prosopon)* zugleich „Gesicht" und „Maske" bedeutet und wie die Gestalt Christi die Bedeutung der Maske des Unsichtbaren in seiner menschlichen Natur hatte.

277 Augustinus von Hippo, *De consensu evangelistarum,* I, X,16, F. Weihrich (Hrsg.) (CSEL [= Corpus scriptorum ecclesiasticorum latinorum] 43), Wien 1904, S. 15f.

[278] Epiphanius von Salamis, zitiert in G. Dagron, *L'image de culte et le portrait,* in: A. Guillou, J. Durand (Hrsg.), *Byzance et les images, cycle de conférences organisées au musée du Louvre du 5 au 7décembre 1992,* Paris 1994, S. 121–150: 138.
[279] *Seeing Salvation. The Image of Christ,* Ausstellungskatalog, London 2000, Nr. 40, S. 94.
[280] Gewiss, die Bibel geizt mit Beschreibungen des Aussehens der Menschen. Trotzdem werden die physischen Besonderheiten einer Person erwähnt. Von David z. B. wird berichtet, dass er rothaarig war, blaue Augen hatte und schön war (1 Sam 16,12). Bei der Geburt des Mose fand seine Mutter das Kind so schön, dass sie beschloss, ihn drei Monate lang zu verstecken (Ex 2,2), und im Neuen Testament wird seine legendäre Schönheit zwei Mal erwähnt (Apg 7,20; Hebr 11,23): Nichts Derartiges wird über das Jesuskind berichtet, wenngleich die Tradition die Verse des Psalms „das schönste unter den Menschenkindern" (Ps 44,5) für ihn verwendet. Zu den patristischen Schriften zu diesem Thema vgl. A. Grillmeier, *Der Logos am Kreuz. Zur christologischen Symbolik der älteren Kreuzigungsdarstellung,* München 1956, S. 43ff., und ders., *Mit Ihm und in Ihm. Christologische Forschungen und Perspektiven,* Freiburg i. Br. ²1978; das Thema wurde fortwährend aufgegriffen, z. B. im 17. Jh. von Dom A. Calmet, *Dissertation sur la beauté du Christ;* und im 20. Jh. von Fr. Mauriac, Jesus *était-il beau?,* in: P. Mornand (Hrsg.), *Le Visage du Christ,* Paris 1938.
[281] *Taufe Christi,* Tafelbild, um 1454, 30,8 cm × 44,5 cm, London, National Gallery, Inv. 5451; *Giotto to Dürer, Early Renaissance Painting in the National Gallery,* London 2004, S. 281.
[282] R. Villeneuve, *La beauté du diable,* Paris 1983, S. 9 (ein *Beatus*); U. Eco (Hrsg.), *Geschichte der Schönheit,* München 2004, S. 30f., Kap. V; ders., *Geschichte der Hässlichkeit,* München 2007, Kap. III u. VII.
[283] Bœspflug, *Dieu et ses images,* S. 202.
[284] Zu Frauen am Kreuz vgl. J. Zänker, *Crucifixae. Frauen am Kreuz,* Berlin 1999; zur Affäre Christa, vgl. F. Bœspflug, *La Crucifixion déportée. Sur la sécularisation d'un thème majeur de l'art chrétien,* in: J.-M. Husser (Hrsg.), *Religions et modernité, Actes de l'université d'automne de Guebwiller, 27–30. Oktober 2003* (Les Actes de la Desco), CRDP de l'académie de Versailles 2004, S. 141–161: 154f.
[285] Hierzu vergleiche man den Katalog zur Ausstellung *Rembrandt et la figure du Christ,* Paris, April–Juli 2011.
[286] Dagron, *L'iconoclasme et l'établissement de l'orthodoxie,* S. 93–165: 95, mit Bibliographie; zu den antiken Quellen des Polymorphismus vgl. G. G. Stroumsa, *Polymorphie divine et transformation d'un mythologème: l' „Apocryphon de Jean" et ses sources,* in: Vigiliae christianae, 35, 1981, S. 412–434.
[287] Wir argumentieren hier eingedenk der Tatsache, dass die überwältigende Mehrheit der christlichen Denker und Künstler sich unmittelbar nach dem Tod eine Bestattung und keine Verbrennung vorstellte.

[288] E. Sendler, *Les Icônes byzantines de la Mère de Dieu,* Paris 1993, S. 122–126.

[289] IHS: Das sind drei Buchstaben des lateinischen Namens Jesu, *Ihesus*; oder aber die Abkürzung für *Ihesus Hominum Salvator*, wenn es sich nicht, im Milieu der Jesuiten, um *Ihesum Habemus Socium* handelt.

[290] I. Zapperi Walter, *Piero della Francesca, Madonna del parto: ein Kunstwerk zwischen Politik und Devotion,* Ingeborg 1992.

[291] V. Dasen (Hrsg.), *L'Embryon humain à travers l'histoire. Images, savoirs, rites,* Gollion (Schweiz) 2007; C. Spieser, *De l'embryon humain à l'embryon divin en Égypte pharaonique,* in: R. Frydman, E. Papiernik, C. Crémière, J.-L. Fischer (Hrsg.), *Avant la naissance. 5000 ans d'images,* S. 16–19: 19. Die Zeichnung Leonardo da Vincis ist in diesem Katalog auf S. 55 abgebildet.

[292] Schiller, *Ikonographie,* Bd. I, Abb. 133 (Retabel von Friedberg, um 1410) und S. 66f. A.-M. Velu-Vilet, *La Visitation dans l'art. Orient et Occident, v^e^–xvie siècle,* Paris 2012 (in ihrem Corpus von ca. 300 Werken benennt und studiert die Autorin mehr als 50 Heimsuchungen, die zum Großteil aus dem germanischen Kulturkreis stammen, „wo die ungeborenen Kinder sichtbar sind"). Es scheint uns aber dennoch unzureichend, sie mit dem englischen Begriff „foetus-type" zu bezeichnen (S. 105–165).

[293] Gemälde, 132 cm × 159 cm, Berlin, Staatliche Museen, Gemäldegalerie, Nr. 1673; Schiller, *Ikonographie,* Bd. I, Abb. 16 und S. 66f. Weitere Beispiele in M.-F. Morel, *Les embryons sacrés dans l'art occidental (XIVe–XVIe siècles),* in: *Avant la naissance. 5000 ans d'images*, S. 72–81, bes. 76ff. (Die durchsichtigen Schwangerschaften), mit Verweis auf H. Urner-Astholz, *Die beiden ungeborenen Kinder auf Darstellungen der Visitatio,* in: Zeitschrift für schweizerische Archäologie und Kunstgeschichte, 38, 1981/1, S. 29–58.

[294] *Heimsuchung, die Jungfrau auf der Mondsichel und Heilige,* Wandteppich, um 1410, 80 cm × 200 cm, Straßburg; *Strasbourg 1400. Un foyer d'art dans l'Europe gothique,* Straßburg 2008, Kat. Nr. 15.

[295] F. Dreyfus, *Jésus savait-il qu'il était Dieu?,* Paris 1984; J. Doré, *Conscience du Christ,* in: J.-Y. Lacoste, *Dictionnaire critique de théologie,* Paris 1998. Loisy nimmt in der Geschichte dieser Erörterung eine Hauptrolle ein.

[296] Ubertin von Casale ging so weit zu behaupten, dass Jesus nicht nur sofort um seine Göttlichkeit wusste, sondern bereits im Schoße seiner Mutter begann, die Passion zu erleiden.

[297] Ein Hochrelief aus Elfenbein aus dem 10. Jh., das sich im British Museum in London (Inv. PY 1974, 1002,1) befindet, stellt einen kräftig gebauten Täufer dar, der Jesus mit seinem ganzen Körper dominiert (online im British Museum Collection Database Search).

[298] F. Bœspflug, *Quand Dieu le Père s'incline vers son Fils. À propos des fonts baptismaux de Saint-Barthélemy de Liège et du baptême du Christ comme théophanie dans l'art médiéval d'Occident (IXe–XIIIe siècle),* in: G. Xhayet, R.

Halleux (Hrsg.), *Études sur les fonts baptismaux de Saint-Barthélemy de Liège,* Lüttich 2006, S. 169–197.

299 Fragment eines Diptychons, OA 7275; die auf der Website der Réunion des Musées nationaux angegebenen Maße (H 0,810m, B 0,47m und T 9 cm) scheinen unwahrscheinlich.

300 Berlin, Staatliche Museen, Inv. Nr. 564; Schiller, *Ikonographie,* Bd. III, Abb. 636 und S. 226f.; J. Lowden, *L'Art paléochrétien et byzantin,* Paris 2001, S. 82; G. Bühl, *Il dittico d'avorio con Cristo e Maria conservato a Berlino e il vescovo Ravvenate Massimiano,* in: Ravenna studi e ricerche, 9, 1, 2002, S. 81–97.

301 Paris, Bibliothèque nationale de France, lat. 18014, fol. 183; M. Meiss, *French Painting of the Time of Jean de Berry, Bd. I: The Late Fourteenth Century and the Patronage of the Duke,* London – New York 1967, S. 154.

302 M. Meiss, *La peinture à Florence et à Sienne après la Peste noire,* Paris 1994; G. Minois, *Histoire de la vieillesse en Occident, de l'Antiquité à la Renaissance,* Paris 1987. Seit der Mitte des 19. Jh.s, so scheint es, hat das Alter als Symbol für die Ewigkeit ausgedient: Die Verbildlichungen Gottes als Greis verschwanden, es sei denn, es handelt sich um Gott den Vater.

303 M. Carrez, *Fils de l'homme,* in: J.-Y. Lacoste, *Dictionnaire critique de théologie.*

304 Miniatur, *Les Heures de Rohan,* Paris, Bibliothèque nationale de France, lat. 9471, fol. 154; Meiss, Thomas, *Les Heures de Rohan,* Taf. 61.

305 J. Delumeau, *Le Péché et la Peur. La culpabilisation en Occident (XIIIe–XVIIIe siècle),* Paris 1983, S. 330f. (derselben Ansicht sind Pierre Nicole, Bossuet, Rancé). Laut Beaudelaire ist das Lachen „ein verdammungswürdiges Element teuflischen Ursprungs […], einer von vielen Kernen im symbolischen Apfel" *(De l'essence du rire).*

306 Origenes hatte behauptet, dass Gott, da er die Liebe ist, nicht leidensunfähig sei (z. B. in seinen *Homelien zu Ezechiel,* VI,6 [Sources chrétiennes 352], Paris 1989); J. Hallman, *Divine Suffering and Change in Origen and Theopompum,* in: The Second Century, 7, 1998–1990, S. 85–98. Aber diese theologische Tradition bliebt eine Minderheitsansicht, wenn sie nicht gar als suspekt betrachtet wurde. M. Slusser, *The Scope of Patripassianism,* in: Studia patristica, 17, 1982, S. 169–175.

307 P. Péneaud, *L'Image de la mort du Verbe dans la chair. Personne, icône, théopaschisme,* Theologische Dissertation (Leitung: Nicolas Ozoline), Paris, Institut Saint-Serge, 2008.

308 Die Beschneidung Christi ist als erste Etappe seiner Passion angesehen worden (im *Passional der Kunigunde* ruft uns Jean Wirth das blutige Messer in Erinnerung, das unter den *arma Christi* dargestellt ist). Aber das Leiden Christi bei seiner Beschneidung ist nicht Gegenstand der apokryphen Texte oder weitreichender künstlerischer Erkundung gewesen, wenngleich Mystiker wie Theresa von Avila (*Poesien XVI und XVII,* in: *Œuvres complètes,* Paris

1949, S. 1570–1572) darüber meditiert haben. Es kommt aber vor, dass die Eltern/oder das Kind ängstlich, ja sogar entsetzt zu sein scheinen angesichts des grausamen Aussehens des Hohepriesters und der Gesichter seiner Helfer, so etwa im *Altarbild von Herrenberg* des Jörg Ratgeb (Staatsgalerie Stuttgart) oder an den Chorschranken der Kathedrale von Paris; aber solche Fälle sind selten und man muss Darstellungen ihrer Furcht eher dem mittelalterlichen Antisemitismus als einer christologischen Bestätigung zuschreiben; C. Isermeyer, *Beschneidung,* in: *Lexikon der christlichen Ikonographie,* Freiburg i. Br. 1968, Bd. I, Sp. 271–273; zur symbolischen Verbindung zwischen dem Blut der Beschneidung und dem Blut der Passion vgl. L. Steinberg, *La Sexualité du Christ dans l'art de la Renaissance et son refoulement moderne,* Paris 1986 (Excursus XXVI: Le sang comme trait d'union), S. 195–197.

309 Fra Angelico, *Christus mit Dornenkrone,* Tafelbild, 55 cm × 39 cm, um 1440, Livorno, Museo Civico Giovanni Fattori; L. Bellosi (Hrsg.), *Pittura di Luce. Giovanni di Francesco e l'arte fiorentina di metà Quattrocento,* Mailand 1990, Kat. Nr. 15, S. 104. Antonello da Messina, *Christus an der Martersäule,* Malerei auf Holz, um 1475, 30 cm × 21 cm, Paris, Louvre; F. Bœspflug u. a., *Le Christ dans l'art,* Paris 2000, S. 144f.

310 D. de Smet, *Crucifixion,* in: M. A. Amir Moezzi (Hrsg.), *Dictionnaire du Coran,* Paris 2007.

311 T. Dobrzeniecki, *„Debilitatio Christi": A Contribution to the Iconography of Christ in distress,* in: Bulletin du Musée des Beaux-Arts de Varsovie, VIII, 4, 1967, S. 93–111.

312 Siena, Pinacoteca; Tosacno, *Il pensiero,* Bd. I, Abb. 462, S. 500; F. Bœspflug, *Trinität. Dreifaltigkeitsbilder im späten Mittelalter,* Paderborn 2001, Abb. 4 und S. 63.

313 Bœspflug, *Dieu et ses images,* S. 226.

314 Remigio Soler, *Die Kommunion der Drei zum Wohle der Menschheit,* Sevilla, Dominicas Obleatas de Jesus; abgebildet in *Dios, Buena Noticia, III. Exposición bibliográfica e iconográfica internacional,* Salamanca 2000, S. 52.

315 O. Levasseur, *Jean-Georges Cornélius, un primitif du XXe siècle,* Paris 2009.

316 Schiller, *Ikonographie,* Bd. IV,1, S. 139–141; R. Mastagghi, *Il Credo nell'arte cristiana italiana,* Siena 2007; *Il Kerygema cristiano nell'iconografia del Credo in Italia,* Siena 2008.

317 Schiller, *Ikonographie,* S. 140 und Abb. 333; Mastagghi, *Credo nell'arte cristiana italiana,* S. 93.

318 Derselbe Artikel desselben Credo sollte einige Jahre später in deutlich anderer Weise von Domenico di Niccolo umgesetzt werden: F. Bœspflug, *Le Credo de Sienne,* Paris 1985, S. 18f.

319 P. Gillon, o.p., *Tristesse et miséricorde du Père,* in: Angelicum, 55, 1978, S. 3–11.

[320] Bei diesem ikonographischen Typus haben das Kreuz zwischen dem Vater und dem Gekreuzigten und die „objektive" Geste der Darbringung Christi am Kreuze durch den Vater die Auslotung einer möglichen Trauer des Vaters verhindert. In Masaccios Trinität in Santa Maria Novella in Florenz beispielsweise ist der Vater ernst, aber nichts veranlasst dazu, von Traurigkeit oder gar Leiden zu sprechen.

[321] Bœspflug, *Dieu et ses images,* S. 263–270.

[322] Es handelt sich um eines der ersten Werke, in denen Gottvater den vom Kreuz abgenommenen Christus unter den Achseln stützt; Bœspflug, *La Trinité dans l'art d'Occident,* Kap. I.

[323] Zu den beiden Werken Campins vgl. ebd., Kap. III.

[324] Paris, Bibliothèque nationale de France, lat. 9471, fol. 135; Meiss, Thomas, *Les Heures de Rohan,* Taf. 57; Bœspflug, *Dieu et ses images,* S. 250.

[325] Steinskulptur, H. 89 cm, Écouen, Musée national de la Renaissance; Bœspflug, *Dieu et ses images,* S. 290 und 299.

[326] F. Varillon, *La Souffrance de Dieu,* Paris 1974. Es ist wahr, dass „das Leiden Gottes", von dem die Theologie im 20. Jh. spricht, sich weniger auf den Tod des Sohnes, der mit der Heilsökonomie verbunden und damit von Ewigkeit her akzeptiert ist, bezieht als vielmehr auf die Verbrechen der Menschen und die *massa peccati* …

[327] L. Grodecki, *Les vitraux allégoriques de Saint-Denis,* in: Art de France, 1, 1960, S. 19–46: 29.

[328] *Iconoclasme. Vie et mort de l'image médiévale,* Ausstellungskatalog, Straßburg 2001, Nr. 128.

[329] Abteilung Guennol, fol. 88.

[330] F. Bœspflug, *La [Com]passion de la Trinité dans l'art flamand du XVe siècle,* in: A. Guesché (Hrsg.), *Dieu à l'épreuve de notre cri,* Paris – Löwen 1999, S. 45–67.

[331] Brüssel, Bibliothèque royale, Ms. Iv 95, fol. 155v ; Bœspflug, *La [Com]passion de la Trinité dans l'art flamand du XVe siècle,* S. 54f., Abb. 8.

[332] Mehrere biblische Texte werden kontinuierlich ins Feld geführt, die für die mütterlichen Züge in Gott zu plädieren scheinen, beispielsweise folgender Abschnitt aus dem Buch Jesaja: „Jubelt, ihr Himmel, jauchze, o Erde, Freut euch, ihr Berge! Denn der Herr hat sein Volk getröstet und sich seiner Armen erbarmt. Doch Zion sagt: Der Herr hat mich verlassen, Gott hat mich vergessen. Kann denn eine Frau ihr Kindlein vergessen, eine Mutter ihren leiblichen Sohn? Und selbst wenn sie ihn vergessen würde: ich vergesse dich nicht. Sieh her: Ich habe dich eingezeichnet in meine Hände" (Jes 49,13–16).

[333] Zu diesem Thema vgl. P-E. Dauzat, *Les sexes du Christ. Essai sur l'excédent du christianisme,* Paris 2007, bes. S. 58.

[334] W. F. Vollbach, *Elfenbeinarbeiten der Spätantike und des frühen Mittelalters,* Mainz ^{2}1952, Nr. 140 und 119.

[335] K. Wessel, *Der nackte Krucifixus von Narbonne,* in: Rivista di arte cristiana, 43, 1967, S. 333–345.

[336] *Les Christs romans en croix,* La Pierre-qui-Vire 1963.

[337] K. Weil-Garris Brandt, C. Acidini Luchinat, J. D. Draper, N. Penny (Hrsg.), *Giovinezza di Michelangelo,* Ausstellungskatalog, Florenz, Palazzo Vecchio, Oktober 1999 – Januar 2000, Florenz – Mailand 1999, Kat. Nr. 36, S. 288–291; V. M. Schmidt, *Statues, Idols and Nudity. Changing Attitudes to Sculpture from the Early Christian Period to the Counter-Reformation,* in: Z. Z. von Martels, V. S. Schmidt (Hrsg.), *Antiquity Renewed. Late Classical and Early Modern Themes,* Löwen – Paris – Dudley (MA) 2003, S. 211–229. Dieses Werk des jungen Michelangelo war Ausgangspunkt für die sehr originelle Betrachtung von A. Chapellier, *Le Christ nu,* Paris 2003.

[338] Steinberg, *La Sexualité du Christ;* J. Wirth, *Le Portrait médiéval du Christ en Occident,* in: A. Paravicini Bagliani, J.-M. Spieser, J. Wirth (Hrsg.), *Le Portrait,* S. 77–94.

[339] P. Francastel, *La Realité figurative,* Paris 1965; *La Figure et le Lieu,* Paris 1967.

Kapitel V. Der Gott der Herrlichkeit. Das Unsichtbare sichtbar machen

[340] *Bhagavad Gitâ, Gesang XI: „Schau der göttlichen Gestalt“,* in: *La Bhagavad-Gitâ,* übers. aus dem Sanskrit und vorgestellt von A. Porte, Paris 1992, S. 92–102; Arjuna war so erschreckt durch die „schreckliche Gestalt“ Krishnas, dass er diesen bat, wieder seine „milde Gestalt“ anzunehmen.

[341] Mt 17,1–9; Mk 9,2–10; Lk 9,21–36; 2 Petr 1,16–18.

[342] G. H. Forsyth, K. Weitzmann, *The Monastery of Saint Catherine at Mount Sinaï: The Church and Fortress of Justinian,* Ann Arbor 1973, S. 11–18 und Taf. 103; W. C. Loerke, *Observations on the Representation of the Doxa in the Mosaics of St. Maria Maggiore, and St. Catherine's Sinaï,* in: Gesta, 20,1, 1981, S. 15–22; J. Miziolek, *Transfiguratio Domini in the Apse at Mount Sinaï and the Symbolism of Light,* in: Journal of the Warburg and Courtauld Institutes, LIII, 1990, S. 42–60.

[343] Vierte Ode des Kanons zum Fest, zitiert von J. Myslivec, *Verklärung Christi,* in: *Lexikon der christlichen Ikonographie,* Bd. IV, Freiburg 1972, Sp. 416.

[344] Miziolek, *Transfiguration Domini,* S. 49.

[345] M. Wallraff, *Christus Verus-Sol. Sonnenverehrung und Christentum in der Spätantike* (Jahrbuch für Antike und Christentum, Ergänzungs-Bd., 32), Münster 2001; M. Fumaroli (*Paris–New York et retour, Journal, 2007–2008,* Paris 2009, S. 541f.) kündigt die Veröffentlichung der zu diesem Thema abgehaltenen Konferenzen im Collège de France im November–Dezember

2008 durch Gerhard Wolf, Herausgeber des Katalogs *Mandylion,* an (G. Wolf, C. Dufour Bozo, A. R. Caldroni Mazetti [Hrsg.], *Mandylion, Intorno al Sacro Volto, da Bisanzio a Genova,* Mailand 2004).

346 Konstantinopel, um 1200 oder Beginn des 13. Jh.s, 52 cm × 36 cm, Paris, Louvre, Inv. OA 9246; *Byzance. L'art byzantin dans les collections publiques françaises,* Ausstellungskatalog, Paris 1992, Nr. 279, S. 368f. (die Notiz präzisiert, dass der Hintergrund ehemals golden war); Schiller, *Ikonographie,* Bd. I, S. 159 und Abb. 411.

347 *Byzance,* Nr. 279, S. 368ff. Vgl. in diesem Katalog auch Nr. 345, S. 450 aus der Mitte des 13. Jh.s (eine Miniatur aus Paris gr. 54, fol. 213).

348 Zwischen 1436 und 1445 (1440–1441), 189 cm × 159 cm; J. Pope-Hennessy, *Angelico,* Florenz 1986, S. 38.

349 A. Hertz, *Fra Angelico,* Paris 1984, S. 11.

350 A. Michael, *Das Apsismosaik von S. Apollinare in Classe. Seine Deutung im Kontext der Liturgie* (Europäische Hochschulschriften, Serie 23, Theologie, 799), Frankfurt a. M. 2005.

351 F. Bœspflug, *Sur la transfiguration dans l'art médiéval d'Occident (IXe–XIVe siècle),* in: ders., *Les Théophanies bibliques dans l'art médiéval d'Occident et d'Orient,* Genève 2012, 307–343. J. Ries, Ch.-M. Ternes, *Symbolisme et expérience de la lumière dans les grandes religions,* Turnhout 2002, S. 199–223.

352 Stuttgart, Landesbibliothek, Ms. Bibl. Fol. 23, fol. 107v; Schiller, *Ikonographie,* Bd. III, Abb. 69; F. Bœspflug u. a., *Le christ dans l'art,* S. 85.

353 Schiller, *Ikonographie,* Bd. III, Abb. 64.

354 M. McCormick, *Eternal Victory: Triumphal Rulership in Late Antiquity, Byzantium and the Early Medieval West,* Cambridge 1987.

355 Anmerkung der *Jerusalemer Bibel* (Paris 1998), ad locum; *La Bible d'Alexandrie. La Genèse,* Übers. und Anmerkungen von M. Harl, Paris 1986, S. 109; L. Ginzberg, *Les Légendes des Juifs. La Création du monde, Adam, les six générations, Noé,* Übers. G. Sed-Rajna, Paris 1997, S. 75 und Anm. 131, S. 242f.

356 Die *calcatio* des Ketzers ist bereits in der antiken Kirche belegt (in den literarischen und ikonographischen Quellen), aber wohlgemerkt nicht im Zusammenhang mit Maria … Das Niedertreten der besiegten Feinde findet sich bereits in der pharaonischen Ikonographie; vgl. O. Keel, *Die Welt der altorientalischen Bildsymbolik und das Alte Testament, am Beispiel der Psalmen,* Zürich – Einsiedeln – Köln 1972, Abb. 342, S. 233.

357 E. Mâle, *L'Art religieux du XVIIe siècle, Italie, France, Espagne, Flandres,* Paris ^{2}1951; Neuaufl. 1984, S. 49; Schiller, *Ikonographie,* Bd. IV,2, S. 174–178 (Maria Immaculata als Schlangentreterin); H. M. von Erffa, *Ikonologie der Genesis. Die christlichen Bildthemen aus dem Alten Testament und ihre Quellen,* München 1989, Bd. I, S. 226–231 (Protoevangelium).

358 E. Mâle, *La signification d'un tableau du Caravage („Madonna del serpe"),* in: Mélanges d'archéologie et d'histoire, École française de Rome, 47, 1930, S. 1–6; ders., *L'Art religieux du XVIIe siècle,* Abb. 7, S. 30 und 34.

359 Mâle, *L'Art religieux du XVII*^{e} *siècle*, S. 49.

360 L. Ouspensky, in: L. Ouspensky, V. Lossky, *Le Sens des icônes*, Bern – Olten 1952, Neuausg. Paris 2003, S. 172, mit Zitat aus Johannes von Damaskus, *De fide orthodoxa*, 1, III, Kap. 27 (zitiert nach BKV); *Expositio fidei*, in: *Die Schriften des Johannes von Damaskus, Bd. 2*, Veröffentlichung des Byzantinischen Instituts der Abtei Schreyen, P. Bonifatius Kotter (Hrsg.) (Patristische Texte und Studien, 12), Berlin 1973.

361 Schiller, *Ikonographie*, Bd. III, Abb. 119.

362 Dies ist das erste für das Abendland genannte Beispiel im Artikel von E. Lucchesi Palli, *Höllenfahrt Christi*, in: *Lexikon der christlichen Ikonographie*, Bd. II, Sp. 322–331: 327.

363 Schiller, *Ikonographie*, Bd. III, Abb. 127.

364 Ebd., Abb. 131.

365 Ebd., Abb. 158.

366 Ebd., Abb. 170.

367 Ebd., Abb. 165.

368 Intarsie, Siena; F. Bœspflug, *Das Credo von Siena*, Freiburg i. Br. 1985, S. 34f.

369 Nikolaus von Verdun, *Armilla*, 12. Jh., Paris, Louvre (mit einer Inschrift, die eine merkwürdige Schreibweise aufweist: *Resurrextio Dni*); Schiller, *Ikonographie*, Bd. III, Abb. 193.

370 Öl auf Holz, 61,7 cm × 44 cm (Mitteltafel) und 61,7 cm × 18 cm (Flügeltafeln); V. Métais, *Louvre, sept siècles de peinture*, Versailles 2000, S. 48f.

371 E. Panofsky, zitiert nach J. Gagliardi, *La conquête de la peinture*, Paris 2001, S. 677.

372 Schiller, *Ikonographie*, Bd. III, Abb. 492–498.

373 Ebd., Abb. 313 (Albani Psalter).

374 Ebd., Abb. 451 und 452.

375 Ebd., Abb. 457 (Rom Santa Sabina); Abb. 468 (Drogo-Sakramentar); Abb. 472 (Bibel von San Paolo fuori le mura); Abb. 474 (Egbert-Evangeliar); Abb. 475 (Ethelwold-Benediktionale); Abb. 477 (Sankt Gereon Sakramentar); Abb. 480 (Elfenbein, Köln); Abb. 481 (Elfenbein, Berlin).

376 Meiss, Thomas, *Les heures de Rohan*, Kommentar zu Taf. 93.

377 Bœspflug, *Dieu et ses images*, S. 305.

378 Öl auf Leinwand, 170 cm × 115 cm; Lorenzo Lotto. *Un génie inquiet*, Ausstellungskatalog, Paris 2000, Kat Nr. 23, S. 142–144; vgl. auch Lottos *Herrlichkeit des Erlösers* (Christus, sein Blut spendend), Wien, Kunsthistorisches Museum.

379 Paris, Bibliothèque nationale de France, lat. 6, Bd. III, fol. 66; F. Bœspflug, Y. Zaluska, *Le dogme trinitaire et l'essor de son iconographie en Occident de l'époque carolingienne au IV*^{e} *concile du Latran (1215)*, in: Cahiers de civilisation médiévale, XXXVII, 1994, S. 181–240, S. 224.

[380] Mantua, Biblioteca Comunale, ms. 340 (CIII 20), fol. 75; Bœspflug, Zaluska, *Le dogme trinitaire,* Taf. VI a; vgl. auch das Bild im Psalter, Berlin, Kupferstichkabinett, Hs. 78 A 5, fol. 96v; Bœspflug, Zaluska, *Le dogme trinitaire,* Taf. VI b.

[381] London, British Library, Ms. Add. 38116, fol. 119v, nach 1280; N. J. Morgan, *Early gothic Manuscripts, Bd. II, 1250–1285,* London 1988, Kat. Nr. 167, Abb. 333.

[382] Oxford, All Souls College, Ms. Lat. 6 *(Amesbury Psalter),* fol. 128, um 1250–1255; ebd., Kat. Nr. 101, Abb. 22.

[383] London, British Library, Ms. Add. 54179 (*The York Psalter*), fol. 110, um 1260; ebd., Kat. Nr. 133, Abb. 182.

[384] London, British Library, Ms. Add. 44874, fol. 159, um 1250–1260; ebd., Kat. Nr. 111, Abb. 70.

[385] Eine der letzten Pfingstdarstellungen, die von einem den Geist aussendenden Brustbild Christi beherrscht wird, verdanken wir Taddeo di Bartolo: *Altarbild Sant'Agostino von Perugia,* 1403, Perugia, Pinacoteca Nazionale dell'Umbria; Schiller, *Ikonographie,* Bd. IV, Abb. 63.

[386] *Les Premiers Retables (XIIe – début du XVe siècle). Une mise en scène du sacré,* P.-Y. Le Pogam (Hrsg.), Ausstellungskatalog, Paris 2009, Kat. Nr. 7.

[387] S. Seeliger, *Pfingsten,* Düsseldorf 1958, S. 27.

[388] Paris, Bibliothèque nationale de France, lat. 9438, fol. 87.

[389] Schiller, *Ikonographie,* Bd. IV,1, Abb. 59 und S. 28A (Die Autorin stellt eine Verbindung her zum Schlauch der Verkündigung am Tympanon des Würzburger Domes); W. Cahn, *Romanesque Manuscripts. The Twelfth Century,* London 1996, Kat. 38, Taf. IV.

[390] Dies wurde meiner Ansicht nach von Émile Mâle zurecht vorgeschlagen, trotz der Kritik von L. Réau, *Iconographie de l'art chrétien,* Paris 1956, Bd. II,2, S. 592.

[391] Vgl. A. Katzenellenbogen, *The Central Tympanon at Vézelay. Its encyclopedic Meaning and its Relation to the First Crusade,* in: The Art Bulletin, 26, 1974, S. 142–146.

[392] Seit A. Fabre, 1923; diese Deutung des Bildthemas am Tympanon wurde nochmals von J. Wirth, *La Datation de la sculpture médiévale,* Genf 2004, S. 68, aufgegriffen.

[393] B. Rupprecht, *Romanische Skulptur in Frankreich,* München 1975; Schiller (*Ikonographie,* Bd. IV,1, S. 27A) sieht eine Kombination der Ausgießung des Geistes und der Entsendung der Apostel, die sich der Völker annehmen sollen.

[394] Im Brief an die Epheser ist dies nicht mehr der Fall, er evoziert jedoch dieselbe Realität: „Er stieg hinauf zur Höhe und erbeutete Gefangene, er gab den Menschen Geschenke" (Eph 4,8).

[395] Schiller, *Ikonographie,* Bd. II, Abb. 368 und Bd. IV, S. 20B.

[396] *Bible moralisé* aus Toledo, Bd. III, fol. 75v, C. Andere Darstellungen des Auferstandenen, der auf die Apostel haucht, in Schiller, *Ikonographie*, Bd. III, Abb. 326.

[397] F. Bœspflug, *Das Credo von Siena*, S. 42f. Die Bildinschrift weist einen so vielsagenden orthographischen Fehler auf (*captolicum* statt *catholicum*), dass man kaum glauben mag, er wäre nicht absichtlich begangen worden. Dem ehemaligen Leiter des Institut de recherches et d'histoire des textes (Paris, CNRS), M. Holtz, zufolge könnte es sich um ein polemisches Wortspiel handeln.

[398] Toscano, *Il Pensiero*, Bd. III, S. 494. Zu Roberto di Oderisio und den Fresken der Incoronata vgl. P. Vitolo, *La chiesa della Regina: l'Incoronata di Napoli, Giovanna I d'Angiò e Roberto di Oderisio*, Rom 2008.

[399] O. Stegmüller, *„Sub tuum praesidium." Bemerkungen zur ältesten Überlieferung*, in: Zeitschrift für katholische Theologie, 74, 1952, S. 76–82; G. Larentzakis, E. Sebald, *Fürbitte*, in: *Marienlexikon*, St. Ottilien 1989, Bd. II, S. 549–559.

[400] T. von Bogyay, *Deesis*, in: *Lexikon der christlichen Ikonographie*, Bd. I, Sp. 494–499.

[401] D. Koepplin, *Interzession Mariä und Christi vor Gottvater*, in: *Lexikon der christlichen Ikonographie*, Bd. II, Sp. 346–352.

[402] Arnold von Chartres, *Libellus de laudibus Beatae Mariae Virginis*, in: Patrologia latina 189, Sp. 1726f.; C. Film, *„Intercessio Christi" i sevensk senmedeltida konst*, Uppsala 1971, S. 56–60; D. Koepplin, ebd.; J.-M. Moeglin (Hrsg.), *L'Intercession du Moyen Âge à l'époque moderne. Autour d'une pratique sociale*, Genf 2004.

[403] L. Kretzenbacher, *Schutz- und Bittgebärden der Gottesmutter*, München 1981.

[404] Tempera auf Holz, 239 cm × 153 cm, The Cloisters Collection; reproduziert in *La Legende dorée*, Bd. II, Paris 2006, S. 241.

[405] F. Bœspflug, *La double intercession en procès. De quelques effets iconographiques de la théologie de Luther*, in: F. Muller (Hrsg.), *Art, religion et societé dans l'espace germanique au XVIe siècle*, Straßburg 1997, S. 31–61, aufgegriffen in F. Bœspflug, *Dieu dans l'art à la fin du Moyen Âge*, Genève 2012, S. 371–401.

[406] Molanus, *Traité des* saintes images, I.II, Kap. 28, F. Bœspflug u. a. (Hrsg.), Paris 1996, S. 202.

[407] Louvre, Blatt RF 2025; F. Bœspflug, E. König, *Les Très Belles Heures*, Paris 1998, S. 120. Diese Handschrift wurde in drei Bände aufgeteilt, die jeweils ihre eigene Bezeichnung haben: die *Très Belles Heures de Notre Dame* in der Bibliothèque nationale de France in Paris (ms. n. a. lat. 3093), das *Turiner Stundenbuch*, das 1904 bei einem Brand fast vollständig zerstört wurde und dessen erhaltene Blätter sich im Louvre (RF 2022–2025) befinden, und das *Missale aus Turin/Mailand*, heute im Museo Civico in Turin (ms. Inv. Nr. 47).

[408] Justin, *Apologie,* I, 52,3 (in BVK).

[409] Justin, *Dialog mit Tryphon,* 14,8.

[410] F. Santi, *Apocalypse de Jean,* in: A. Vauchez (Hrsg.), *Dictionnaire encyclopédique du Moyen Âge,* Bd. I, Paris 1997.

[411] Schiller, *Ikonographie,* Bd. V.

[412] *Bamberger Apokalypse;* ebd., Abb. 717.

[413] Ebd., Abb. 31–37; Relief, Südportal, Kirche von La-Lande-de-Fronsac; ebd., Abb. 41; Cimabue, Oberkirche in Assisi, Wandmalerei; ebd., Abb. 813.

[414] Neues Testament, Rom, Biblioteca Apostolica Vaticana Ms. Lat. 39, fol. 164v; ebd., Abb. 530.

[415] *Bamberger Apokalypse,* Anfang 11. Jh.; ebd., Abb. 528.

[416] Ebd., Abb. 694a *(Perrins Apokalypse),* 682, 684, 687a, 688 usw.

[417] *Beatus-Kommentar,* Nordspanien; Burgo de Osma, Domschatz, Ms. 1, fol. 85v; ebd., Abb. 120.

[418] *Rupert von Deutz-Kommentar;* ebd., Abb. 679.

[419] *Liber Floridus;* ebd., Abb. 81.

[420] Offb 21,3–4: „Da hörte ich eine laute Stimme vom Thron her rufen: Seht, die Wohnung Gottes unter den Menschen! Er wird in ihrer Mitte wohnen, und sie werden sein Volk sein; und er, Gott, wird bei ihnen sein. Er wird alle Tränen von ihren Augen abwischen: Der Tod wird nicht mehr sein, keine Trauer, keine Klage, keine Mühsal. Denn was früher war, ist vergangen."

[421] C. Trottmann, *La vision béatifique. Des disputes scholastiques à sa définition par Benoît XII,* École française de Rome 1995; J. Baschet, *Jugement de l'âme, jugement dernier: contradiction, complémentarité, chevauchement?,* in: Revue Mabillon, N.S., Bd. 6, (= Bd. 67), 1995, S. 159–203.

[422] DH, Nr. 1000.

[423] DH, Nr. 1305.

[424] C. Trottmann, *L'homme peut-il voir Dieu? Une question très controversée au Moyen Âge,* in: Religions & histoire, 26, Mai–Juni 2009, S. 22–29.

[425] F. Bœspflug, V. Germanier, *La communion des saints comme liturgie et prophétie. À propos de deux miniatures de la seconde moitié du XIVe siècle,* in: La maison-Dieu, 220, 1999, 4, S. 147–158; V. Germanier hat an der Universität Genf 2006 eine Dissertation in Kunstgeschichte abgelegt mit dem Thema: *La Toussaint dans l'art médiéval* (Leitung: Jean Wirth).

[426] Augustinus von Hippo, *De Civitate Dei,* I,35: *„perplexae quippe sunt istae duo civitates in hoc saeculo invicemque permixtae."*

[427] F. Bœspflug, *La Trinité par Albrecht Dürer (gravure, 1511),* in: Moreana, Bd. 43, 168 (Dezember 2006) – Bd. 44, 169–170 (März–Juni 2007), S. 178–201.

[428] In diesem Zusammenhang traten Trikephale und Trifrons so gut wie nie in Erscheinung.

429 Einen anderen, theologischen Standpunkt im Hinblick auf diese Miniatur bieten F. Bœspflug, Chr. Theobald, *Sur la Trinité dans l'art de l'Occident. Un duo théologique,* in: Revue des sciences religieuses, 80, 4, Oktober 2006, S. 533–563: 550f.

430 Viele von frommen Gläubigen zur privaten Andacht in Auftrag gegebene Bilder übertragen deren religiöse Empfindungen, besonders wenn es sich um Bilderfolgen handelt, denn ein Künstler wird, wie fromm er auch sein mag, nie Werke herstellen, die er nicht verkaufen kann.

Abbildungsverzeichnis

Abb. 26: Taufe Christi, 1. Drittel 14. Jh., Elfenbeintafel, 81 cm × 47 cm, Paris, Louvre Museum, OA 7275 (Nachzeichnung © Ines Baumgarth-Dohmen)

Abb. 27: Christus als Greis, Mitte 6. Jh., byzantinische Elfenbeintafel (linke Tafel des Christus-Maria-Diptychons), Berlin, Staatliche Museen zu Berlin – Preußischer Kulturbesitz, Skulpturensammlung und Museum für byzantinische Kunst, Inv. Nr. 564 (Nachzeichnung © Ines Baumgarth-Dohmen)

Abb. 28: Verklärung, um 1200 oder frühes 13. Jh., Mosaikikone, 52 cm × 35 cm, Paris, Louvre Museum, OA 9246 (Nachzeichnung © Ines Baumgarth-Dohmen)

Abb. 29: Abstieg zum Limbus, 15. Jh., Alabasterrelief, 41 cm × 28 cm, Paris, Louvre Museum OA 201 (Nachzeichnung © Ines Baumgarth-Dohmen)

Abb. 30: Himmelfahrt Christi (Detail), um 1420, Miniatur, Rohan-Stundenbuch (Grandes Heures de Rohan), Paris, Bibliothèque Nationale de France, Ms. lat. 9471, fol. 217 (Nachzeichnung © Ines Baumgarth-Dohmen)

Abb. 31: Pfingsten, um 1100, Miniatur, Sakramentar aus Saint-Martial in Limoges, Paris, Bibliothèque Nationale de France, Ms. lat. 9438, fol. 87 (Nachzeichnung © Ines Baumgarth-Dohmen)

Bildhinweise

1
Christus Pantokrator, um 560, Ikone, 84,5 cm × 44,3 cm, Sinai, Katharinenkloster
(http://commons.wikimedia.org/wiki/File:Spas_vsederzhitel_sinay.jpg)

2
Darstellung Gottes, 1432, Jan van Eyck, Genter Altar, Gent, St.-Bavo-Kathedrale
(www.wga.hu) (http://commons.wikimedia.org/wiki/Category:Ghent_Altarpiece?uselang=de)

3
Pietà von Villeneuve-lès-Avignon, um 1460, Enguerrand Quarton, Tafelmalerei, 163 cm × 218 cm, Paris, Louvre Museum, RF 1569
(www.louvre.fr/moteur-de-recherche-oeuvres)

4
Heilige Dreifaltigkeit (Compassio Gottvaters), um 1515, Colijn de Coter, Tafelmalerei, 167 cm × 118 cm, Paris, Louvre Museum, RF 534
(www.louvre.fr/moteur-de-recherche-oeuvres)

5
Anbetung der Dreifaltigkeit, 1511, Albrecht Dürer, Landauer Altar, 135 cm × 123,4 cm, Wien, Kunsthistorisches Museum
(www.khm.at/besuchen/sammlungen/gemaeldegalerie/ausgesuchte-meisterwerke)

6
Herabkunft des Wortes, um 1440, Miniatur, Stundenbuch der Katharina von Kleve, New York, The Pierpont Morgan Library, Ms. m. 945, fol. 85r
(www.themorgan.org/collections/works/cleves/manuscript.asp?page=21)

7
Konrad Witz (Werkstatt), Der Ratschluss der Erlösung, um 1450, Tafelbild, 132 cm × 159 cm, Berlin, Staatliche Museen zu Berlin – Preußischer Kulturbesitz, Gemäldegalerie Inv. Nr. 1673
(www.smb.museum) (www.stiftung-stmatthaeus.de/programm/veranstaltung/der-ratschluss-der-erloesung)

8
Die Herabkunft des Wortes, um 1416, Tafelmalerei, Niccolò di Naldo da Norcia, Siena, Museo dell'Opera del Duomo
(F. Bœspflug, Le Dieu des peintres et des sculpteurs, Paris 2010, Abb. 29)

9
Herabkunft des Wortes, um 1480–1485, Miniatur, Meister des Jacques de Besançon, Legenda Aurea, Paris, Bibliothèque Nationale de France, Ms. fr. 245, fol. 4
(F. Bœspflug, Le Dieu des peintres et des sculpteurs, Paris 2010, Abb. 30)

10
Prozess im Paradies, um 1470, Miniatur, Meister des Jacques de Luxembourg, Einzelblatt aus einem Stundenbuch (Verbleib unbekannt)
(F. Bœspflug, Le Dieu des peintres et des sculpteurs, Paris 2010, Abb. 28)

11
Taufe Christi, um 1400, Tafelmalerei, 30,5 cm × 36 cm, Giovanni di Paolo, London, National Gallery, NG 5451
(www.nationalgallery.org.uk/paintings/giovanni-di-paolo-the-baptism-of-christ-predella-panel)

12
Altartafel aus Boulbon, um 1460, Tafelmalerei, 172 cm × 228 cm, Paris, Louvre Museum, RF 1536
(www.louvre.fr/moteur-de-recherche-oeuvres)

13
Der Christus der Parusie als Greis, Miniatur, um 1420, Rohan-Stundenbuch (Grandes Heures de Rohan), Paris, Bibliothèque Nationale de France, Ms. lat. 9471, fol. 194
(F. Bœspflug, Le Dieu des peintres et des sculpteurs, Paris 2010, Abb. 9)

14
Verklärung, um 565, Apsismosaik, Katharinenkloster (Sinai)

(http://commons.wikimedia.org/wiki/File:Saint_Catherine%27s_Transfiguration.jpg)

15
Verklärung, um 1440, Fresko, 193 cm × 164 cm, Fra Angelico, Florenz, San Marco, Zelle 6
(www.florentinermuseen.com/musei/san_marco_museum.html)
(http://commons.wikimedia.org/wiki/File:Fra_Angelico_042.jpg)

16
Anastasis, frühes 14. Jh., Fresko, Istanbul, Kirche des Heiligen Erlösers in Chora (Kariye Camii)
(http://commons.wikimedia.org/wiki/File:Chora_Anastasis1.jpg)

17
Christus im Totenreich, 1891–1894, Ölgemälde, Joakim Skovgaard, Kopenhagen, Staatliches Kunstmuseum, KMS 3141
(http://commons.wikimedia.org/wiki/File:Kristus_i_de_d%C3%B8des_rige.jpg)

18
Auferstehung Christi, um 1490, Mitteltafel des Auferstehungsaltars von Hans Memling, 61,7 cm × 44 cm, Paris, Louvre Museum, MI 247
(www.louvre.fr/moteur-de-recherche-oeuvres)

19
Dreifaltigkeit, 1523–1524, Ölgemälde, 170 cm × 115 cm, Lorenzo Lotto, Bergamo, Sant'Alessandro della Croce
(www.wga.hu)

20
Interzession durch Christus und Maria, frühes 15. Jh., Ölgemälde, 239 cm × 153 cm, Lorenzo Monaco, New York, The Metropolitan Museum of Art, 53.37
(www.metmuseum.org/Collections/search-the-collections/70010757)

21
Interzession durch Christus und Maria, um 1420, Miniatur, Turiner Stundenbuch, Paris, Louvre Museum, RF 2025
(www.bib.umontreal.ca/cs/expositions/livres-heures/louvre-fin.htm)

22
Anbetung der Dreifaltigkeit, Miniatur, Stundenbuch des Étienne Chevalier, Chantilly, Musée Condé, Ms. 71, fol. 27r
(http://commons.wikimedia.org/wiki/Category:Hours_of_%C3%89tienne_Chevalier?uselang=de) (dort: WGA08027)

Bibelstellenregister

Personenregister